Wolfgang Hirn

SHENZHEN

Die Weltwirtschaft von morgen

Campus Verlag
Frankfurt/New York

MIX
Papier aus verantwortungsvollen Quellen
FSC® C089473
www.fsc.org

ISBN 978-3-593-51192-4 Print
ISBN 978-3-593-44372-0 E-Book (PDF)
ISBN 978-3-593-44371-3 E-Book (EPUB)

Umschlaggestaltung: total italic, Thierry Wijnberg, Amsterdam/Berlin
Umschlagmotiv: © iStock: bingfengwu
Redaktion: Anne Büntig
Satz: Publikations Atelier, Dreieich
Gesetzt aus der Scala und der DIN
Druck und Bindung: Beltz Grafische Betriebe GmbH, Bad Langensalza
Printed in Germany

www.campus.de

SHENZHEN

Wolfgang Hirn studierte Volkswirtschaftslehre und Politische Wissenschaften in Tübingen. Nach Stationen als Wirtschaftsredakteur arbeitete er als Reporter beim *manager magazin*. Seit 1986 reist er regelmäßig nach China, veröffentlichte den Bestseller *Herausforderung China* (2005) und zuletzt bei Campus *Chinas Bosse* (2018). Er lebt als Autor in Berlin und schreibt über China-relevante Themen.

INHALT

EINLEITUNG

Das Silicon Valley in Kalifornien hat für viele Politiker, Manager und Unternehmer, aber auch für Medienleute immer noch eine magische Anziehungskraft. Dort vermuten sie Antworten auf die Frage zu finden, wie die Welt von morgen aussehen wird. Silicon Valley gilt als avantgardistisch, als hipp, als Laboratorium der Welt. Dort sind Apple, Facebook, und Google zu Hause, aber auch viele unbekannte Start-up-Unternehmen, die so groß werden wollen wie die eben genannten. Dort kann man – so glauben viele – in die Glaskugel schauen, denn dort sei man der Zeit immer ein paar Jahre voraus.

Deshalb muss man dorthin, das muss man gesehen haben. Deshalb die vielen Pilgerreisen in das gelobte Land südlich von San Francisco. Einst trieb sich dort der damalige *Bild*-Chefredakteur Kai Diekmann ein ganzes Jahr herum und kam mit Bart und ganz großen Augen zurück. Dann folgte ihm Springer-Vorstand Christoph Keese und erzählte uns in seinem Buch – so der Untertitel – »was aus dem mächtigsten Tal der Welt auf uns zukommt«.

Unzählige Politikerdelegationen tourten eilig durch das Silicon Valley, um danach den Daheimgebliebenen mit leuchtenden Augen zu erzählen, was dort alles abgeht.

Die Damen und Herren sollten mal die Richtung wechseln. Statt in den Westen sollten sie in den Osten, den Fernen Osten, nach China fliegen. Zwar reisen viele Delegationen inzwischen auch dorthin, aber meist nur nach Beijing und Shanghai. Shenzhen liegt meist nicht auf ihrer Route.

Shenzhen? Wo liegt das denn?

Shenzhen liegt direkt gegenüber von Hongkong, von diesem – inzwischen muss man ja leider sagen – Unruheherd nur durch eine ziemlich poröse Grenze getrennt.

Immerhin war Bundeskanzlerin Angela Merkel auf ihrer elften China-Reise im Mai 2018 für ein paar Stunden in Shenzhen. Sie resümierte, nachdem sie das vernetzte Shenzhen mit eigenen Augen gesehen hatte, »dass wir uns ganz strategisch mit der Digitalisierung befassen müssen.« Was aber – und das sei nur am Rande vermerkt – bislang nicht passiert ist.

Bundeswirtschaftsminister Peter Altmaier war noch nicht in Shenzhen. Er flog im Juli 2019 – noch ganz alte Schule – nach San Francisco. Doch immerhin verkündete er ausgerechnet dort seine neue Sicht der Dinge: »Wir müssen auch den Blick darauf lenken, dass das Silicon Valley nur ein Ort ist, wo die Zukunft gestaltet wird«, sagte er etwas verquer, »heute gibt es auch in vielen Städten wie in Shenzhen oder Shanghai sehr viel Innovation, sehr viel Zukunft, sehr viel Offenheit.«

Einer seiner Vorgänger als Bundeswirtschaftsminister, Karl-Theodor zu Guttenberg, ist da gedanklich schon etwas weiter. In der Frankfurter Alten Oper appellierte er bei einem Unternehmerkongress an die versammelte Managerschar: »Schicken Sie Ihre Mitarbeiter zum Lernen nicht ins Silicon Valley, sondern nach Shenzhen. Dann spüren Sie die globalen Machtverschiebungen.«

Und diesmal stimmt das Zitat von ihm.

Wer wissen will, wie – im Guten wie im Bösen – die Welt von morgen aussehen könnte, der muss nach Shenzhen fahren. Er wird dann sehen, wie man den Nahverkehr einer Millionenstadt auf Elektro umrüstet, wie Roboter zunehmend den Alltag beherrschen, wo man per Gesichtserkennung schon überall Zutritt hat, wie Drohnen Verkehrssünder verfolgen, wie zwei ortsansässige Konzerne das Gesundheitswesen revolutionieren oder – ganz bodenständig – Mülleimer sich via Sensoren melden, wenn sie voll sind.

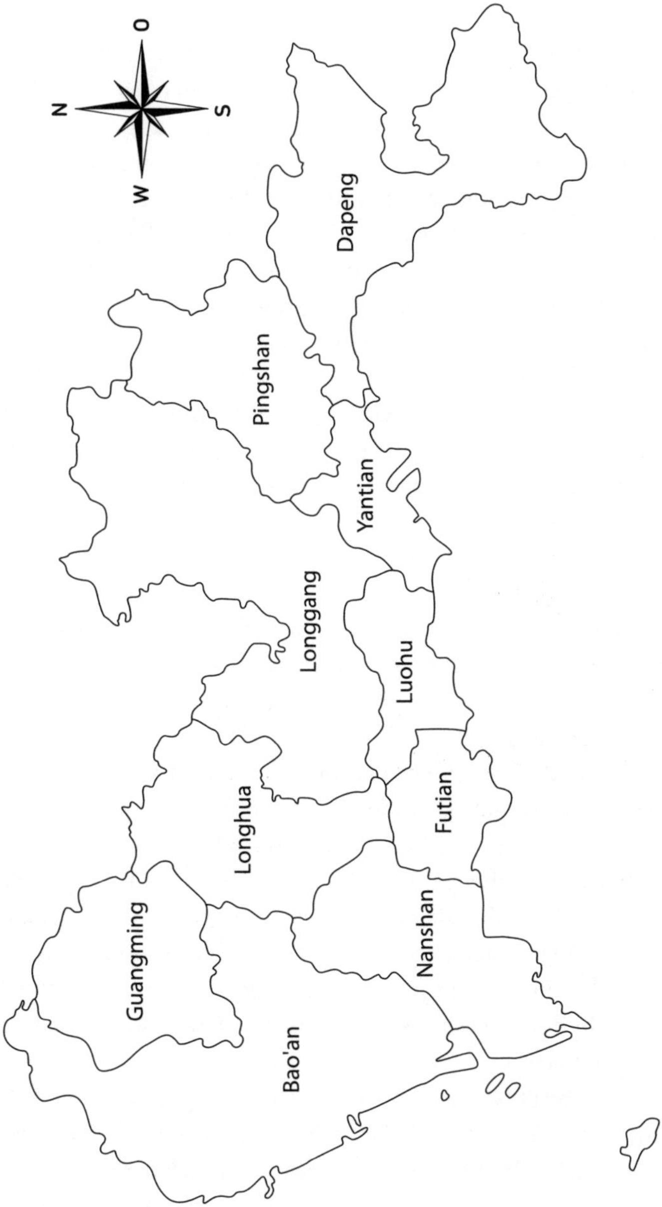

Shenzhen und seine zehn Stadtbezirke

© Shutterstock/Weredragon

Shenzhen ist eine Modellstadt, ein großes Reformlabor. Für das restliche China war Shenzhen schon immer das Vorbild, seit die Stadt 1979, die damals noch eine Ansammlung von Dörfern war, von Chinas oberstem Reformer Deng Xiaoping zur Sonderwirtschaftszone auserkoren wurde. In Shenzhen durfte immer mehr experimentiert werden als anderswo in China. Und hier gibt es seit eh und je eine Stadtregierung, die stets offen für neue Ideen war und Entrepreneurship gefördert hat.

Deshalb ist man hier auf dem Weg vom *Made in China* zum *Created in China* schon am weitesten vorangeschritten. In Shenzhen wird längst nicht mehr nur kopiert, sondern innoviert. An keinem Ort in China wird der von der Führung vorgegebene Masterplan *Made in China 2025* schon so konsequent umgesetzt wie in Shenzhen.

Hier herrscht ein sehr innovatives Klima. Nach Shenzhen kommen viele junge Menschen aus China – aber auch zunehmend aus dem Ausland – mit unternehmerischen Träumen und Wünschen, die sie hier realisieren wollen und häufig auch können. Das Faszinosum Shenzhens erinnert mich ein bisschen an das frühere Amerika, das einst das gelobte Land für Leute mit Ideen war.

Viele vergleichen Shenzhen mit dem Silicon Valley in Kalifornien. Doch es gibt nach meiner Meinung einen großen Unterschied. Anders als das auf IT und Software basierende Silicon Valley hat Shenzhen eine viel breitere industrielle Basis und deshalb auch die nötige Hardware. Anders ausgedrückt: In Shenzhen kannst du sozusagen morgens eine Idee haben und am Abend schon den Prototypen in der Hand. Shenzhen profitiert immer noch sehr davon, dass in seinem Umland die größte Fabrikdichte der Welt herrscht.

Wie diese entstanden ist, konnte ich mit eigenen Augen verfolgen, als ich Anfang der 1990er Jahre zum ersten Mal nach Shenzhen reiste. Ich besorgte mir in einer der vielen kleinen Reisebüros in Hongkong ein Visum, das man damals problemlos und fix bekam. Zwei Tage später stieg ich in Hongkong in die Metro und fuhr nach Lo Wu, der Endstation der MTR aus Hongkong.

Ich trug meinen Koffer über eine Brücke, die über einen kleinen Fluss, der eigentlich eher ein Rinnsal war, führte, und passierte die Grenzkontrolle. Draußen lungerten schon die Taxifahrer und in den Hotels die Prostituierten. Es war keine schöne Stadt, aber es war schon damals eine pulsierende Stadt, eine geschäftige Stadt.

Immer wieder fuhr ich in den folgenden Jahren und Jahrzehnten nach Shenzhen und konnte so den Aufstieg dieser Stadt authentisch verfolgen. Jedes Mal musste ich mich neu orientieren, weil sich die Geometrie der Stadt schon wieder einmal verschoben hatte. Jedes Mal staunte ich, welche neuen architektonischen Wunderbauten binnen kurzer Zeit aus dem Boden gestampft worden waren.

Im Sommer 2019 verbrachte ich dann zur finalen Recherche dieses Buches mehrere Wochen in der Stadt. Anfangs war es für mich ein nur schwer durchschaubarer Moloch. Gigantisch in seinen Ausmaßen. Von Ost nach West sind es rund 40 Kilometer. Offiziell wohnen 12 Millionen Menschen dort. Aber fast jeder sagte mir, es seien wohl mindestens 20 Millionen. Keine Stadt der Welt ist so schnell gewachsen.

Und trotzdem: Es ist kein monotones Häusermeer wie viele vermuten würden. Shenzhen ist eine sehr grüne Stadt. Es ist eine supermoderne Stadt, wo sich Architekten aus aller Welt austoben dürfen. Und Shenzhen ist zunehmend eine lebenswerte Stadt mit Bars, Galerien, Malls und Restaurants.

Dieses Buch versucht, allen Facetten dieser Metropole gerecht zu werden. Es ist in zehn Kapitel unterteilt. Jedes Kapitel steht für sich, kann also separat gelesen werden. Wen zum Beispiel die Geschichte vom märchenhaften Aufstieg Shenzhens und seiner Umgebung nicht interessiert, kann die ersten beiden Kapitel auslassen. Wer wissen will, wie die Start-up-Szene tickt, kann das im dritten Kapitel erfahren. Im vierten Kapitel beschreibe ich die Strategien der beiden Giganten Tencent und Ping An, die um ihr ursprüngliches Kerngeschäft herum weltweit einzigartige Ecosysteme geschaffen haben. Im fünften Kapitel versuche ich zu erläutern, wie sich all die neuen Technologien in Shenzhen zu einer Smart City fügen.

Das sechste Kapitel ist dem Thema Verkehr gewidmet und hat natürlich zum Schwerpunkt, wie es Shenzhen als erste Stadt der Welt geschafft hat, alle Busse und Taxen auf Elektro umzurüsten. Im siebten Kapitel folgt eine Übersicht über die wissenschaftliche Basis dieser Stadt. Das achte Kapitel zeigt das etwas andere Gesicht Shenzhens, nämlich das von Architektur, Design und Kultur. Die beiden letzten Kapitel widmen sich dem geografischen Umfeld Shenzhens. Das neunte Kapitel beschreibt das – nicht ganz einfache – Verhältnis zum Nachbarn Hongkong. Und im Kapitel zehn wird das Mammutprojekt Greater Bay Area (GBA) vorgestellt, das den größten Wirtschaftsraum der Welt kreieren soll.

Die anhaltenden Unruhen in Hongkong werden die Rolle Shenzhens verändern. Je schwächer Hongkong wird, desto stärker wird Shenzhen. Dieser Prozess wird auch bewusst von der Regierung in Beijing unterstützt, in dem sie Shenzhen immer mehr aufwertet.

Im August 2019 wurde Shenzhen vom Staatsrat und dem Zentralkomitee – höher geht es nicht mehr – in einem viel beachteten Dokument zur Modellstadt für die nächsten Jahrzehnte erklärt. Nicht Beijing, nicht Shanghai, sondern Shenzhen. Damit steht Shenzhen über diesen Städten. Das bedeutet eine enorme Aufwertung, aber auch die Anerkennung des bislang Geleisteten.

Shenzhen wird also politisch, wirtschaftlich und technologisch eine neue Macht werden. Doch Shenzhen wird anders sein als die anderen chinesischen Metropolen. Beijing ist die Stadt der Bürokraten und der Staatskonzerne. Shanghai ist die Stadt der internationalen Multis, des Kapitals und der neureichen Schickeria. Shenzhen dagegen ist die Stadt der Ideen, der Innovationen, der Jungen.

Oder anders ausgedrückt: Beijing ist die Stadt der Vergangenheit, Shanghai die Stadt der Gegenwart, aber Shenzhen ist die Stadt der Zukunft. Eben Weltwirtschaft von morgen – heute schon zu besichtigen. Live oder in diesem Buch.

Wolfgang Hirn, Berlin

Erstes Kapitel

ES WAREN EINMAL EIN PAAR FISCHERDÖRFER – Der märchenhafte Aufstieg Shenzhens zu einer globalen Modellstadt

»Shenzhen – ein Wunder in der Weltgeschichte von Industrialisierung, Urbanisierung und Modernisierung«

Hu Jintao, ehemaliger chinesischer Präsident

Die Zahl 40 verfolgte einen in Shenzhen im Jahr 2019 auf Schritt und Tritt. Auf Plakaten, an Baustellen, in den Metrostationen – überall prangte die Zahl 40. Vierzig Jahre ist es nämlich erst her, dass hier in Shenzhen, der Nachbarstadt von Hongkong, das chinesische Wirtschaftswunder begann.

Es war einmal ein Fischerdorf mit 30000 Einwohnern – so beginnt fast jede Erzählung über den märchenhaften Aufstieg Shenzhens, das heute eine 20-Millionen-Metropole ist. Letzteres stimmt, aber die Ausgangslage nicht. Es war nicht ein Fischerdorf, es waren mehrere Fischerdörfer, und sie hatten immerhin zusammen etwas mehr als 70000 Einwohner. Das mit dem Fischerdorf, aus dem eine Weltstadt wurde, ist ein netter Marketinggag, der aber gerne – auch von den Offiziellen der Stadt – kolportiert wird.

Trotz der kleinen Unwahrheit zu Beginn des wundersamen Aufstiegs ist natürlich das Wachstum gigantisch, atemberaubend, verrückt oder welchen Superlativ man auch immer verwenden mag. Das britische Wirtschaftsmagazin *The Economist* nannte es schlicht »Das Wunder von Shenzhen«. Keine Sonderwirtschaftszone der Welt sei erfolgreicher gewesen als dieser Streifen am Südzipfel Chinas.

Unter Mao war Shenzhen, an der Grenze zum erzkapitalistischen Hongkong gelegen, noch die letzte Bastion, die gegen den barbarischen Kapitalismus und den kolonialistischen Westen verteidigt werden musste. Doch als Mao weg war, wich auch die Angst vor dem Klassenfeind.

Nach Mao kam Deng Xiaoping. Der große kleine Mann war der Vater der Reformpolitik, die 1978 begann. Er setzte seine vier Modernisierungen (Landwirtschaft, Industrie, Verteidigung, Wissenschaft und Technik) zwar im ganzen Lande um. Doch eine Ecke des Landes lag ihm besonders am Herzen – der Küstenstreifen in den beiden Südprovinzen Fujian und Guangdong. Dort sah er aufgrund deren Nähe zu Taiwan und Hongkong die Möglichkeit eines kleinen Grenzverkehrs, durch den ausländisches Kapital und Know-how ins Land kommen sollten. Nach langen Diskussionen genehmigten die Parteigremien schließlich im Sommer 1979 vier Sonderwirtschaftszonen, drei in Guangdong, eine in Fujian. Die Vorbilder für diese Gebilde waren in Irland – ja, Sie haben richtig gelesen: Irland – und Singapur.

Shenzhen war eine der vier Sonderwirtschaftszonen. Es wurde die erfolgreichste, weil es nahe an Hongkong lag, und weil es eine sehr aktive und reformorientierte Stadtverwaltung hatte. Schon in den 1980er Jahren investierten viele ausländische Firmen in Shenzhen. Ein Boom, der durch das Tiananmen-Massaker 1989 jäh unterbrochen wurde. Partei wie Nation waren verunsichert. Da machte sich 1992 Deng Xiaoping auf seine inzwischen legendäre Reise in den Süden, nach Shenzhen. Es war ein Signal: freie Fahrt für weitere Reformen.

In den folgenden Jahren und Jahrzehnten profitierte Shenzhen wie keine andere Stadt von der fortgesetzten Reform- und Öffnungspolitik des Landes. Sie mutierte erfolgreich von einem Lowtech- zu einem Hightechstandort. Sie produziert permanent wirtschaftliche Rekordzahlen und ist in vielerlei Hinsicht eine Modellstadt.

Und das soll auch so bleiben, auch unter dem Staatspräsidenten und KP-Chef Xi Jinping, der eine enge, private Beziehung zu der Stadt hat. Obwohl er teilweise restriktiv im Rest des Landes vorgeht, darf in Shenzhen weiter reformiert werden. Shenzhen darf weiterhin die Modellstadt sein.

Dabei standen ganz zu Beginn der Entwicklung zwei andere Städte Modell für Shenzhen.

Zwei unterschiedliche Vorbilder

Die Älteren werden sich noch erinnern. Wollte man früher von Europa in die USA fliegen, musste man im irischen Shannon zwischenlanden. Es gab noch keine Flugzeuge, die diese lange Strecke nonstop bewältigen konnten. Deshalb musste in Shannon aufgetankt werden, bevor der Flug über den Großen Teich beginnen konnte. 1945 landete eine PanAm-Maschine nach dem ersten Transatlantikflug in Shannon.

Doch es war in den 1950er Jahren absehbar, dass es irgendwann Flugzeuge geben wird, die es ohne Zwischenlandung in Shannon von Europa nach Amerika schaffen werden, und dass deshalb der Boom in und rund um Shannon nur von kurzer Dauer sein werde. Was also tun, damit dieser karge landwirtschaftlich geprägte Landstrich im Westen Irlands nicht wieder in der Bedeutungslosigkeit versinkt?

Die Iren etablierten 1959 in Shannon eine Freihandelszone. Mit Steuervorteilen und einfachen Zollprozeduren köderten sie so ausländische Investoren. Shannon war damals die weltweit erste Freihandelszone – und hatte Erfolg. Das muss sich bis Beijing herumgesprochen haben. Denn 1980 besuchte eine achtköpfige chinesische Bürokraten-Delegation Shannon. An ihrer Spitze war ein gewisser Jiang Zemin, damals Vizeminister der staatlichen Import- und Exportverwaltung. Jiang Zemin wurde später Parteichef (1989–2002) und Staatspräsident (1993–2003).

Die Jiang-Truppe war auf Weltreise, studierte Sonderwirtschaftszonen oder ähnliche Modelle in aller Welt. Drei Wochen blieben sie in Shannon, ließen sich sehr detailliert das Modell Shannon erklären. Brian Callanan war damals Chef der strategischen Planung bei Shannon Development. Er betreute die Gäste aus dem fernen China. Am Anfang hätten sie kaum ein Wort gesprochen, erinnert er sich in einem Gespräch mit *China Daily*. Sie hätten keine Fragen gestellt, sie schrieben alles auf, was ihnen gesagt und gezeigt wurde. Doch langsam wären sie aufgetaut. Vor allem, als sie mehr über die irische Geschichte erfuhren, dass die Insel ein verdammt armes Land gewesen sei, in dem im 19. Jahrhundert eine Million Menschen an Hunger starben. Solche Horrorgeschichten kannten die Chinesen aus ihrer allerjüngsten Geschichte.

Armes China, armes Irland – die gemeinsame bittere Erfahrung ließ die Iren und Chinesen einander näherkommen und besser verstehen. Sicher trug zur Aufheiterung auch bei, dass man sich abends im Durty Nelly's Pub auf ein paar Bierchen und Liedchen traf. Karaoke auf Irisch. Nach drei Wochen voller Eindrücke und Notizbücher kehrte die Delegation nach China zurück.

Die Dankbarkeit der chinesischen Führer hält übrigens bis heute an. Präsident Jiang Zemin kam später nochmals vorbei. Die Ministerpräsidenten Zhu Rongji und Wen Jiabao besuchten in ihrer Amtszeit Shannon. Und selbst Xi Jinping tauchte, als er noch Vizepräsident war, in Shannon auf und ließ sich in Bunratty Castle zu einem Bankett nieder.

Es ist schon eine irre Geschichte: Das kleine Shannon (10 000 Einwohner) als Pate für das – heute – große Shenzhen (20 Millionen Einwohner). Aber es war nicht nur Shannon.

Heute weiß man, dass die chinesischen Herren, die damals durch die Welt reisten, zwei Modelle als Vorbilder priesen: Eben Shannon – und Singapur. Shannon als Blaupause, wie man eine Sonderwirtschaftszone organisiert, Singapur dagegen als politisch-ökonomisches Modell eines autoritären Kapitalismus.

In Singapur, dem Stadtstaat am Südzipfel der malaysischen Halbinsel, herrschte und herrscht eine Technokratenregierung, die zwar steuernd in die Wirtschaft eingreift, indem sie zum Beispiel bestimmte Technologien fördert, aber keine Planwirtschaft klassischen Stils mit staatlich fixierten Preisen und Produktionsquoten betreibt.

Dieses Modell gefiel auch dem nach dem Tode Maos mächtigsten Mann der Volksrepublik China: Deng Xiaoping.

Deng Xiaoping – der Wegbereiter

Es ist sehr heiß an diesem Sonntag im Juli. Die Sonne knallt von einem nahezu blauen, wolkenlosen Himmel auf die Stadt Shenzhen. Der Thermometer zeigt zwar nur 33 Grad, aber es ist sehr schwül. Trotzdem pilgern viele Chinesen hoch in den Lianhuashan Park, einer der höchsten Erhebungen der Stadt. Stufe um Stufe klettern sie einzeln oder in Gruppen treu hinter einem Fähnchen schwingenden Anführer her die am Schluss immer steiler werdenden Treppen hoch. Viele Hemden und Kleider kleben an den Körpern.

Der Lohn des Schweißes: Oben hat man eine tolle Aussicht auf das Zentrum der Stadt, auf die breite Diagonale, an deren Ende das Gebäude der Stadtverwaltung mit seinem geschwungenen Dach steht. In der Ferne sieht man das bergige Hinterland Hongkongs. Doch die meisten Chinesen kommen gar nicht wegen diesem fantastischen Blick auf Shenzhen hierher. Nein, sie posieren vor einer Statue, sechs Meter hoch. Der Mann in brauner Bronze zeigt auf das ferne Hongkong, als ob dort das gelobte Land sei.

Es ist die Statue von Deng Xiaoping, der nach Mao Zedongs Tod im Jahr 1976 das Land führte und nach den wirren Jahren unter Mao auf einen stetigen Reformkurs brachte. Nur zwei dieser Monumente gibt es in ganz China. Eine in Dengs Heimatstadt Guang'an in der Provinz Sichuan, wo er in einem Sessel sitzt, und eine eben hier in Shenzhen, wo er überlebensgroß mit forschem Schritt posiert.

Deng und Shenzhen – das ist eine besondere Beziehung. Ohne ihn gäbe es Shenzhen nicht in dieser Dimension. Deng wird deshalb in dieser Stadt verehrt wie kein anderer chinesischer Politiker in irgendeiner anderen Stadt Chinas.

Neben der Statue im Lianhuashan Park tritt Deng Xiaoping noch auf der berühmten Plakatwand an der Ecke Shennan Boulevard und Hongling Road auf. 30 Meter breit, zehn Meter hoch. Das Original war ein Ölgemälde. Darauf der Spruch: »Das Nicht-Festhalten am Sozialismus sowie an der Reform- und Öffnungspolitik, die Nicht-Entwicklung der Wirtschaft und die Nicht-Verbesserung der Lebensbedingungen der Menschen führt geradeaus in die Sackgasse.« 2004 änderte sich das Bild: Das Ölgemälde wurde durch ein Computerbild ersetzt. Vorn ein lächelnder Deng, dahinter verschiedene Wahrzeichen der Stadt Shenzhen. Und auch der Spruch wurde gestrichen. Er lautet jetzt: »Halten Sie sich 100 Jahre unerschütterlich an die Parteilinie.« Das Blumenmeer vor der Plakatwand ist in sehr gepflegtem Zustand. Die Ecke ist immer noch eine Touristenattraktion. Viele Fotos werden hier geschossen.

Auch das Drehrestaurant im Shenzhen International Trade Center ist für viele Nostalgiker noch eine Pilgerstätte. Dort oben auf der 53. Etage speiste einst Deng bei einer seiner Reisen nach Shenzhen.

Drei mehr oder weniger berühmte Reisen hat Deng Xiaoping in diese Stadt unternommen. Sie alle prägten und veränderten Shenzhen – und auch ganz China.

Die erste Deng-Reise fand im November 1977 statt. Zu der Zeit erholte sich die Volksrepublik China nur langsam von den Wirren der Kulturrevolution unter Mao. Die Wirtschaft lag am Boden. Viele Chinesen hätten das Land gerne verlassen in Richtung kapitalistischen Westen. Nirgendwo war dieses gelobte Land näher als in Shenzhen. Drüben über der Shenzhen Bay lag die britische Kronkolonie Hongkong. Man konnte das bergige Hinterland der New Territories sehen.

Einige flüchteten übers Wasser in das nahe Hongkong, viele versuchten es nur und wurden auf der Flucht erschossen. Für Deng war die Flucht und die Schüsse auf die Flüchtenden nicht die Lösung. Das Problem könne nicht von der Armee oder Polizei gelöst werden, sagte er vor Ort. Sein Ausweg: Wir müssen die Lebensbedingungen in China verbessern, damit unsere Landsleute keinen Grund mehr haben zu fliehen.

Ihm schwebten Sonderzonen an der Grenze zu Hongkong vor, in denen auch ausländische Investitionen erlaubt sein sollten. Nach Dengs Besuch im Süden interessierten sich plötzlich auch die anderen Spitzengenossen in Beijing für Guangdong, die Provinz im Süden. Es gab weitere Erkundungsreisen in den Süden und mehrere Diskussionsrunden im Zentralkomitee. Vor allem der neue Parteichef von Guangdong, Xi Zhongxun, machte Druck.

Am 15. Juli 1979 gab dann das Zentralkomitee seinen Segen. Den beiden Küstenprovinzen Guangdong und Fujian wurde das Recht eingeräumt, in speziellen Zonen ausländisches Kapital ins Land zu lassen.

Es folgte ein Jahrzehnt der Reformen in der Provinz Guangdong, angetrieben von einem charismatischen und reformwilligen Provinzgouverneur.

Die Reformen der 1980er Jahre

Ren Zhongyi war der Parteisekretär in der Provinz Guangdong von November 1980 bis Juli 1985. Er stammte nicht von hier, sondern aus dem Norden, aus Tianjin, der großen Nachbarstadt von Beijing. Ren brachte aber keine Gefolgsleute mit, sondern suchte sich Verbündete in der Provinz, der er vorstand. In den ersten Monaten seiner Amtszeit tourte er durch die Provinz, um von den lokalen Kadern zu erfahren, wo die Probleme lagen und was es zu ändern galt.

Für Ezra Vogel war Ren »*der* große Ideengeber und Macher der Reformperiode.« Er habe früh erkannt, dass die Infrastruktur eine Schwachstelle in der Region war. Deshalb habe er seit 1982 den Bau von Straßen, Brücken und Kraftwerken gepusht. Und Ren forcierte den Umbau des Wirtschaftssystems, baute systematisch die Planwirtschaft ab und marktwirtschaftliche Elemente ein. In diesem Sinne wurden in verschiedenen Bereichen grundlegende Reformen durchgezogen:

- *Landwirtschaft*: Bauern bekamen zunächst kleine Flächen zugewiesen, auf denen sie anbauen und anpflanzen konnten, was sie wollten. Die Ernte durften sie dann auf Märkten zu Marktpreisen verkaufen. Sukzessive wurde so die kollektivierte Landwirtschaft privatisiert. Zum Wohle aller: Den Bauern ging es besser, weil sie mehr verdienten, und den Verbrauchern, weil sie eine größere Auswahl hatten.
- *Unternehmen:* Erst zögerlich, dann aber immer schneller entwickelte sich ein privates Unternehmertum. Es entstanden Handelsgeschäfte, Werkstätten, erste kleine Fabriken. Ihre Besitzer durften Gewinne machen und diese auch behalten. Parallel dazu bekamen die Staatsunternehmen größere Freiheiten. Wenn sie ihre Ziele überschritten, durften sie mit den Mehreinnahmen machen, was sie wollten. Zum Beispiel die Löhne erhöhen oder neue Maschinen kaufen, um die Produktion zu steigern.
- *Arbeitsmarkt*: Schon 1979, gleich zu Beginn der Reformen, wurde für die Arbeiter ein Bonussystem eingeführt. Das alte, anreizlose System, in dem alle den gleichen Lohn bekamen, wurde sukzessive abgeschliffen. Geradezu basisdemokratisch war die Entscheidung, dass die Arbeiter selbst bestimmen durften, wie sie die Boni untereinander aufteilten. Mitte der 1980er Jahre kam dann eine weitere Reform: die Einführung von Arbeitsverträgen.
- *Preise*: Das war eine der zentralen Fragen. Unter Mao waren die Preise staatlich festgelegt, egal ob für Gemüse, Kleidung oder Maschinen. Guangdong reduzierte Stück für Stück diese Preiskontrollen, besonders für Agrarprodukte. Die Preise für

Konsumgüter wurden schneller freigeben als die für Industriegüter. 1988 gab es in Guangdong fast keine regulierten Preise mehr.

Eine der zentralen Reformen war jedoch die Schaffung von Sonderzonen. Vier solcher Gebiete mit höheren Freiheitsgraden als im Rest des Landes wurden am 26. August 1979 offiziell etabliert: eine in der Provinz Fujian (in der Stadt Xiamen), drei in Guangdong (in Shantou, Zhuhai und Shenzhen). Kurz danach gab es eine heftige innerparteiliche Diskussion. Die Zonengegner stießen sich an dem Begriff Sonderzone. Sie befürworteten zwar wirtschaftliche Reformen, aber keine politischen.

Der Begriff Sonderzone – so ihre Argumentation – würde dazu einladen, auch politische Reformen zu wagen und gar das Machtmonopol der Partei infrage zu stellen. Die Bedenkenträger setzten sich durch. Deshalb erfolgte im März 1980 die Namensänderung: Statt Sonderzone hießen die vier Gebiete nun Sonderwirtschaftszone, damit jedem klar war, dies ist ein wirtschaftliches Experiment und kein politisches.

Warum wurden gerade diese Küstenstädte im Süden ausgewählt und nicht etwa Shanghai? Shanghai wäre zu risikoreich gewesen, argumentiert Ezra Vogel. Shanghai war bereits eine Industriemetropole. Hätte man Shanghai zu einer Sonderwirtschaftszone gemacht und wäre diese gescheitert, hätte das katastrophale Folgen gehabt. Guangdong und Fujian dagegen hatten eine geringe industrielle Basis, also wären die Folgen eines möglichen Scheiterns eher gering gewesen.

Doch ein viel wichtigeres Argument, das für die vier ausgewählten Städte sprach, war deren Lage. Sie lagen alle in der Nähe zu Hongkong und Taiwan, beide waren damals wirtschaftlich sehr erfolgreich. Man erhoffte sich in Beijing, dass Unternehmer aus Hongkong und Taiwan auf dem nahen Festland investieren würden (was sie dann ausgiebig taten). Und im Hinterkopf hatten Deng und seine Denker, dass der wirtschaftlichen Annäherung auch irgendwann eine politische folgen werde (was im Falle

Hongkong eintrat, dessen Sonderstatus 2047 enden wird; anders Taiwan, das zum Missfallen der Beijinger Regierung weiterhin auf seine Unabhängigkeit pocht).

Und noch ein ganz anderes, wichtiges Argument sprach für die Auswahl der vier Küstenstädte in Fujian und Guangdong als Sonderwirtschaftszonen: Die meisten Überseechinesen – so heißen Chinesen, die ihr Mutterland verlassen haben – stammen aus den Provinzen Fujian und Guangdong. Obwohl sie zum Teil schon vor Generationen ausgewandert waren, hatten sie immer noch sehr enge Bindungen zu ihrer Heimat. Man erhoffte sich in Beijing, dass über diese privaten Kanäle Geld und Know-how zurückfließen würden.

Besonders viel floss zwischen Hongkong und Shenzhen, das deshalb von den vier Sonderwirtschaftszonen mit großem Abstand die dynamischste und erfolgreichste wurde.

Wilde Gründerjahre und ein jähes Ende

Es ist eine hippe Gegend in Shekou, draußen im westlichen Stadtteil von Shenzhen. Sie heißt NH E-Cool und ist auch cool. Mehrere längliche, begrünte Gebäude, durchtrennt von Fußgängerzonen, beherbergen unten Cafés, Galerien, Restaurants, oben in loftigen Räumen Büros von Start-ups und Designern.

Nichts mehr deutet darauf hin, dass hier der Aufstieg Shenzhens begonnen hat. In diesen Gebäuden produzierte einst der japanische Elektronikhersteller Sanyo Radios und Videorecorder.

Sanyo war eine der ersten ausländischen Firmen, die in den 1980er Jahren nach Shenzhen kamen. Wobei schon einige Hongkonger Firmen früher da waren, aber die zählen nach chinesischer Lesart nicht. Sanyo war damals eine ganz große Marke. Rund 5 000 Beschäftigte arbeiteten für Sanyo in Shekou. Weil das damals weitab vom Schuss lag, bekam jeder von ihnen ein Fahrrad geschenkt.

Nach Sanyo siedelten sich immer mehr ausländische Firmen an. Es kursierte damals das Sprichwort: »Nach einem kommen zwei, nach zwei kommen drei, nach drei kommen alle.« Es kamen nicht alle, aber es kamen viele. Auch Firmen aus dem restlichen China kamen hierher und gründeten Niederlassungen. Sie mussten weniger Steuern zahlen und durften einen Großteil ihrer verdienten Devisen behalten. Einzige Bedingung: Sie mussten für den Export produzieren. Joint Ventures – also Gemeinschaftsunternehmen zwischen chinesischen und ausländischen Unternehmen – wurden erlaubt. Deren Manager waren nur dem Board verantwortlich und nicht irgendwelchen Bürokraten.

In den Unternehmen gab es Boni, bezahlt wurde nach Leistung, nicht nach Stellung. Außerdem bekamen die Beschäftigten Arbeitsverträge, die meist eine Laufzeit zwischen ein und fünf Jahren hatten. So etwas hatte es vorher im maoistischen Arbeiterstaat China nicht gegeben. Diese Annehmlichkeiten lockten Zehntausende von Arbeitern aus ganz China an.

Es war Wilder Westen im Fernen Osten. Für vieles Handeln fehlten gesetzliche Grundlagen. Es wurde erst einmal probiert, dann legalisiert. Ezra Vogel meint: »Shenzhen wurde ein großes Laboratorium.« Shenzhen wurde angesichts solch leicht anarchistischer Zustände zu einem Magnet für Glücksritter und Intellektuelle, die dem bürokratischen Alltag im Rest-China entfliehen wollten. Willem van Kemenade schreibt: »In nur wenigen Jahren verwandelte sich Shenzhen in einen dynamischen Schmelztiegel von Pionieren aus allen Provinzen Chinas.«

Shenzhen wurde so attraktiv, dass die Herrschenden sogar bereits 1984 eine zweite Grenze einführen mussten. Auf 86 Kilometern trennte sie das Stadtgebiet Shenzhens vom restlichen China. Gesichert war sie teilweise mit Stacheldraht. Grenzposten kontrollierten Papiere. Nur wer eine Genehmigung für Shenzhen hatte, durfte passieren.

Shenzhen war aber auch ein attraktiver Platz für junge Kader. Einige der besten und talentiertesten Stadtplaner und Architekten kamen in die Stadt, weil sie dort viele Dinge machen durften, die woanders nicht genehmigt wurden. Und zudem reizte sie die Aufgabe, eine Stadt neu zu konzipieren.

Beim Aufbau stand ihnen das Army Engineering Corps zur Seite, eine Truppe von Ingenieuren und Soldaten, die einen exzellenten Ruf im Bauwesen hatten. Rund 20000 Corps-Soldaten wurden 1980 nach Shenzhen abkommandiert, um Straßen und Gebäude zu bauen. Sie kamen direkt aus Tangshan im Norden Chinas, wo es 1976 ein gewaltiges Erdbeben gab und das Army Engineering Corps den Wiederaufbau organisierte. Als das Corps 1983 aufgelöst wurde, blieben viele in Shenzhen, gingen in die Verwaltung oder machten sich als Bauunternehmer selbstständig.

Dank ihrer Arbeit konnte Deng Xiaoping einiges sehen, als er Ende 1984 zu seiner zweiten Reise nach Shenzhen (und Zhuhai) aufbrach. Positive Worte fand er vor allem für Shenzhen: »Shenzhens Entwicklung beweist, dass die Etablierung von Sonderwirtschaftszonen eine richtige politische Entscheidung war.«

Doch dieses Selbstlob Dengs war nicht *common sense* in der Beijinger Führung. Immer wieder gab es kritische Stimmen, die warnend fragten, ob man in Shenzhen nicht zu weit gehe. Mitte der 1980er Jahre zum Beispiel reiste eine Delegation von Veteranen nach Shenzhen. Einzelne Teilnehmer lamentierten noch vor Ort: »Wir haben unser ganzes Leben lang gegen den Kapitalismus gekämpft.« Und nun diese »kapitalistische Kolonialisierung«.

Die zweite Hälfte der 1980er Jahre war in ganz China geprägt von zunehmend ideologischen Auseinandersetzungen und Spannungen. Die Schar der Reformer wuchs, doch die Hardliner wehrten sich. Der Machtkampf kulminierte in einem traurigen und schrecklichen Ereignis: Auf dem Platz des Himmlischen Friedens in Beijing wurde Anfang Juni 1989 die Demokratiebewegung niedergeschlagen.

Das Massaker vom Tiananmen hinterließ ein verunsichertes China und eine verunsicherte Partei. Und, obwohl geografisch weit weg, auch ein verunsichertes Shenzhen.

Als kurze Zeit später, im August 1989, der zehnte Jahrestag der Sonderwirtschaftszone (SWZ) in Shenzhen begangen wurde,

wurde auf kleiner Flamme gefeiert, kein Parteiführer ließ sich blicken. Die Sonderwirtschaftszonen kamen unter Beschuss der Hardliner in der Partei, die diese als Enklaven des Kapitalismus betrachteten. Im Februar 1990 fand eine nationale Konferenz statt, auf der über die SWZ diskutiert wurde. Immerhin bekannte sich der damalige Premier Li Peng in seiner Rede dazu, dass sich die SWZ schneller entwickeln sollten als der Durchschnitt des Landes.

Aber der Kongress wies auch einen Vorschlag zurück, dass Shenzhen seine eigene Währung einführen sollte, was damals ernsthaft in der Diskussion war. Noch im Mai 1989 – also kurz vor Tiananmen – hatte der Nationale Volkskongress beschlossen, dass Shenzhen Gesetze erlassen könne, die sich näher an Hongkong anlehnten. Dieser Vorschlag wurde aber auf besagter Konferenz im Februar 1990 wieder kassiert.

Anfang der 1990er Jahre war das Land seltsam paralysiert. Das Tiananmen-Massaker von 1989 hatte den wirtschaftlichen und zaghaften politischen Reformkurs jäh gestoppt. In der Partei tobten Richtungskämpfe: Mit Reformen fortfahren oder einen härteren, repressiven Kurs verfolgen? Und wie sollte es mit Shenzhen weitergehen? Fragen über Fragen. Und wenig Antworten.

In diesen Zeiten der Verunsicherung entschied sich ein kleiner Mann für eine große symbolträchtige Reise.

Dengs berühmte Reise in den Süden

Am 17. Januar 1992 bestieg der damals 87-jährige Deng Xiaoping in Beijing einen Sonderzug. Ihn begleiteten seine Frau und vier ihrer Kinder. Die Reise wurde als Familienurlaub deklariert. Keiner sollte mitbekommen, dass dies eine hochpolitische Reise des alten Mannes und seiner Entourage werden sollte.

Südreisen der Herrschenden haben Tradition in China: Schon im 17. Jahrhundert unternahm der im Volk beliebte Kaiser Kangxi zwei Südreisen. Im 18. Jahrhundert reiste der nicht minder beliebte Kaiser Qianlong gar sechsmal in den Süden. Das Ziel der Reisen war, das Land voranzubringen und vor allem den Kaiser als Wohltäter der Bevölkerung zu stilisieren.

Nun also war Deng auf historischen Spuren unterwegs. Er war kein Kaiser, nicht mal der KP-Chef, aber ein sehr einflussreicher alter Mann. Nach jeweils kurzen Stopps in Wuhan, Changsha und Guangzhou rollte Dengs Zug am 19. Januar morgens um acht Uhr in den Bahnhof von Shenzhen ein. Nur eine kleine Riege eingeweihter Funktionäre – darunter der lokale Parteichef Li Hao – begrüßte den Mann im dunkelgrauen Jackett und in schwarzer Hose. Die Funktionäre wollten Deng gleich mit einem kleinen Bus ins Gästehaus fahren, damit er sich ausruhen solle. Doch er weigerte sich: »Jetzt bin ich hier in Shenzhen, nun will ich gleich alles sehen.«

Er ließ sich stattdessen in das Shenzhen International Trade Center fahren, ein 53-stöckiges Bürogebäude. Es war damals das höchste Gebäude und der ganze Stolz der Stadt. Oben ist ein Drehrestaurant, in dem Deng speiste und den Rundumblick auf die Stadt genoss. Außerdem ließ er sich dort über die Entwicklung der Stadt informieren. Er war beeindruckt, vor allem, was er rundherum sah.

Dort fiel auch der Satz: »Es sinnlos, so viele Meetings abzuhalten und lange Artikel zu schreiben. Shenzhens schnelle Entwicklung hat gezeigt, dass Handeln besser ist als Reden oder Schreiben.« Das Restaurant gibt es übrigens heute noch, der Platz vor dem Aufzug dorthin gleicht fast einem Schrein. Überall hängen und stehen Fotos von Dengs damaligem Besuch.

Am nächsten Tag besuchte Deng die Shenzhen Shinco Laser Company, die auch Technologie des niederländischen Elektrokonzerns Philips verwendete. Er fragte Chairman Ye Huaming: »Wie habt ihr die Frage des Copyrights geregelt?« Ye antwortete: »Wir haben die Rechte von der ausländischen Firma in Übereinstimmung mit internationalem Recht gekauft.« Deng war zufrieden: »So ist es richtig. Wir müssen uns an die internationalen Gesetze für geistiges Eigentum halten.«

Am 22. Januar, es war ein schöner, fast frühlingshafter Tag, ging er in den Botanischen Garten. Um 10.10 Uhr verzeichnet das Protokoll: Genosse Deng und Präsident Yang pflanzten einen Banyanbaum. Ein symbolischer Akt. Bäume wachsen, Städte wachsen. Am Nachmittag Gespräche mit der lokalen Parteiführung und der Stadtregierung. Er pries die Reformpolitik und ermahnte die Kader, auf diesem Weg weiterzumachen: »Man muss etwas mehr Mut bei der Reform- und Öffnungspolitik an den Tag legen, Mut zum Experiment, nicht wie Frauen mit gebundenen Füßen.« Es folgte ein obligatorisches Gruppenfoto.

Deng hatte nur einen Fotografen mit auf die Reise genommen. Plötzlich waren aber 50 bis 60 Fotoreporter da. Es hatte sich schnell herumgesprochen, dass Deng in der Stadt war. Die Menschen warteten geduldig an den Ausgängen der Fabriken oder Bürogebäuden. Sie jubelten ihm zu, grüßten Onkel Deng, oder – wenn sie jünger waren – Opa Deng.

Am nächsten Morgen Abreise. Um 9.40 Uhr verlässt das Schiff mit Deng an Bord Shenzhen Richtung Zhuhai. Seine Abschiedsworte an Li Hao sind legendär: »Speed up growth and reform.«

Sein Fazit der Reise drückte Deng später so aus: »Acht Jahre sind vergangen, seit ich das letzte Mal hier war. Shenzhen, Zhuhai und die anderen Orte haben eine Entwicklung hingelegt, die meine Erwartungen bei weitem übertroffen hat. Nachdem ich das hier alles gesehen habe, reise ich mit großer Zuversicht ab.«

Am 21. Februar war Deng wieder zurück in Beijing. Am selben Tag überschrieb die Volkszeitung, das Sprachrohr der Partei, ihr Editorial: »Seid mutig bei Reformen.« Ein deutliches Zeichen, dass die Partei dem alten Fahrensmann folgte. Die Gremien verabschiedeten dann in den kommenden Monaten entsprechende Dokumente. Und auf dem 14. Parteitag im Oktober 1992 wurde die Reformpolitik – die Bildung einer sozialistischen Marktwirtschaft – auch formal bestätigt.

Chinas Weg in die Moderne konnte fortgesetzt werden. Und erst recht der von Shenzhen.

Neuorientierung in den 1990ern

Anfang der 1990er Jahre war Shenzhen ein typischer Standort für billige Produkte aller Art. Alles, was viel Personal erforderte, wurde hier hergestellt. Klamotten, Schuhe, Spielzeug, Plastikwaren – und künstliche Christbäume. Keine Stadt der Welt produzierte mehr von diesen Exemplaren als Shenzhen.

Doch in der ersten Hälfte der 1990er Jahre zeichnete sich in Shenzhen auch das Aus für viele dieser lohnintensiven Industrien ab. Die Löhne fingen an zu steigen, die Grundstückspreise auch. Es rentierte sich nicht mehr, hier massenhaft Billigprodukte herzustellen. Und auch die Stadtregierung sah hierin keine wirtschaftliche Zukunft mehr. Sie favorisierte stattdessen »Hochtechnologieindustrien«, was damals allerdings noch etwas anders definiert wurde als heute. Damals gab es noch kein Internet, keine Handys und keine Laptops. Computer gab es – wenn überhaupt – nur in Büros, und sie hatten nach heutigen Maßstäben riesige Dimensionen.

Nein, Hightech war damals alles, was irgendwie mit Elektronik zu tun hatte. Ab Mitte der 1990er Jahre verlagerten immer mehr Unternehmen aus diesem weiten Feld der Elektronik ihre Produktion nach Shenzhen. Sie kamen aus Japan. Unternehmen wie Epson, Hitachi, Olympus, Ricoh und Sony entdeckten alle den Standort Shenzhen. Aus den USA verlagerten Firmen wie Compaq, IBM, Intel und Oracle Teile ihrer Produktion nach Shenzhen. IBM vermeldete sogar stolz, dass ihre Fabrik in Shenzhen die beste, also die produktivste im gesamten Konzern sei.

Zu den vielen ausländischen Investments gesellten sich die ersten erfolgreichen heimischen Gründungen. Das 1987 etablierte Telekomunternehmen Huawei entwickelte sich in den 1990er Jahren langsam zu einer nationalen Größe, ebenso der Konkurrent ZTE (bereits 1985 gegründet). Oder auch die Softwarefirma Kingdee (1991). Oder die Internetbude Tencent (1998).

Um die Jahrtausendwende kam fast schon die Hälfte des industriellen Outputs in Shenzhen von diesen neuen, zudem auch noch »sauberen« Industrien. Die alte, die »dreckige« Industrie vertrieb Shenzhen zunehmend Richtung Norden, in Richtung der Nachbarstadt Dongguan (siehe dazu mehr im zweiten Kapitel).

Parallel zu diesen Hightechbetrieben entwickelte sich sukzessive ein unterstützender Dienstleistungssektor. Der Hafen wurde immer größer. Logistikfirmen siedelten sich an oder wurden gegründet – wie zum Beispiel SF Express, heute wohl das beste und effizienteste Transportunternehmen in ganz China. Ebenso etablierte sich ein wettbewerbsfähiger Finanzsektor. Banken und Versicherungen ließen sich hier nieder oder wurden neu gestartet, wie zum Beispiel die Shenzhen Development Bank oder die Ping-An-Versicherung.

Und dazu passt, dass die Regierung in Beijing schon frühzeitig, nämlich bereits 1990, der Stadt eine Börse genehmigte – die erste in China.

Es war nicht die erste Premiere in der Stadt.

Shenzhen heute

Shenzhen ist »die Stadt der vielen *firsts*«, sagt Marco Bontje, Professor für Urban Geography an der Universität Amsterdam. So war Shenzhen die erste Stadt in China, die

- mit Landversteigerungen anfing;
- Arbeitsverträge einführte;
- Staatsunternehmen privatisierte;
- einen Technologiepark gründete;
- Public Private Partnership erlaubte;
- ausländische Tochterfirmen genehmigte.

Die Liste der Premieren ließe sich verlängern, worauf aber wegen möglicherweise aufkommender Langeweile verzichtet wird.

Dass die Stadt Shenzhen in vielen Bereichen vorangeschritten ist, hat mit ihrem Status als Modellstadt zu tun. Solche ausgewählten Metropolen dürfen – und müssen auch – per definitionem vieles als Erste ausprobieren. Die Beijinger Zentralregierung hat Shenzhen seit Dengs Südreise hierfür den nötigen Spielraum gelassen. Und Shenzhen hat diesen genutzt, weil es seit eh und je eine Stadtregierung hat, die zu Neuerungen und Reformen bereit ist.

Der Erfolg gibt ihr und damit letztendlich auch Beijing recht. Seit 1979, seit Einführung der Sonderwirtschaftszone, wuchs die Wirtschaft der Stadt jedes Jahr um durchschnittlich 22,4 Prozent. Keine Stadt, auch nicht Shanghai, vermeldet höhere Exportzahlen als Shenzhen. Shenzhen ist spitze bei Patentanmeldungen. Und 4,13 Prozent des Sozialprodukts fließen in Forschung und Entwicklung. Das ist Weltrekord.

Shenzhen ist die Stadt der Superlative.

Ist Shenzhen so erfolgreich, weil die Stadt so anders ist als die anderen chinesischen Metropolen? Da ist was dran. Hier dominiert die Privatwirtschaft. 67 Milliardäre – angeführt von Tencent-Gründer Pony Ma – haben ihren Wohnsitz in der Stadt. Staatsunternehmen, die meist wenig innovativ sind, spielen eine geringe Rolle. Nur knapp 10 Prozent der Beschäftigten arbeiten dort.

Keine Stadt in China hat mehr Immigranten als Shenzhen. Rund 95 Prozent der Einwohner stammen nicht aus Shenzhen. Sie kamen alle hierher als Fremde, sie haben keine Netzwerke, sie sind auf andere angewiesen. Das erzeugt ein sehr offenes Klima. Man hilft sich gegenseitig. Das einzig Verbindende ist die Sprache – Mandarin. Irgendwie paradox: Mitten auf kantonesischem Gebiet liegt eine Millionenstadt, in der fast nur Mandarin gesprochen wird.

Und Shenzhen ist eine extrem junge Stadt. Das Durchschnittsalter liegt bei rund 30 Jahren. Unter jungen Chinesen ist Shenzhen die beliebteste Stadt, ergab eine Studie des Forschungsinstituts des Online-Portals 58.com, vor Guangzhou und Chengdu. Sie kommen nach Shenzhen, weil sie hier viele berufliche Chancen sehen. Aber sie kommen auch nach Shenzhen, weil hier die Luft viel besser ist als beispielsweise in Shanghai oder gar dem chronisch luftverschmutzten Beijing. Die Luftqualität ist hier mit am besten in ganz China. Die Stadt ist wie gesagt sehr grün.

Die Bilanz fällt also – ökonomisch wie ökologisch – nach 40 Jahren durchweg positiv aus. Die große Frage ist nun: Kann das, wird das so bleiben? Viel hängt von der Beantwortung folgender Fragen ab: Welche Rückendeckung, welche Unterstützung hat Shenzhen derzeit durch Beijing? Wie ist die Haltung des allmächtigen Partei- und Staatschefs Xi Jinping zu dieser Stadt? Steht er zu ihr wie sein damals nicht minder allmächtiger Vorgänger Deng Xiaoping?

Absicht oder Zufall: Auch Xi Jinping machte zwei symbolische Reisen nach Shenzhen.

Xi Jinping und Shenzhen

Am 15. November 2012 wurde Xi Jinping zum mächtigsten Mann Chinas. Der Parteikongress »wählte« ihn zum Parteichef. Drei Wochen später brach Xi zu seiner ersten Reise auf. Im symbolträchtigen China haben solche Reise stets große Bedeutung: Wohin wird sie ihn führen? Was will er mit der Wahl des Ortes dokumentieren?

Nun, die Wahl Xis fiel auf Shenzhen. Über das zweite Dezemberwochenende im Jahr 2012 flog er in die südchinesische Metropole.

Es war eine Reise ohne großen Pomp. Keine roten Teppiche wurden ausgerollt, die Bevölkerung sollte nichts mitbekommen. Die lokale Polizei meldet, dass auf der 150 Kilometer langen Fahrt keine einzige Straße für den hohen Gast aus Beijing abgesperrt wurde. Außerdem wurden keine üppigen Buffets aufgetischt. Xi drang darauf, dass nicht mehr als sechs Gerichte und eine Suppe für ihn und seine Begleitung serviert werden durften.

Am Samstag schaute er beim – privaten – Internetkonzern Tencent vorbei und besichtigte anschließend die Qianhai-Entwicklungszone. Am Sonntag besuchte er die Deng-Statue im Lianhuashan-Park und das ehemalige Fischerdorf Yunong. Dort wurde den Bürgern vorab nur mitgeteilt, dass ein wichtiger Führer käme.

Und er besuchte seine Mutter, die damals in Shenzhen lebte und heute immer noch dort lebt. Sein Vater, Xi Zhongxun, war eine wichtige Figur zu Beginn der Reformbewegung in Guangdong und Shenzhen. Im April 1978 wurde Xi Zhongxun, der auch einer der Leidensgenossen unter Mao war, Parteisekretär der Provinz Guangdong.

Xi Jinping – so gehen die Gerüchte in der Stadt – sei immer mal wieder in Shenzhen, dann aber sehr privat, ohne Protokoll, nur um seine Mutter zu besuchen.

Xi hat also eine Beziehung zu Shenzhen, nicht nur eine sehr private. Seine erste Reise nach dem Amtsantritt war als Bekenntnis zu der Stadt und seinen Reformen zu werten.

Aber gilt das heute noch? Wie ist seine Haltung heute?

Ende Oktober 2018 war Xi Jinping wieder einmal offiziell auf einer Reise in den Süden. Er weihte die gigantische Brücke zwischen Hongkong und Macau beziehungsweise Zhuhai ein und machte anschließend einen viertägigen Abstecher in die Provinz Guangdong und dort auch nach Shenzhen.

Auf dieser Reise bestätigte er nochmals die wichtige Pionierrolle Guangdongs und als Labor für Reformen. »Chinas Reform- und Öffnungspolitik wird nie aufhören. In den nächsten 40 Jahren wird China die Welt mit weiteren Erfolgen beeindrucken«, verkündete Xi.

Ort diese Aussage war Shenzhen. Sie wurde dort dankbar aufgenommen. Die Erfolgsgeschichte – oder das Märchen – kann weitergehen.

Zweites Kapitel

MASSE UND KLASSE – Wo die Fabrik der Welt entstand und immer noch steht

»Jedes vierte weltweit verkaufte Handy kommt aus unserer Stadt.«

Han Yafei, Bürgermeister in Dongguan

Vor gar nicht allzu langer Zeit nannte man China die Fabrik der Welt. Viele der Waren, die in europäischen oder US-amerikanischen Warenhäusern in den Regalen lagen, oder an den Kleiderbügeln in den Modeketten hingen, wurden in China gefertigt.

Zentrum dieser Massenfertigung war ein rund 100 Kilometer langer Landstrich zwischen Shenzhen und Guangzhou. Hier wurden und werden immer noch viele Konsumgüter aller Art hergestellt. Aber nicht mehr die ganz billigen. Für Smartphones und viele Elektronikprodukte ist die Gegend nördlich von Shenzhen immer noch das globale Machtzentrum. Große Firmen mit inzwischen großen Namen (Galanz, Gree, Midea und TCL) haben hier nach wie vor ihren Sitz. Hier entstehen jede Menge neue Ideen und neue Produkte.

Die Karawane der Hersteller von Ramschwaren ist hingegen weitergezogen. Ins benachbarte Vietnam, in andere Länder Südostasiens oder gleich nach Bangladesch. Sie flüchteten, weil der Standort China zu teuer wurde, aber auch, weil die chinesische Regierung diese Art von Unternehmen gar nicht mehr in ihrem Land haben wollte. Die Devise in Beijing lautet ja schon seit Jahren hightech statt lowtech.

Das war nicht immer so. In den späten 1980er und frühen 1990er Jahren floss viel Hongkong-Geld nach Shenzhen und die umliegenden Städte. Und auch aus Taiwan, dieser aus festlandchinesischer Sicht abtrünnigen Provinz. Hongkong und Taiwan waren bis in die 1980er Jahre hinein Standorte für billige Produkte – seien es Klamotten, Schuhe, Spielwaren oder Uhren. Legendär waren die Fabriken im Hongkonger Hinterland. Sechs- oder noch mehrstöckige Betonklötze. Fabrikhochhäuser, wie es sie sonst nirgendwo auf der Welt gab. Auf jeder Etage eine andere Firma.

Doch just zu jener Zeit – Mitte der 1980er Jahre – herrschte bei den Fabrikbesitzern Hongkongs helle Aufregung. Sie mussten feststellen, dass ihre Waren – ob Hemden oder Elektroartikel – auf den Weltmärkten zunehmend unverkäuflich wurden. Die Produktion im kleinen Hongkong war schlicht zu teuer geworden. Andere asiatischen Länder – vor allem die Tigerstaaten aus Südostasien – traten als Wettbewerber auf und unterboten Hongkong.

In dieser Situation entdeckte Hongkongs Wirtschaft ihr chinesisches Hinterland, das bislang industriell brach lag. Es war eine historische Koinzidenz: Hongkong brauchte neue Standorte, die Volksrepublik konnte und wollte sie bieten. Die Hongkong-Unternehmen begannen sozusagen vor der Haustür Fabriken hochzuziehen. Es war eine ideale Ergänzung: Die Hongkong-Chinesen hatten Geld und Know-how, die Chinesen jede Menge arbeitswilliges Volk und günstiges Land, auf dem sie ihre Fabriken bauen konnten. So heuerte das erfahrene Management aus der damaligen Kronkolonie unerfahrene, aber billige Arbeitskräfte an, kasernierte sie in Wohnsilos direkt neben den Werkshallen und ließ sie sechs Tage die Woche schuften. Nur einmal im Jahr – zum chinesischen Neujahrsfest – durften sie für eine Woche nach Hause reisen.

Doch es waren nicht nur die Unternehmer aus dem nahen Hongkong, die ihre Produktion nach Shenzhen und Umgebung verlagerten. Auch aus Taiwan, rund zwei Flugstunden von Hongkong entfernt, flüchteten die Unternehmen aus Kostengründen. Dongguan zum Beispiel, die nördliche Nachbarstadt von Shenzhen, war eine beliebte Fluchtstätte taiwanesischer Unternehmer.

Später entdeckten auch die Firmen der westlichen Welt die Vorzüge der Billigproduktion in Shenzhen und Umgebung. Zwischen Shenzhen und Guangzhou wurde Fabrik für Fabrik hochgezogen.

Shenzhen (und die Umgebung im Perlflussdelta) profitierte gleich von mehreren parallelen Entwicklungen in der Weltwirtschaft. Zum einen ganz gewaltig vom Outsourcing-Boom der 1990er Jahre. Viele Konzerne in der westlichen Welt erkannten, dass viele ihrer Produkte woanders viel billiger herzustellen waren. Und das »woanders« war in Asien, vor allem im Perlflussdelta. Gleichzeitig kam die Containerschifffahrt auf. In einheitlichen Containern wurden auf riesigen Schiffen die Warenmassen über die Weltmeere transportiert.

Vorreiter der Outsourcing-Bewegung war Nike. Der US-amerikanische Sportartikelhersteller aus Beaverton im Bundesstaat Oregon hatte nie eine nennenswerte eigene Produktion. Er ließ von Anfang im Ausland fertigen. Ganz im Gegensatz übrigens zu seinem deutschen Erzrivalen Adidas, der erst später, aber dann mit gleicher Radikalität wie Nike seine Produktion verlagerte.

Die ersten Schritte mit Schuhen

Als Journalist war es nicht einfach, Zugang zu diesen Megafabriken zu bekommen. Einmal nahm mich ganz offiziell das damalige Adidas-Vorstandsmitglied Erich Stamminger mit. Wir trafen uns in Hongkong und fuhren gemeinsam mit der Metro bis zum Grenzübergang Lowu in Shenzhen. Dort erwartete uns ein Minibus, der uns in eine Fabrik brachte. Fabrik? Nein, die Yue-Yuen-Fabriken waren eher eine Stadt. Ein sechsstöckiger Komplex reihte sich an den anderen, umrahmt von gepflegtem Rasen, umrankt von exotischem Gewächs. Hier arbeiteten und wohnten rund 100000 Menschen. Rund 30000 arbeiten für Adidas, 40000 für den Konkurrenten Nike, 30000 für andere, kleinere Sportschuhfirmen aus aller Welt.

Adidas lässt hier über 20 Millionen Paar Schuhe zusammenschustern, sagte der damalige Adidas-Produktionsvorstand Glenn Bennett. Er führte mich zusammen mit dem Management von Yue-Yuen durch die gigantische Fabrik. Bei der Schuhherstellung war nach wie vor noch vieles Handarbeit. Deshalb wimmelte es in den Hallen von Menschen. Dicht an dicht standen oder saßen sie und schnitten, klebten, stanzten, nähten. Sie waren meist zwischen 18 und 25 Jahre alt, mehr Frauen als Männer.

Die Arbeitszeit in den Yue-Yuen-Fabriken dauerte von 7 bis 17 Uhr. Sechs Tage die Woche. Mittags gab es eine Stunde Pause. Ab 11.30 Uhr marschieren Arbeiterkolonnen schichtweise zum Essenfassen. Danach gönnten sich die meisten ein geduldetes kurzes Nickerchen am Arbeitsplatz. Rund 150 US-Dollar bekamen die Chinesen als Monatslohn. Einmal im Jahr gab es Heimaturlaub. Die Arbeiter hausten zu sechst oder noch mehr in einem Zimmer.

Der Komplex war wie eine deutsche Kleinstadt organisiert. Es gab Kindergärten, ein Krankenhaus, ein Kino. Er hatte seine eigene Feuerwehr, sein eigenes Kraftwerk, baute sein eigenes Gemüse an, füllte seine eigenen Wasserflaschen ab. Auf den Straßen außerhalb der Yue-Yuen-Fabrik gab es jede Menge Angebote zur Fortbildung und zum Vergnügen. Im Hopeful Computer Training Center wurde der Umgang mit Word und Excel gelehrt. Der Shangjiang City Health Service bot Schwangerschaftsschnelltests an und, wenn nötig, auch Abtreibungen.

Den Yue-Yuen-Fabrikkomplex in dieser Dimension gibt es nicht mehr. Indonesien und Vietnam haben sich für die Sportschuhhersteller als kostengünstigere Alternativen entwickelt. Aber es wäre ein Irrtum zu glauben, dass die Schuhproduktion aus dem Perlflussdelta verschwunden sei.

Nein, Dongguan ist immer noch mit Abstand das Mekka der globalen Schuhindustrie. Hier sind immer noch – keiner weiß die genaue Zahl – rund 1500 Schuhfirmen und mehr als 2000 Zulieferfirmen, in denen über zwei Millionen Menschen arbeiten. Sie produzieren aber nicht mehr die ganz billigen Treter, sondern anspruchsvollere und entsprechend teurere Schuhe. Rund 65 Prozent aller höherwertigen Schuhe dieser Welt stammen aus einer Stadt – Dongguan.

Dongguan – Produktion und Prostitution

Ende Januar, Anfang Februar – je nachdem, auf welches genaue Datum das Chinesische Neujahrsfest fällt – ist die Stadt leer, wirkt sie wie ausgestorben. Dann wird die Neun-Millionen-Stadt zur Geisterstadt. Drei Viertel ihrer Einwohner sind dann zu Hause. Aber ihr Zuhause ist nicht Dongguan. Ihr Zuhause ist irgendwo in Chinas Zentrum oder Westen.

Dongguan steht wie keine Stadt im Perlflussdelta für Wanderarbeiter. Nach Shenzhen kamen auch Wanderarbeiter, aber nicht so viele und zudem die besser qualifizierten. Dongguan bekam nicht die Unterstützung der Zentralregierung aus Beijing wie die Sonderwirtschaftszone Shenzhen. Die Stadtverwaltung in Dongguan musste nehmen, was sie bekam. Sie konnten nicht wählerisch sein. Sie nahmen auch die billigen, die schmutzigen Industrien.

Dongguan war das Schmuddelkind im Perlflussdelta. Eine Stadt mit einst schlechtem Ruf. »Es war die Hauptstadt der Prostitution«, schreibt Leslie C. Chang in ihrem Buch *Factory Girls*. Abendliche Anrufe in Hotels hatten nur das eine zum Ziel: »Sir, do you want a massage?« Jedes Businesshotel hatte seine versteckten Saunas oder wie immer die Räumlichkeiten für diese Art von Annehmlichkeiten genannt wurden. Im Sheraton Dongguan zum Beispiel musste man in der Tiefgarage einen separaten Aufzug in die 5. Etage in den Royal Club nehmen.

Und auch hinter den Fassaden der vielen Friseur- und Massagesalons wurden keine Haare geschnitten oder Körper aus therapeutischen Motiven massiert. Berühmt-berüchtigt waren Dongguans Karaoke-Bars, wo gesungen, getrunken und – Sie wissen schon – wurde.

Kunden dieser Etablissements waren auch die neureichen Bauern aus der Umgebung. Sie wurden zu Millionären, weil sie ihr Ackerland an Unternehmen verkauften, die darauf Fabriken hochzogen. Und plötzlich fuhren diese ehemaligen Gänse- oder Hühnerzüchter im Rolls Royce vor den Karaoke-Bars vor. Doch die Stammgäste der Bars und Salons waren überwiegend Unternehmer aus Hongkong und Taiwan.

Sie waren die ersten, die nach der Öffnung 1978 nach Dongguan kamen. Die Taiping-Handtaschenfabrik war im Sommer 1978 das erste Investment aus Hongkong. Alle Materialien, alle Maschinen wurden aus Hongkong eingeführt, die fertigen Handtaschen dann sofort wieder nach Hongkong ausgeführt. Die Fabrik in Dongguan war wirklich nur die Werkbank. Tausende Fabriken wurden in der Folgezeit hochgezogen. Sie arbeiteten alle nach dem gleichen Prinzip: Wir liefern die Vormaterialien aus Hongkong, ihr macht daraus ein Produkt und schickt es zurück nach Hongkong.

Das war damals durchaus eine logistische Herausforderung, denn zu der Zeit gab es keine Züge von Hongkong nach Dongguan. Der Kowloon-Canton Railway Express, der von Hongkong nach Guangzhou fuhr, rauschte an der Stadt vorbei. Man musste deshalb von Hongkong bis zur Grenze nach Shenzhen fahren und dort ein Taxi nehmen. Unter Lkw-Fahrern aus Hongkong kursierte der Spruch: »Wir haben keine Angst vor den Menschen aus Dongguan, aber vor ihren Straßen.«

Es gab damals Ende der 1970er, Anfang der 1980er Jahre schon eine enge Hongkong-Dongguan-Connection. Es wird geschätzt, dass in den Jahrzehnten davor rund 20 Prozent der jungen Leute aus Dongguan Richtung Hongkong abgehauen waren. Viele, die jetzt als Fabrikbesitzer zurückkamen, waren ehemalige Dongguaner. Und sie investierten in der Regel in ihren ehemaligen Dörfern – Dongguan war damals eher eine Ansiedlung von Dörfern und kleinen Städten. Es gab also zwischen den Fabrikbesitzern und den Einheimischen eine vertraute, enge Beziehung.

Die gab es zwischen den Dongguanern und den Taiwanesen nicht, die in den späten 1980er und frühen 1990er Jahren nach Dongguan kamen. Die meisten von ihnen sprachen auch nicht Kantonesisch. Die Taiwanesen taten sich deshalb schwer und schlossen sich – anders als die Hongkonger Unternehmer – zusammen. 1993 gründeten sie die Association of Taiwanese Invested Firms.

Die ersten taiwanesischen Investments in Dongguan waren in der Bekleidungs- und Schuhindustrie. Die oben beschriebene Yue-Yuen-Fabrik war zum Beispiel in taiwanesischer Hand. Danach kamen die ersten Elektronikfirmen aus Taiwan. Als 1989 Primax, der taiwanesische Computerteilehersteller, beschloss, in Dongguan zu produzieren, zogen andere aus der Branche rasch nach.

Und als dann noch 1992 Delta Electronics folgte, mutierte Dongguan zu einer taiwanesischen Enklave. Die erste taiwanesische Schule wurde eröffnet. Die Kinder wurden Taishang Baobao genannt, Babys der taiwanesischen Geschäftsleute. Viele gingen zum Studieren nach Taiwan, kamen aber danach wieder zurück nach Dongguan, der Stadt, wo sie aufgewachsen waren. So hat Dongguan nach wie vor eine starke taiwanesische Community.

Nach den Hongkongern und den Taiwanesen kamen dann als dritte Welle die Investitionen aus dem westlichen Ausland. Vor allem der 2001 erfolgte Beitritt Chinas zur Welthandelsorganisation (WTO) brachte nochmals einen gewaltigen Investitionsschub für Dongguan, der aber nur bis zur globalen Finanzkrise anhielt. Danach verebbte die Flut an Investments. Dongguan ist aber immer noch ein bedeutender Produktionsstandort im Perlflussdelta. Keine Stadt hat mehr Produktionscluster als sie.

Das Phänomen der Clusterstädte

Bei Clusterstädten steht ein Produkt oder eine Produktgruppe im Mittelpunkt. Um den Hersteller gruppiert sich die gesamte Zulieferindustrie. Dieses Phänomen ist nirgends auf der Welt so ausgeprägt wie in China. Und die anschaulichsten Beispiele für Clusterstädte sind im Perlflussdelta zu finden und dort besonders in Dongguan.

Dongguan ist keine Stadt im klassischen Sinne. Es gibt bislang kein Zentrum. Dafür ist die Stadt einfach viel zu schnell gewachsen in den vergangenen drei Jahrzehnten. Es gibt viele Stadtteile, obwohl dies nicht in unserem Sinne zu verstehen ist. Diese Bezirke stehen nicht – wie bei uns – dicht an dicht nebeneinander. Sie verteilen sich in Dongguan auf einem großen Stadtgebiet, verbunden mit sechsspurigen Autobahnen.

Und viele dieser Stadteile oder -bezirke sind spezialisiert auf die Herstellung eines Produkts. Hier ein – nicht vollständiger – Überblick über Dongguans Cluster:

- Dalang ist die Stadt der Pullover und Sweatshirts. In über 3 000 Firmen werden – industriell versteht sich – Wollwaren genäht und gestrickt. Fast alle Waren gehen in den Export. Die Einkäufer aus aller Welt treffen sich einmal im Jahr zur Dalang International Woolen Knitwear Fair.
- Humen trägt den Titel »Chinas berühmteste Bekleidungsstadt«. Schwerpunkt der Produktion: Damen- und Kinderbekleidung. Jedes Jahr kommen zur Humen International Fashion Fair and Humen Fashion Week über 120 000 Verkäufer aus der ganzen Welt. Einige Hersteller haben sogar schon ihre eigenen Marken entwickelt. Die bekannteste ist Yishion mit Tausenden von eigenen Läden in China und inzwischen auch im Ausland.
- In Qiaotou stellen knapp 380 Firmen nur Verpackungen her, denn in irgendwas müssen ja die vielen in der Gegend produzierten Waren versandt und verschifft werden.

- Qingxi ist – seit die Taiwanesen eingefallen sind – das Cluster für alle Produkte rund um den Computer. Hier kann man Monitore, Motherboards, Keyboards und PC-Boxen in jeder gewünschten Stückzahl kaufen.
- In Houjie werden jede Menge Möbel und Schuhe produziert. Dort haben über 200 Möbel- und rund 4000 Schuhfirmen ihren Sitz. James Gau, der seit 25 Jahren im Schuhbusiness in Houjie ist, früher mal für Adidas gearbeitet hat und jetzt Berater ist, sagt: »In Houjie gibt es eine Straße, wo du alles findest, was man zur Schuhproduktion braucht: Materialien wie Leder, Schnürsenkel, Ösen, aber auch Maschinen und so weiter.«

Das, was Gau gerade für seine Industrie beschrieben hat, gilt für viele Branchen in Dongguan, ja eigentlich fürs ganze Perlflussdelta. Hier ist in einem kleinen Umkreis der Fabrik alles vorhanden, was man zur Produktion braucht: von einem Designstudio – wenn nötig – bis zu den Verpackungsmaterialien. Der Fachterminus hierfür ist Supply Chain. »Chinas Vorteil ist seine Supply Chain«, sagt Gau.

Dank dieses Vorteils und des über Jahre und Jahrzehnte gewachsenen Produktions-Know-how können die Firmen im Perlflussdelta mit den kostengünstigeren Konkurrenten Südostasiens und Südasiens konkurrieren. Nicht mehr im Billigpreissegment, aber dieses wollen die Chinesen auch gar nicht mehr bedienen. Sie wollen vielmehr ins höherwertige Segment gehen, und dieses möglichst mit eigenen Marken bedienen.

Das ist auch eine Strategie, die in einer anderen bedeutenden Clusterstadt verfolgt wird, in Foshan auf der anderen Seite des Perlflussdeltas. In den Stadtbezirken von Foshan gibt es Zentren für die Produktion von Unterwäsche (Yanbu) und Jeans (Junan).

Und im Stadtteil Shunde sind viele Weiße-Waren-Hersteller zu Hause. Einer davon ist mittlerweile weltberühmt und auch in Deutschland kein Unbekannter mehr – Midea.

Braune Ware, weiße Ware, schwarze Zahlen

Früher gab es die Unterscheidung weiße Ware – braune Ware. Weiß waren die Elektrogeräte in der Küche: Herd, Kühlschrank, Geschirrspüler. Braun waren die Elektrogeräte im Wohnzimmer: Fernseher, Plattenspieler, CD-Player, Stereoanlagen.

Viele dieser Geräte – ob braun oder weiß – wurden in Shenzhen und Umgebung produziert. Von Firmen wie TCL, Galanz, Gree oder Midea. Sie alle sitzen im Perlflussdelta rund um Shenzhen.

Jedes dieser Unternehmen startete in den 1980er Jahren mit einem Produkt: TCL mit Fernsehgeräten, Galanz mit Mikrowellenöfen, Gree und Midea jeweils mit Klimaanlagen. Sie versorgten erst China, dann die ganze Welt mit ihren Geräten, ehe sie sukzessive ihre Produktpaletten erweiterten.

Heute sind die Grenzen zwischen brauner und weißer Ware fließend. Heute ist alles integriert. Das Mode- und Zauberwort heißt Smart Home.

Internationale Funkausstellung in Berlin, Anfang September 2019. Flaniert man über die gigantischen Stände von Midea oder TCL bei der IFA in Berlin, sieht man die Zukunft: Smart Home. Auf dem Stand der TCL wurde eine komplette Wohnung nachgebaut. Smart Living Room, Smart Bedroom, Smart Bathroom und Smart Kitchen. Überall stehen und hängen natürlich Geräte von TCL. Sie werden per Sprachsteuerung bedient. Sagt man zum Beispiel im Schlafzimmer: »I want to go sleeping«, ziehen sich die Vorhänge zu, geht das Licht aus und das TV-Gerät auch. Für manchen ist das Firlefanz, für die Hersteller die Zukunft.

In der Gegenwart dominiert bei TCL aber noch eindeutig das Fernsehgerät. Mit rund 28 Millionen verkauften Geräten ist TCL weltweit die Nummer zwei hinter Samsung, holt aber immer mehr auf. Dafür wurde für viel Geld ein *World Brand Ambassador* engagiert: Brasiliens Fußballstar Neymar soll dabei helfen, das Unternehmen TCL – was für The Creative Life steht – bekannter zu machen. In den USA hat TCL trotz des Handelskrieges seinen

Erzrivalen Samsung 2019 schon überholt, wenn man die Stückzahlen als Vergleich heranzieht.

Wie TCL sind auch die anderen Elektrogiganten rund um Shenzhen Weltspitze. Galanz sagt, sie seien weltweit der größte Lieferant von Mikrowellengeräten. Gree unter der sehr charismatischen Chefin Dong Mingzhu behauptet, die globale Nummer Eins bei Klimaanlagen zu sein. Diesen Anspruch erhebt Midea auch.

Midea, der Konzern aus Shunde, macht mit 150 000 Mitarbeiter einen Umsatz von rund 40 Milliarden US-Dollar und ist viel breiter aufgestellt als Gree (30 Milliarden US-Dollar Umsatz, 70 000 Beschäftigte). Midea investiert stark ins Robotergeschäft, weil das Management von der richtigen Annahme ausgeht, dass künftig immer mehr Roboter im Haushalt eingesetzt werden. Es ergibt also einen Sinn, dass sich ein Haushaltsgerätehersteller Kompetenz in Sachen Robotics erwirbt. Midea tat das durch die 2017 erfolgte Übernahme des Augsburger Roboterunternehmens Kuka, was damals einen Riesenwirbel in Deutschland entfachte. Viele – vor allem in der Politik – befürchteten den Beginn eines Ausverkaufs deutscher Spitzentechnologien. Inzwischen hat sich die Aufregung gelegt. Das Management auf beiden Seiten kämpft mit den Tücken des Alltags, denn offenbar gelingt die Integration nicht so reibungslos wie erwartet. Aber das ist ein anderes Thema.

Hier geht es um die Elektronikkonzerne im Perlflussdelta und ihre Marktmacht. Midea, Gree, Galanz und TCL sind die großen Namen. Daneben gibt es viele kleinere und unbekannte Produzenten wie Zulieferer. Die Gegend ist und bleibt nicht ein, sondern das Zentrum der globalen Elektronikindustrie. Ein Unternehmen mit zweifelhaftem Ruf hat daran einen nicht unwesentlichen Anteil.

Foxconn – der Bösewicht

Im Norden Shenzhens, in Longhua, steht eine der größten Foxconn-Fabriken. In ihren besten Zeiten arbeiteten dort 450000 Menschen. Der Komplex wird wie militärisches Gelände bewacht. Unbefugtes Betreten ist verboten. Wer es trotzdem versuche, werde sofort der Polizei übergeben, steht auf Warntafeln am Rande des riesigen Geländes.

Brian Merchant, Autor des Buches *The One Device: The Secret History of the iPhone*, ist es trotzdem gelungen, sich illegal einzuschleusen. Mit einem simplen Trick: An irgendeinem Hintereingang überrumpelte er zusammen mit einem chinesischen Kollegen die Wache mit dem Hinweis, dass er dringend auf die Toilette müsse. Er ging dorthin, kam aber nicht mehr zurück und inspizierte stattdessen das Gelände.

Er kam sich vor wie in einer Stadt. Am Rand die Suburbs mit hässlichen Wohnsilos, die durchnummeriert waren. C16, E7 und so weiter. Hier hausten die Arbeiter oft zu acht, manchmal sogar zu zwölft in überfüllten Buden. Obwohl ihnen freie Logis versprochen wurde, mussten sie überteuerte Rechnungen für Strom und Wasser bezahlen. Merchant notierte: »Je näher man zum Stadtzentrum kam, desto besser wurde die Lebensqualität und die Infrastruktur.«

Im Block G2 – das sagten ihm Arbeiter auf dem Gelände – wurden iPhones hergestellt. Eine Schicht dauerte zwölf Stunden. Eine Arbeiterin erzählt, dass jeden Tag 1700 iPhones durch ihre Hände gehen. »Die meisten Kollegen bleiben hier nur ein Jahr«, zitiert Merchant eine Aussage eines Arbeiters, die er aber dutzendfach gehört hat. Und immer wieder gebe es Beschwerden über das Management, das aggressiv und heuchlerisch sei.

Foxconn ist der böse Bube unter den Fabrikbesitzern in und um Shenzhen. Das Unternehmen stand und steht für Ausbeutung, für Manchesterkapitalismus *at its worst*.

Traurige Weltberühmtheit erlangte das Unternehmen 2010, als sich von den Dächern der Longhua-Fabrik mehrere Beschäftigte zu Tode stürzten. Und was ordnete Terry Gou, der Chef von Foxconn, daraufhin an? Er ließ Netze spannen, damit die Selbstmörder wenigstens weich fallen. Welch menschenverachtender Zynismus! Gou ist übrigens Taiwanese, wie überhaupt das Unternehmen, das eigentlich Hon Hai heißt, ein taiwanesisches Unternehmen ist.

Foxconn kam in den 1990er Jahren aus Taiwan nach Shenzhen – wie Acer, Asus oder HTC. Sie starteten als ODMs (Original Design Manufacturer). Das sind Unternehmen, die nur Produkte für andere Marken herstellen. Während aber Acer, Asus und HTC es im Laufe der Jahre geschafft haben, sich sukzessive von dieser Auftragsfertigung zu verabschieden und eine eigene Marke aufzubauen, ist dies Foxconn nicht gelungen beziehungsweise sie haben es erst gar nicht versucht. Sie hatten ja einen großen Kunden – und der hieß Apple.

Fast alle iPhones oder iPads dieser Welt werden in den Fabrikhallen von Foxconn zusammengeschraubt. Die größte steht aber nicht mehr in Shenzhen, sondern in Zhengzhou in der zentralchinesischen Provinz Henan. Dort arbeiten rund 350 000 Menschen. Die Hälfte der weltweit verkauften iPhones stammt aus diesem Massenbetrieb.

Was und wie viel noch in Shenzhen produziert wird, wird nicht verraten. Auch nicht, wie viele Beschäftigte dort noch arbeiten. Nur so viel weiß man: Auch Huawei soll inzwischen ein großer Kunde von Foxconn sein. Aber Foxconn bleibt der große Geheimniskrämer. Und ein unbeliebter Arbeitgeber.

Weil rund um die Foxconn-Fabrik Wohnhäuser renoviert werden, steigen dort die Mieten. Viele Arbeiter, die nicht auf dem Werksgelände wohnen, können sich diese nicht mehr leisten. In einem anonymen Brief an das Foxconn-Management beschwerten sie sich und baten um eine Gehaltserhöhung angesichts steigender Mieten.

Sie bekamen etwas mehr Geld. Die Produktion von Handys für Apple, Huawei und Xiaomi kann weitergehen.

Smartphones für die Welt

Keine andere Region der Welt ist so bedeutend für das begehrteste Produkt der Welt, das Handy oder Smartphone. In keinem Landstrich werden so viele dieser technischen Alleskönner hergestellt wie zwischen Shenzhen und Dongguan. Und anhand keiner anderen Gegend lässt sich die wechselvolle Geschichte der Handyhersteller besser nacherzählen.

Es begann Mitte der 1990er Jahre. Der finnische Hersteller Nokia, dank seines Designs zu einer weltweit führenden Marke emporgeschossen, suchte eine günstige Produktionsstätte und fand sie in Nancheng, einem Stadtbezirk von Dongguan. Weil die Geschäfte für Nokia glänzend liefen, wurden dort Jahr für Jahr die Kapazitäten ausgebaut. Irgendwann arbeiteten dort 20000 Menschen. Es war die größte Handyfabrik der Welt.

Die Handys von Nokia waren Dongguans Exportartikel Nummer Eins. Fast alle anderen Handyhersteller ließen inzwischen auch in Dongguan produzieren. Ericsson, Motorola, Sony – und wie sie alle hießen. Dongguan war die ungekrönte Hauptstadt der Handys. Hunderte von Zulieferfirmen rund ums Handy siedelten sich in Dongguan an.

Dann kam das Jahr 2007. Im Januar jenes Jahres trat ein gewisser Steve Jobs in San Francisco auf die Bühne der Macworld Conference & Expo und hatte ein gutaussehendes, leicht zu bedienendes kleines Gerät in der Hand. Es war ein iPhone. Im Juni startete der weltweite Verkauf. Produziert wurde das neue Produkt der Begierde massenhaft bei Foxconn in Shenzhen.

Mit dem Aufstieg Apples begann der Abstieg Nokias. Und auch der von Ericsson, das sich noch in die Arme Sonys flüchtete, aber dann gemeinsam mehr oder weniger unterging. Die iPhones von Apple wurden zum Renner und zum globalen Marktführer.

Bis 2011 dann Huawei kam. Das Unternehmen aus Shenzhen war bis dahin nur Telekomexperten bekannt. Sie produzierten Router, Server, Schaltanlagen – das waren die Produkte, mit denen Huawei groß und stark wurde. Daneben produzierten sie auch Handys, aber lange Zeit nur für Telekomgesellschaften, die diese unter ihrem Namen verkauften. Aber Huawei sammelte dadurch Erfahrungen.

So richtig ernst genommen wurden Huaweis Smartphones anfangs nicht. Sie konkurrierten nicht über den Preis, sondern über Innovationen. Sie haben zum Beispiel starke Kameras durch eine Kooperation mit Leica. Heute sind die Huawei-Smartphones Nummer zwei hinter Samsung und vor Apple.

Und wer folgt hinter dem Trio? Zwei Marken namens Oppo und Vivo. Fußballfans werden diese Namen vielleicht schon mal auf Stadionbanden gesehen haben. Aber wer weiß schon, wer dahintersteckt?

Oppo und Vivo sind zwei chinesische Smartphone-Marken aus Shenzhen mit Produktion in Dongguan. Sie gehören einer Firma, die noch unbekannter ist als die beiden Marken und BBK heißt. BBK wird im chinesischen *bubugao* ausgesprochen und heißt treffenderweise stetig aufsteigend.

Der Mann hinter *bubugao* ist der chinesische Milliardär Duan Yongping. Ein Elektroingenieur aus Beijing, den es Ende der 1980er Jahre nach Guangdong verschlug, wo er zwei Firmen gründetet. Eine davon war BBK, die anfangs DVD-Player und MP3-Player produzierte.

Erst 2009 stieg er ins Smartphone-Business ein, wohl inspiriert durch den Erfolg des iPhones. Duan gilt als großer Apple-Verehrer. Als solcher outete sich der sonst sehr verschwiegene Duan in einem seiner seltenen Interviews, das er im März 2017 *Bloomberg* gab. Dort verriet er auch, dass er viele Apple-Aktien halte, aber wie viele sagte er freilich nicht. Und dass er Fan von Apple-Chef Tim Cook sei: »Ich mag ihn sehr.« Er hat sogar seinen Wohnsitz in der Nähe des Apple-Headquarters, nämlich in Palo Alto. Dort kennt ihn niemand; und das gefällt dem Mann, der gerne im Hintergrund bleiben will.

Die Nähe zu Apple haben freilich auch seine Produkte. Nur dass sie eben billiger sind. Oppo und Vivo gelten als günstige iPhone-Kopien für die Massen. In China startete er mit einem massiven Werbebudget in den zahlreichen, aber weniger bekannten Millionenstädten. Ganze Straßenzüge ließ Duan quer durchs Land mit den typischen grünen Werbeschildern von Oppo und Vivo zupflastern. Zudem setzte er auf Verträge mit chinesischen Stars, sponserte den beliebten NBA-Spieler Stephen Curry und engagierte den FC Barcelona als Werbeträger für fast alle wichtigen asiatischen Marken.

Nach der Eroberung Chinas und Asiens will BBK zumindest mit Oppo auch Europa attackieren. In Düsseldorf entsteht derzeit die Europazentrale. »Wir wollen uns von dort aus innerhalb von drei Jahren auf dem europäischen Markt etablieren«, sagte Oppo-Chef Tony Chen. Oppo wolle innerhalb von fünf Jahren in Deutschland vier Millionen Smartphones verkaufen und einen Marktanteil von 15 Prozent erreichen. Hilfreich könnte dabei eine Innovation sein, auf die viele Smartphone-Kunden schon lange warten. Auf dem 2019 Mobile World Congress Shanghai präsentierte das Unternehmen die bislang schnellste Ladetechnologie für Smartphones. Slogan: »5 Minuten laden, zwei Stunden telefonieren.«

Produziert werden die Handys von Oppo und Vivo nach wie vor in Dongguan. Das freut Dongguans Bürgermeister Han Yafei. Auf dem China Development Forum verkündetet er stolz, dass jedes vierte weltweit verkaufte Handy aus seiner Stadt komme. Tendenz steigend. Vor ein paar Wochen wäre es nur jede fünfte gewesen, sagte der Bürgermeister.

Handymarken kommen und gehen (die Restbestände der Nokia-Fabrik wurden übrigens 2019 geschlossen), aber Dongguan bleibt als Standort bestehen. Auch weil er eine konkurrenzlose Supply Chain für Smartphone-Produzenten bieten kann. Über 1000 Zulieferer soll es in der Stadt geben.

Und demnächst bekommt die Weltkapitale der Handys noch ein Wahrzeichen von einem Smartphone-Unternehmen spendiert. Oppo wird mitten im entstehenden, langsam an Konturen gewinnenden Stadtzentrum Dongguans ein neues Forschungsareal hinstellen. Es wird aus bescheidenen zehn Glastürmen bestehen und einem knapp 250 Meter hohen Büroturm. Das ist für Dongguan Höhenrekord.

Oppo und Vivo: zwei Marken also, die auf dem Vormarsch sind und dorthin wollen, wo Huawei schon ist – an die Weltspitze.

Und dann gibt es noch einen chinesischen Konzern, den kennt man nicht mal in China. Er heißt Transsion und ist das unbekannteste Handyunternehmen der Welt mit Sitz – wo schon? – in Shenzhen.

Afrikas Handykönig sitzt in Shenzhen

George Zhu arbeitete jahrelang für den chinesischen Handyhersteller Ningbo Bird. Der war mal eine ganz große Nummer in China. Er war dort Anfang der 2000er Jahre sogar Marktführer. Aber er machte vieles falsch und verschwand von der Bildfläche. George Zhu lernte aus den Fehlern seines früheren Arbeitgebers und gründete 2006 in Shenzhen seine eigene Firma – Transsion.

Nach Reisen in 90 Ländern war für ihn klar: Vom hart umkämpften chinesischen Markt lasse ich die Finger, ebenso von den Märkten in den Industriestaaten. Er suchte sich eine Nische. Eine Nische, die freilich einen ganzen Kontinent umfasste: Afrika. Ein Markt, der noch unterentwickelt war, aber großes Potenzial versprach. Er startete in Nigeria, dem bevölkerungsreichsten afrikanischen Land.

Heute ist Transsion (Umsatz 2018: 3,4 Milliarden US-Dollar) Marktführer auf dem afrikanischen Kontinent. Es tritt nicht unter Transsion auf, sondern unter den drei Marken Tecno, Infinix und Itel. Die drei Marken sind unterschiedlich positioniert, um sich nicht selber Konkurrenz zu machen. Tecno ist die Premiummarke, Itel die Einstiegsmarke. Mit diesen drei Brands erreicht Transsion einen satten Marktanteil in Afrika von knapp 60 Prozent.

Begleitet wird der Auftritt von einer massiven Werbekampagne. Ob zum Beispiel am Flughafen in Nairobi oder den Slums der kenianischen Hauptstadt, das Logo und der Schriftzug von

Tecno oder Itel sind omnipräsent. Aber es gibt keinen Hinweis, dass es eine chinesische Firma ist. Das ist aber den Konsumenten auch egal. Die Produkte von Transsion gehören inzwischen zu den bekanntesten Marken Afrikas – quer über alle Branchen.

Die Handys verkaufen sich über den Preis. Durchschnittlich kostet ein Transsion-Handy gerade mal 10 US-Dollar, ein Smartphone rund 100 Euro. Aber nicht nur dieser unschlagbare Preis war der Grund für den Erfolg. Hinzu kamen eine lange Batteriedauer, eine spezielle Kamera, die dunkle Gesichter besser präsentiert, und – ganz wichtig angesichts der Netzwerkvielfalt – Platz für mehrere SIM-Karten.

Außerdem waren die Chinesen die ersten, die mit Carlcare einen After-Sales-Service anboten. Dort kann man Ersatzteile kaufen oder Reparaturen machen lassen.

Produziert wird zum Teil vor Ort. Zum Beispiel in einem Vorort von Addis Abeba, der Hauptstadt Äthiopiens. Aber auch nach wie vor in Shenzhen.

Doch in die Fabriken dort wie auch in Dongguan ziehen immer mehr Roboter ein.

Der Einzug der Roboter

Chen Qixing ist Unternehmer in Dongguan. Sein Unternehmen heißt Changying Precision Technology Co. Es stellt Hüllen und Präzisionsteile für Smartphones her. Seine Kunden sind alle großen Hersteller der Branche.

Wie viele Unternehmen in Dongguan hat er zwei Probleme: Die Löhne steigen ständig und oft bekommt er nicht mal zu diesen Löhnen genügend Mitarbeiter. Viele Wanderarbeiter kommen nicht mehr aus den westlichen Provinzen, weil sie inzwischen dort auch Jobs finden, die zwar nicht so gut bezahlt sind wie hier, aber die Nähe zu ihrer Familie wiegt diesen pekuniären Nachteil auf.

Den einzigen Ausweg aus diesem Dilemma sehen Unternehmen wie Chen in der Einstellung von Robotern. Er fing als einer der Ersten in Dongguan an und kaufte 1000 Roboter. Chen Qixing, Chairman des Unternehmens, sagt: »Das bedeutet nicht, dass keine Menschen mehr am Band stehen werden, aber es werden viel weniger sein. Die Zahl der Mitarbeiter geht sukzessive um 90 Prozent zurück.« Nur noch 200 statt 2000.

Chen war einer der Pioniere bei der Umstellung von Mensch auf Maschine in Dongguan. Inzwischen folgen viele Unternehmen seinem Beispiel. Auch Gigant Foxconn in Shenzhen soll Zehntausende Roboter eingestellt haben. Die Firmen haben keine andere Wahl. »Wenn das Land seine Spitzenstellung als globale Exportnation behalten will, muss jeder chinesische Hersteller anfangen, Menschen durch Roboter zu ersetzen«, sagt Ren Yutong, Präsident der Guangdong Robotics Association.

Dabei bekommen sie Unterstützung von staatlichen Stellen. Die Stadt Dongguan hat schon 2014 ein Programm Robot Replace Human aufgelegt. Aus einem Fördertopf, in dem 30 Millionen Euro drin sind, gibt es Zuschüsse für die Unternehmen, die den Kollegen Roboter einstellen. Aber auch von der Provinz- und Zentralregierung gibt es Zuschüsse, denn schließlich ist der Einsatz von Robotern ein großes Anliegen Beijings und im berühmten »Made in China 2025«-Programm als wichtiges strategisches Ziel definiert.

Im Januar 2019 zog Dongguans Bürgermeister Han Yafei erste Bilanz des Programms. Stolz vermeldete er, dass in den vergangenen fünf Jahren 280000 Arbeiter ersetzt werden konnten durch 91000 Roboter. Dabei sagte er auch, dass die Stadt nicht nur die Robotereinsätze subventioniere, sondern gezielt die Produktion von Robotern fördere.

Dazu hat die Stadt 30 Forschungsinstitute zusammen mit diversen Universitäten gegründet. Inzwischen gibt es über 400 Firmen allein in Dongguan, die Roboter oder Automatisierungstechnik herstellen. Sie beschäftigen immerhin rund 55000 Menschen. Roboter können also noch nicht Roboter herstellen, sondern brauchen dazu noch menschliche Unterstützung.

Drittes Kapitel

SHENZHEN VALLEY – Eine Stadt im Gründungsrausch

»Die Geschwindigkeit, mit der wir hier unseren Prototypen bauen konnten, war krass.«

Michael Peither, Mitgründer von Voltstorage

Shenzhen ist eine junge Stadt. Nahezu überall – ob in der Metro, in den Malls, auf der Straße, in den Cafés – trifft man auf junge Leute. Das Durchschnittsalter beträgt rund 30 Jahre. Es gibt keine jüngere Stadt in China.

Wer heute nach Shenzhen kommt, ist jung und hat jede Menge Träume und Ideen. Es ist ein bisschen vergleichbar mit den USA. In das gelobte Land pilgerten einst auch Träumer aus der ganzen Welt, um sich dort ihre Wünsche zu erfüllen. Urbanus-Architekt Meng Yan sagt: »Shenzhen ist wie New York vor 100 Jahren.« So ist heute für viele junge Chinesen Shenzhen die gelobte Stadt, in der sie ihre Träume realisieren wollen. Ihr großer Traum: Ein Unternehmen gründen und reich werden.

Shenzhen ist die Stadt der Entrepreneure. Johan Nylander zitiert in seinem Buch *Shenzhen Superstars* eine junge Frau in ihren 20ern: »Hier in Shenzhen will eigentlich niemand angestellt sein.« Sie arbeitete bis vor kurzem bei der Citibank, nun zieht sie eine Hostelkette hoch.

Hier zählen keine akademischen Titel, hier fragt keiner – wie zum Beispiel in Beijing oder Shanghai – von welcher Uni man kommt oder zu welchem Alumninetzwerk man gehört. Hier stellt man andere Fragen: Wann hast du gegründet, wie weit bist du, was willst du erreichen, wann gehst du an die Börse?

Nach offiziellen Angaben hat Shenzhen die höchste Dichte an Start-ups in ganz China. Eine genaue Zahl gibt es nicht, denn viele der Jungunternehmer sind nicht registriert. Es sind aber sicher Hunderttausende. Eine Umfrage der Chinese University of Hong Kong ergab, dass 16 Prozent der Bevölkerung in Shenzhen bei Start-ups engagiert sind.

Warum hat Shenzhen diese Anziehungskraft für junge, kreative, unternehmerisch gesinnte Kräfte?

Weil hier ein *entrepreneurial spirit* herrscht, eine unvergleichliche Infrastruktur besteht, und – sicher nicht ganz unwichtig – für gute Ideen immer genügend Geld da ist. Außerdem herrscht hier eine Stadtverwaltung, die solche Leute in ihrer Gemeinde haben will und deswegen viel für sie tut. Und es gibt Vorbilder, die es in dieser Stadt geschafft haben. Dazu zählen die ganz großen Vorbilder wie die Gründer von DJI, Huawei und Tencent, aber auch die zahlreichen Unicorns, also Unternehmen jenseits der 1-Milliarde-Dollar-Marktkapitalisierung.

Hier gibt es alles, was der Start-up-Unternehmer braucht: Acceleratoren, Inkubatoren, Makerspaces, Co-Working-Stations, Business Angels und Venture Capitalists. Hier hat sich in den vergangenen Jahren und Jahrzehnten ein innovatives Ecosystem entwickelt, das es vergleichbar nur noch an einem anderen Ort der Welt gibt: dem Silicon Valley.

Ist deshalb Shenzhen das neue Silicon Valley? Den Vergleich hört man sehr oft. Das US-Magazin *Wired* nennt Shenzhen das »Silicon Valley of Hardware«, *The Economist* zieht gleich das ganze Perlflussdelta in seinen Vergleich mit ein und nennt die Gegend rum um Shenzhen »Silicon Delta«.

Ist Shenzhen also doch nur eine billige Kopie des kalifornischen Originals?

Das war es vielleicht einmal. Steven Yang, CEO von Anker, einem Unternehmen in Shenzhen, das Power Banks herstellt, sagt: »Vor zehn Jahren war Shenzhen 90 Prozent Kopieren und

10 Prozent Innovieren, heute sind es 70 Prozent Innovieren und 30 Prozent Kopieren.«

Und dann sagt er noch einen ganz wichtigen Satz: »Alles, wozu du woanders Tage und Wochen brauchst, kannst du hier in Stunden erledigen.« Genau dies ist ein gravierender Standortvorteil Shenzhens. Die Nähe zur Hardware, zu diesem gigantischen Produktionsnetzwerk rund um Shenzhen. Etwas, aber nur etwas überspitzt formuliert: Innerhalb eines einzigen Tages von der Geschäftsidee zum Prototypen – in Shenzhen ist das tatsächlich möglich.

Dieser *Shenzhen Speed*, nicht die günstigeren Kosten, locken auch immer mehr ausländische Jungunternehmer an. So ist die Shenzhener Entrepreneur-Szene in den vergangenen Jahren zunehmend divers geworden: Chinesen, die ihr Land nie verlassen haben; Auslandschinesen, die zurückkommen; Pendler zwischen der östlichen und westlichen Welt und Expats, die sich hier niedergelassen haben.

Und immer wieder kommen neue hinzu. Wer als Newcomer erfahren und erleben will, wie diese Stadt der Entrepreneure und Start-ups tickt, sollte zuerst Huaqiangbei besuchen.

Huaqiangbei – größter Markt der Welt

Huaqiangbei ist eine gigantische Metrostation, wo sich mehrere Linien kreuzen. Ein unterirdisches Labyrinth mit Dutzenden von kleinen Restaurants, Shops und vielen Ausgängen, die nach dem Alphabet geordnet sind. Aber, egal ob man Ausgang A, E oder letztendlich H nimmt, man landet stets auf der Huaqiangbei oder in einer ihrer Seitenstraßen. Dort herrscht ein permanentes Gewusel. Russen, Inder, Afrikaner – Einkäufer aus aller Welt treffen auf Lieferanten, die in ihren Schubkarren Waren anliefern oder zum Versenden transportieren.

Mehrstöckige Warenhäuser – mindestens so groß wie hierzulande Karstadt oder Kaufhof – flankieren die breite, rund einen Kilometer lange Fußgängerzone. Der kleine Unterschied zu Karstadt & Co. jedoch ist, dass hier »nur« Elektronikartikel aller Art angeboten werden. Und es ist nicht nur ein solches Warenhaus, sondern es sind Dutzende, die sich links und rechts der Huaqiangbei befinden – und in deren Nebenstraßen.

Viele der Häuser sind spezialisiert. Zum Beispiel bekommt man im Tong Tian Di Telecommunication Market nur Handys und Zubehör, im Huaqiang Electronics Market Kameras, TV-Boxen oder LED-Leuchten, in der Electronic Science and Technology Mansion Powerbanks, USB Flash Cards und Bluetooth Speakers, und im Pacific Security and Protection Market Überwachungsgeräte aller Art, obwohl der Verkauf von »Spionagegeräten« in China eigentlich verboten ist.

Huaqiangbei ist eine große graue Zone. Ob Originalware oder kopiertes Produkt – das können nur die Experten unterscheiden. Es darf, es muss gehandelt werden. Kenner der Szene empfehlen den geforderten Preis um ein Fünftel herunterzuhandeln. Bezahlt wird nicht bar, sondern mit dem Handy per AliPay oder WeChat Pay.

Wer hier zum ersten Mal die Rolltreppen dieser Häuser rauf- und runterfährt, kommt aus dem Staunen nicht mehr heraus. Es gibt nichts Vergleichbares auf der Welt. Selbst die Japaner, die so stolz auf Akihabara, den berühmten Elektronikmarkt in Tokio sind, können nur den Kopf schütteln. Benjamin Joffe, Partner beim Accelerator Hax und Kenner der asiatischen Start-up-Szene, sagt: »Shenzhens Markt hier ist wahrscheinlich 20-mal größer als Akihabara. Das haut die japanischen Besucher, die zum ersten Mal hier sind, jedes Mal um.«

Man kann die Dimensionen nur schätzen: 70 Millionen Quadratmeter Verkaufsfläche, 130 000 Personen Verkaufspersonal. Dicht an dicht sitzen sie in ihren Verkaufsställen, anders kann man das nicht bezeichnen. Die paar Quadratmeter sind vollgepfropft mit Waren. Permanent wabert Essensduft durch die Gänge, denn irgendwo wird immer gegessen. Zeit ist Geld, eine Mittagspause außerhalb kann man sich nicht gönnen. Man speist deshalb am Arbeitsplatz aus den obligatorischen Styroporbehältern.

Am späten Nachmittag kommt es dann vor allem in einer Seitenstraße zu einem gewaltigen Andrang. Es ist die so genannte Shipping Alley, eine Straße, in der fast nur Logistikfirmen – von DHL bis SF Express – ansässig sind. Hier stehen die Händler mit ihren Paketen Schlange. Überall hört man das etwas zischende Geräusch von Paketbandabrollgeräten. Die Pakete werden fertig gemacht zum Versand innerhalb Chinas oder in alle Welt. In Huaqiangbei kann auch online geordert werden.

Angefangen hat alles Ende der 1990er Jahre mit dem SEG Electronics Market Plaza, in dem die Hersteller elektronischer Waren rund um Shenzhen ihre Waren verkaufen wollten. Das Gebäude ist nicht zu übersehen. Gleich zu Beginn der Huaqiangbei ragt es fast 300 Meter in den Himmel. 70 Etagen hoch, aber nur die untersten acht sind Verkaufsetagen. Dort gibt es aber fast alles an elektronischer Hardware, was Tüftler und Start-up-Unternehmer für ihre neuen Produkte brauchen.

Oft müssen sie nur in den Aufzug steigen, um die Bauteile zu kaufen. Denn über den Verkaufsetagen im SEG Plaza befinden sich Co-Working-Stations und Inkubatoren, wo potenzielle Entrepreneure sitzen.

Diese Nähe gibt es nur in Shenzhen, nur in Huaqiangbei. Deshalb hat sich hier auch teilweise die Makerszene etabliert.

Einfach machen lassen

»Hast du schon mit Henk gesprochen?« Wer sich in der internationalen Start-up-Szene in Shenzhen herumtreibt, bekommt oft diese Frage gestellt. Wenn du verneinst, heißt es sofort: »Du musst unbedingt mit Henk sprechen.« Also zu Henk.

Ihn trifft man natürlich auf der Huaqiangbei. Adresse: Huaqiang Plaza Building, siebte Etage. Die Aufzüge in den Hochhäusern sind hier fast alle Lastenaufzüge.

Gleich neben dem Eingang lehnt Henk – lange, lockige Haare – an der Cafébar. Ein Niederländer mit bunter Vita. »Lange Zeit meines Lebens wusste ich nicht, was ich wollte. Ich machte viele Dinge.« 2011 kam er zum ersten Mal nach Shenzhen, wollte nur vier Tage bleiben, aber es wurden vier Jahre, in denen er im Sourcing unterwegs war. Dann zurück in die Niederlande, wo er eine automatische Pommes-Frites-Maschine entwickelte, die aber floppte.

2016 ging er zurück nach Shenzhen und gründete dort Troublemaker. Das ist ein Makerspace. Was ist das? Simpel ausgedrückt: ein Platz für Entrepreneure, die eine Produktidee haben, aber nicht das nötige Equipment, um einen Prototypen herstellen zu können. Die Maker-Bewegung startete – wie so vieles – in den USA, genauer am Massachusetts Institute of Technology (MIT) in Boston. Vater des Gedankens war dort Professor Neil Gershenfeld. Schnell verbreitete sich die Bewegung rund um den Globus. In Shenzhen hat sie besonders viele Nachahmer gefunden.

Ich begleite Henk durch die Räumlichkeiten von Troublemaker. Vorbei am obligatorischen Tischfußball, vorbei an kleinen Büros und zwei Konferenzräumen, führt er mich zu kleinen Werkstätten für Holz- und Metallarbeiten und einem Elektroniklab. Darin befinden sich CNC-Maschinen, 3-D-Drucker, Pressen und Laserschneider.

Für 1200 Yuan im Monat darf man all dies benutzen – inklusive für schöpferische Pausen den wunderschönen Dachgarten, den Henk »Garden of Eden« nennt. Noch wichtiger freilich sind die Experten. Das sind erfahrene Handwerker, die wissen, wie man all die Geräte bedient, und die dieses Wissen an die jungen Entrepreneure weitergeben. Henk nennt sie »unsere persönlichen Hardwaretrainer«. Je nach Erfahrung bekommen die erfahrenen Alten 100 bis 400 Yuan pro Stunde von den unerfahrenen Jungen.

Ziel ist es, gemeinsam einen Prototyp zu erstellen. Mit diesem klopft dann der Jungunternehmer bei potenziellen Geldgebern an. Sagen die ja, baut er eine Miniserie. Ist die am Markt erfolgreich, startet er mit einer Großserie. Spätestens dann steigt er aus dem Makerspace aus und zieht in sein eigenes Büro irgendwo in Shenzhen. Henks Mission – und das klingt etwas paradox – ist also erfolgreich, wenn er seinen Kunden verliert. 95 Prozent seiner Kunden kommen aus dem Ausland. Henk bedauert das. Er wäre gerne chinesischer.

Das ist bei einem anderen berühmten Makerspace in Shenzhen anders. Chaihuo Maker ist viel chinesischer. Er war der erste Makerspace in Shenzhen. Sein Name ist an ein altes chinesisches Sprichwort angelehnt: »Das Feuer brennt am besten, wenn jeder Holz hineinschmeißt.« Ein Name, der in ganz China bekannt ist. Denn er bekam im Januar 2015 hohen Besuch.

Ministerpräsident Li Keqiang schaute bei Chaihuo vorbei. Wie häufig in China haben solche Stippvisiten hoher Politiker symbolischen Charakter. Sie wollen eine Botschaft transportieren. Li lobte den »entrepreunerial spirit«, der dort herrschte. Ein paar Wochen später mündeten diese Lobeshymnen in ein nationales Politikpapier. Darin wurden massenhaft »mass makerspaces«, »mass entrepreneurship« und »mass innovation« propagiert. Kurzum: China soll zu einem Land für Entrepreneure werden – nach dem Vorbild Shenzhens. Und weil die Worte von ganz oben in China etwas gelten, entstehen überall Makerplaces, Accelatoren, Inkubatoren, Co-Working-Stationen oder wie immer die kreativen Kreißsäle, wo Ideen, Produkte und Entrepreneure geboren werden, alle heißen.

Shenzhen steht an der Spitze der Bewegung. Anders als in der Bürokratenstadt Beijing, anders als in Shanghai, der Stadt der ausländischen Multis, ist Shenzhen die Stadt der jungen, innovativen Unternehmen. Hier hat es deshalb die meisten Makerspaces – neben Troublemaker und Chaihuo gelten als coole Plätze SEG Maker, das SZ Open Innovation Lab und SteamHead. Hier wimmelt es nahezu von Co-Working-Stations, sodass manche Kenner der Szene schon von einem Überangebot sprechen. Der US-Multi WeWork hat allein hier neun Standorte. Lokalmatador SimplyWork genauso viele. Zu den schicksten Plätzen gehören die beiden Locations von Bee+, wo es die Lobby mit ihren 20 Craftbeer-Sorten mit jeder Bar in Shenzhen aufnehmen kann.

Und dann gibt es noch Hax, noch so eine Institution in Shenzhen.

Hax und die Beschleuniger

Der Zugang ist nicht leicht zu finden. Im Aufzug im Huaqiang Electric World Building, direkt gegenüber dem SAG-Gebäude in der Huaqiangbei, befindet sich kein Firmenschild. Man muss wissen, dass man mit dem gläsernen Aufzug an der Außenwand in die achte Etage fahren muss, um zu Hax zu gelangen. Oben angekommen, klebt an der Eingangstür der Hinweis oder besser die Ermahnung, drinnen keine Fotos zu machen.

Warum diese Geheimniskrämerei? Weil hier Produkte entstünden, die bald marktreif seien und vor neugierigen Blicken möglicher Konkurrenten geschützt werden sollen, sagt Joan Ho. Business Development Director bei Hax. Sie ist Niederländerin, aber ihr Großvater stammt von hier. Seit drei Jahren ist sie in Shenzhen bei Hax.

Sie führt mich durch die Räume. Rechts die geräumige Küche, die gleichzeitig als Aufenthaltsraum dient. Dort steht ausnahmsweise mal kein Tischkicker, sondern – wir sind ja in China – eine Tischtennisplatte. Gleich daneben Dutzende von Computerarbeitsplätzen. Wir gehen eine Treppe hinunter auf die siebte Etage. Dort gibt es Räume mit Laserschneidern, 3-D-Druckern, verschiedenen metallverarbeitenden Maschinen, Mess- und Testgeräten.

Außer, dass hier alles eine Nummer größer ist als bei Henks Troublemaker und dass die Maschinen moderner sind, frage ich mich, was ist der Unterschied zu einem Makerspace?

Hax ist ein so genannter Accelerator. Das Konzept ist ein anderes. Sie nehmen hier nicht jeden wie bei einem Makerspace. Man muss sich bewerben. Oder an einem Wettbewerb teilnehmen und gewinnen.

Jakob Bitner, Felix Kiefl und Michael Peither haben das getan. Die drei ehemaligen Studenten der TU München entwickelten schon an der Uni eine Idee: einen Energiespeicher für Privathaushalte mit einer Solaranlage. Das Produkt sieht aus wie eine kleine Regentonne.

Mit dieser Idee bewarb sich das Trio 2016 beim HAXAccelerator, dem alljährlichen Wettbewerb von Hax. Und sie waren einer der Gewinner. Preis: 100 000 US-Dollar und ein viermonatiger Aufenthalt bei Hax in Shenzhen. »Bis dahin wussten wir nicht mal, wo Shenzhen liegt,« sagte Felix Kiefl gegenüber *t3n*.

Doch danach wussten sie es, und sie waren erstaunt, was hier alles möglich ist: »Die Geschwindigkeit, mit der wir hier unseren Prototyp bauen konnten, ist krass«, sagte Michael Peither. Und dann erzählt er ein Beispiel aus dem Alltag: »Wir brauchten ein schwieriges Spritzgussteil. Wir zeigten unserem Mitarbeiter bei Hax ein 3-D-Modell. Und am nächsten Tag hatten wir es.« Experten von Hax – Mechaniker und Ingenieure – betreuten sie während ihrer Zeit. Daneben bot ihnen Hax noch andere Dienste an, wie man Produkte bewirbt und präsentiert oder wie man im Internet auftritt.

Nach vier Monaten Shenzhen waren ihre Prototypen fertig. Sie konnten damit auf Messen gehen und sie präsentieren. 2018 wurde das Produkt Voltstorage eingeführt. Wenn das Unternehmern, das inzwischen 30 Mitarbeiter hat, erfolgreich ist, partizipiert Hax. Denn als Gegenleistung für den Service und Aufenthalt in Shenzhen hat Hax eine Beteiligung von 9 Prozent an Voltstorage bekommen.

Das ist das Prinzip, nach dem Acceleratoren arbeiten. Hax, 2011 von Cyril Ebersweiler in Shenzhen gegründet, ist einer der erfolgreichsten der Welt. Über 200 Unternehmen haben nach ihrem Aufenthalt in Shenzhen erfolgreich ihre Produkte gelauncht.

Cyril Ebersweiler sagt: »Wenn du eine Hardwareidee hast, führen alle Wege nach Shenzhen.« Und sein Partner Benjamin Joffe ergänzt: »Verglichen mit Shenzhen ist im Silicon Valley alles teuer, und dort gibt es keine Supply Chain und wenig Erfahrung in der Produktion.«

Deshalb ist der gebürtige Franzose Joffe häufig in Shenzhen, wenn er nicht gerade auf einer Konferenz irgendwo auf der Welt die Vorzüge Shenzhens preist. Er ist dort einer der Stars der Szene. Aber es gibt noch ein paar andere.

Die Stars der Szene

Die Start-up-Szene ist groß und auch etwas unübersichtlich. Doch wenn man sich darin umhört, fallen doch immer wieder die gleichen Namen. Es sind Namen von Chinesen, aber auch Ausländern, die sich hier schon länger tummeln oder zwischen den Welten pendeln. Die Szene in Shenzhen ist sehr international, sicher internationaler als die in Beijing oder Hangzhou, die immer wieder als weitere Hotspots für Start-ups genannt werden. Hier nun eine sehr subjektive und ganz und gar nicht vollständige Auswahl an Köpfen der Szene, die man kennen sollte:

Eric Pan arbeitete einst für Intel in Beijing. Mitte der 2000er kam er für ein Wochenende nach Shenzhen, besuchte Huaqiangbei und entschied: Das hier ist es. Hier bleibe ich, hier fange ich neu an. So gründete der damals 26-jährige Eric Pan 2006 das Seeed Studio, eine Plattform für Hardware-Entwicklung. Pan ist inzwischen eine einflussreiche Stimme in Chinas Maker-Szene. Er organisierte auch die erste Maker Fair im April 2014.

David Li war einer der Gründer von Chinas erstem Hacker-Space. Er ist derzeit Direktor des Shenzhen Open Innovation Lab (SOIL), einer Plattform für die Maker-Szene aus aller Welt.

William Bao Bean lebt zwar nicht in Shenzhen, sondern Beijing, hat aber SOS Ventures mitgegründet. Die VC-Gesellschaft ist wiederum an Hax beteiligt. Bao Bean war mal ganz früher Analyst der Deutschen Bank in Hongkong.

Cyril Ebersweiler ist auch Partner von SOS Ventures und Gründer von Hax. Er lebt im Silicon Valley und pendelt häufiger nach Shenzhen.

Kevin Lau hat bei vielen Projekten eng mit Eric Pan zusammengearbeitet und promotet die Maker-Idee in ganz China. Er studierte einst an der Universität Bremen digitale Medientechnik.

Bunnie Huang ist eher eine Randfigur, lebt auch meist in Singapur. Er wurde berühmt, als er 2003 in Shenzhen die Xbox von Microsoft hackte. Er veröffentlichte im Eigenverlag *The Essential Guide to Electronics in Shenzhen* und führte durch die über einstündige sehenswerte *Wired*-Dokumentation über Shenzhen.

Chadwick Xu ist Gründer von Shenzhen Valley Ventures, einer VC-Firma, die nicht nur Geld gibt, sondern auch jede Menge technisches Know-how. Chad tritt später in diesem Kapitel nochmals auf.

Liam Casey ist ein Ire, der zwischen Cork, San Francisco und Shenzhen pendelt. Seine Firma PCH International vermittelt seit über 20 Jahren Start-ups – und nicht nur die – an die Produzenten in und um Shenzhen.

Das macht auch Joe Lin, aber er hat es noch nicht in diese Riege der wichtigen Köpfe geschafft.

Der fliegende Holländer

Wir treffen uns im Starbucks auf der Lobbyebene des Hotels Huaqiang Plaza mitten auf der Huaqiangbei. Starbucks ist immer noch der Treffpunkt für viele junge Leute in der Start-up-Szene. Hier sitzen sie mit ihren Laptops, lesen Papiere, machen

Geschäfte. Wer es sich leisten kann, hier überteuerten mittelmäßigen Kaffee zu schlürfen, gehört dazu.

Joe Lin gehört dazu. Joe, Anfang 30, ist adrett, fast elegant gekleidet: weißes Hemd, graue Hose, schwarze Schuhe. Sein Job: Er bringt ausländische Entrepreneure mit Produzenten in Shenzhen und Umgebung zusammen. Er konzentriert sich nur auf Elektronikteile und -produkte. Sein Arbeitsplatz ist in einer Co-Working-Station in Huaqiangbei, also mittendrin.

Joe ist ein Aufsteiger. Er kam als einer der vielen Wanderarbeiter nach Dongguan, arbeitete in einer Fabrik, die Plastikspielzeug für McDonald's herstellte. Er verdiente damals 2 500 Yuan. Aber er bildete sich weiter, lernte Englisch. 2010 machte er sich selbstständig. Heute verdient er als sein eigener Herr rund 40 000 Yuan im Monat.

Er kennt die Szene. Sag ihm, was du produzieren willst, und er führt dich in die passende Fabrik. Ach was, er zeigt dir Dutzende von Produktionsstätten, wenn du willst und Zeit hast. Er hat eine umfangreiche Datenbank mit Herstellern von Elektronikteilen, von ganz großen wie Foxconn bis zu kleinen, die auch bereit sind, Mini-Serien herzustellen.

An nächsten Tag – es ist ein Sonntag, aber hier ist jeder Tag ein Werktag – sitzen wir wieder im Starbucks im Huaqiang Plaza. Diesmal hat er seinen aktuellen, gerade in Shenzhen weilenden Kunden Michael Devid mitgebracht. Devid ist 27 Jahre alt, Niederländer aus Arnheim. Er hat dort Xeelas, die ganz spezielle Sensoren für Tanks herstellen, mitgegründet.

Sie erstellten noch in den Niederlanden einen Prototyp, schickten ihn zu Joe nach Shenzhen. Joe wählte aus seiner Datenbank vier potenzielle Hersteller samt den nötigen Zulieferern aus. Zur Vorbereitung schickte er jeweils ein Company Profile dieser vier Kandidaten an Devid. Der setzte sich dann ins Flugzeug nach Shenzhen und klapperte zusammen mit Joe die vier Firmen ab, um selbst einen Eindruck zu gewinnen. Zurück in Arnheim entschied er sich zusammen mit seinen Mitgründern für die kleinste Firma unter den Vieren.

Nach der Entscheidung flog Devid wieder zurück nach Shenzhen, um in der ausgewählten Fabrik die erste Serienfertigung seines Sensors zu begleiten. Er ist hochzufrieden. Er sagt: »Ich bin nicht hier wegen der Kosten, sondern wegen der Schnelligkeit.« In zweieinhalb Monaten ging der Prozess über die Bühne. »In Europa hätte das viel, viel länger gedauert.«

Joe hört sich das gerne an und sagt nur: »Das ist für mich eine typische Fallstudie.«

Etwas untypisch ist die Story eines nicht mehr so ganz jungen Deutschen, der sich vor Jahren nach Shenzhen verirrte.

Der deutsche Träumer

Ich fahre auf die 12. Etage im SEG Building. Dort ist ein großer Makerspace. Es ist Mittagszeit. Fast niemand ist da. Irgendwo in der Ecke wuselt ein kahlköpfiger Mann um seinen Arbeitsplatz herum. Er trägt schwarze Hosen und ein schwarzes Trägershirt.

Der Mann heißt Michél Haese. Ein interessanter, ein irrer Typ. Ein Nonkonformist mit vielen Brüchen in seinem 57-jährigen Leben. In Deutschlands Osten geboren, zur See gefahren, abgebrochenes Jurastudium, Besitzer einer kleinen Werbeagentur.

Und nun sitzt er hier in Shenzhen und träumt von einem Welterfolg mit seinem Produkt namens Lapscreen. Ein ultraleichter Laptop. 350 Gramm schwer – oder muss man leicht sagen? –, 150 Euro teuer. Er sagt: »Die Entwicklung dieses Geräts wäre außerhalb Shenzhens nicht möglich gewesen.«

2011 kam er zum ersten Mal hierher, eher durch Zufall. Er trieb sich in Hongkong auf der Messe Global Sources herum, als ihm dort jemand empfahl: Geh doch mal rüber nach Shenzhen. Dort lernte er auch Huaqiangbei kennen. Für ihn war das fast wie ein elektronisches Schlaraffenland.

»In Deutschland gibt es nur 1 Prozent des Angebots von hier.« Und zudem müsse man das auch noch sehr teuer bezahlen. »Ich zahle hier für Teile 2 Euro, bei Conrad (einem deutschen Elektronikhändler) kostet es das Zehnfache.« Hinzu kommt der Vorteil der extrem kurzen Wege: »Wenn ich etwas brauche, gehe ich zum Fahrstuhl und fahre ein paar Etagen runter.«

Immer wieder kam Haese deshalb nach Shenzhen, bastelte an seinem Produkt und verfeinerte es. Eine Low-Budget-Innovation. Der Platz im Makerspace kostet ihn 1000 Yuan im Monat. Manchmal schläft er auch hier, ansonsten bei Freunden oder in einer billigen Absteige.

Inzwischen ist Haese überzeugt, dass sein Produkt marktreif ist. Und er hat auch einen Hersteller für seinen Lapscreen gefunden. Es ist – welch Zufall – auch ein Deutscher, der auch in Shenzhen sitzt.: Arne Weber von faytech. Er hat auch so eine Shenzhen-typische Tellerwäschekarriere hingelegt. Er kam 2010 mit seiner chinesischen Frau Fan Yang nach Shenzhen, startete mit zehn Mitarbeitern in einer leeren Halle. Heute sind sie ein etablierter Anbieter von Touchscreenmonitoren, die auf Flughäfen, in Bussen oder auch bei McDonald's eingesetzt werden.

Seit kurzem produziert er den Lapscreen für Haese. In der Werbung wird er als dritte Evolution des mobilen Computings gepriesen – nach dem Laptop und dem Smartphone. Man darf gespannt sein, ob und wie schnell Haeses Traum in Erfüllung geht.

Schnell und fleißig

Zwei Stories hört man in Shenzhen immer wieder. Bei beiden steht der ehemalige Parteichef und Vater der Reformen, Deng Xiaoping, im Mittelpunkt. Als Deng Xiaoping am 18. Februar 1984 von Shekou zurück nach Shenzhen fuhr, zeigte einer der städtischen Beamten aus dem Fenster des Autos: »Genosse Deng, das ist die Shenzhen-Universität.« Deng sah nichts, außer ein paar Baggern und anderen Baumaschinen. Er fragte: »Wann wird die Universität denn fertig sein?« Der Beamte antwortete: »Im September.« Als Deng zurück in Beijing war, erzählte er diese Konversation immer wieder gerne: »Da steht im Moment noch gar nichts, und sie wollen im September mit dem Semester beginnen. Das nenne ich Shenzhen Speed.«

Das war die erste Story. Die zweite stammt von seiner Shenzhen-Reise anno 1992. Damals speiste Deng Xiaoping im Drehrestaurant auf der 53. Etage des International Trade Centers oder auf Chinesisch Guomao Building. Dort wurde ihm stolz berichtet, dass alle drei Tage ein neues Stockwerk draufgesetzt wurde. Und wieder fiel das Wort Shenzhen Speed.

Spätestens dann war ein neuer Begriff geboren – Shenzhen Speed. Eine neue imaginäre Maßeinheit für Wachstum im Süden Chinas. Hier in Shenzhen scheinen die Uhren anders, schneller zu gehen. Der Deutsche Alexander Weidauer. Gründer des Chatbot-Entwicklers Rasa in Berlin, kennt die US-amerikanische, die chinesische und die deutsche Welt. Er vergleicht: »Jedes Mal, wenn ich in die USA komme, habe ich das Gefühl, ich müsste zehnmal schneller wachsen. Aber in China habe ich das Gefühl, hundertmal schneller wachsen zu müssen. Die Geschwindigkeit ist einfach verrückt.«

Die Geschwindigkeit ist auch so hoch, weil der Druck so groß ist. Wenn du hier heute eine Idee hast, hast du morgen schon einen, meist aber mehrere Nachahmer. Laurent Le Pen, CEO des Start-up Omate, sagt: »Wenn du im Westen ein neues Produkt auf den Markt bringst, hast du vielleicht innerhalb eines Jahres einen neuen Wettbewerber. Aber in China kann es dir passieren, dass du innerhalb eines Monats zehn Wettbewerber hast.«

Hier bleibt nichts geheim, hier wird schnell kopiert. Auch das ist eben Shenzhen. Das Stichwort heißt Shanzhai. Bösartig kann man es mit Kopieren übersetzen – so sieht es der Westen. Wohlwollend kann man es als Open-Source-Modell interpretieren, und so sieht man es in Shenzhen. Open Source kommt aus der Software-Branche und bedeutet, dass eine Software für alle zugänglich ist und von jedermann geändert werden kann.

In Shenzhen hat man den Eindruck, die ganze Stadt sei eine Open Source. Hier war und ist man immer offen, hier hat man Kreativität und Technologie häufig geteilt. Leute wie Robin Wu, genannt der Shanzhai King, sind in der Szene Helden. König Wu verdiente sich die Krone, als er 2010 innerhalb von 60 Tagen ein original iPad komplett nachbaute.

Aber es ist nicht nur die Geschwindigkeit, die Shenzhen prägt, es ist auch die Arbeitsmoral. Es gilt die Formel 9-9-6. Von 9 bis 21 Uhr wird gearbeitet, und das an sechs Tagen die Woche. Wie das *in praxi* aussieht, hat der deutsche Blogger Maxi, seit 2015 im Hightechpark in Shenzhen arbeitend, ausführlich beschrieben: Zwischen 8.30 und 9 Uhr Arbeitsbeginn, Anwesenheitsüberprüfung via Fingerabdruck. 18 Uhr Arbeitsende, Abmeldung via Fingerabdruck. Zwischen 18 und 22 Uhr oft unbezahlte Überstunden. Unpünktlichkeit wird von den meisten Unternehmen bestraft. In seinem Falle 1 Yuan pro versäumte Minute. Wer hingegen jeden Tag pünktlich erscheint, erhält einen monatlichen Bonus von rund 10 Euro. Es gilt die Sechs-Tage-Woche. Es gibt fünf bezahlte Urlaubstage pro Jahr neben den Feiertagen

Das Hightechviertel Nanshan am Abend. Um 22 Uhr sind noch viele Bürogebäude beleuchtet. Viele Beschäftigte verlassen zwar so gegen 18.30 Uhr ihre Büros, aber sie gehen nicht nach Hause. Sie gehen ins Gym oder in eines der viele Cafés und Restaurants. Danach geht es wieder zurück an die Arbeit. Auch am Samstagnachmittag wird gearbeitet.

Isabel Sum, die mitten in Nanshan im Schatten der Tencent-Türme ein Café betreibt, sagt: »Abends ist hier die Hölle los.« Zwischen 21 und 22 Uhr bekomme man kaum ein Taxi oder Didi – wie die chinesische Version von Uber heißt. Es komme meist zu langen Wartezeiten. »Oft habe ich auf meiner Handy-App zehn oder noch mehr Vorbestellungen vor mir.« Nach 22 Uhr wird es etwas entspannter.

Der Japaner Joi Ito, bis Herbst 2019 Direktor des MIT Media Lab in Boston, sagte nach einem Besuch in Shenzhen: »Diese Arbeitsethik erinnert mich sehr stark an die Gründerzeit in Japan, als dort die ersten großen Unternehmen entstanden.«

Auch am Wochenende wird oft durchgearbeitet – oder man trifft sich zu Wettbewerben um Ideen.

Wettbewerbe um Ideen

Es ist ein sommerlicher Sonntagabend gegen 17 Uhr. Man könnte irgendwo in einem Café sitzen oder am Ufer promenieren oder sogar nichts tun, zu Hause rumlümmeln. Aber wir sind ja in Shenzhen.

So sitzen zu dieser Zeit im Gebäude A der Software Industry Base rund 40 meist junge Leute ziemlich erschöpft in den Räumen des Inkubators ParticleX. Das ganze Wochenende haben sie durchgearbeitet. Sechs Teams, jedes aus fünf, sechs Leuten bestehend. Jedes Team hatte eine Unternehmensidee zu entwickeln. Dabei wurden sie von Mentoren unterstützt. Einer war Pietro, ein 59-jähriger Italiener. Er sagt zum Zweck der Übung: »Hier werden keine Projekte entwickelt. Die jungen Leute sollen aber die Fähigkeiten lernen, wie man eine Unternehmensidee in einen Businessplan umsetzt, und wie man ihn präsentiert.«

Jetzt, gegen 17 Uhr am Sonntag, müssen sie ihre Unternehmensidee einer dreiköpfigen Jury präsentieren. »Are you ready?«, schreit eine Moderatorin in die Runde. Jedem Team wird acht Minuten Zeit gegeben, fünf Minuten für seine Präsentation, drei Minuten für Q&A – Fragen und Antworten. Alles spielt sich in Englisch ab. Die meisten Teams sind gemischt, Chinesen und Ausländer aus allen Herren Länder. Überraschend viele Frauen sind dabei.

Sieger wurde Guilty Free Eating. Die Geschäftsidee, die Shuang Lu präsentiert hat: das Recycling von Müll, den die Essenslieferdienste jeden Tag millionenfach produzieren. Am Schluss sagt die Moderatorin: »You are all winners.« Jubel, Klatschen. Auf dem Screen erscheinen vier Worte: *Congrats, you did it!* Nun gibt es Bier und Wein. Pietro, schon seit langer Zeit in der Start-up-Szene unterwegs, sagt: »Solche Events finden hier in Shenzhen an jedem Wochenende statt.«

Die Wettbewerbe heißen Hackathons. Sie werden zum Beispiel von Makerspaces veranstaltet oder auch von Szenemedien wie TechCrunch. Manchmal gibt es etwas zu gewinnen, manchmal auch nicht.

Ein Shenzhener Unternehmen, das solche Events seit 2014 fast jeden Monat veranstaltet, ist Makeblock, das Bausätze und Lehrbücher für Kinder anbietet, um diese in die Welt der Roboter einzuführen. Aber bei Makeblock nennen sie die Wettbewerbe nicht Hackathon, sondern Makeathon. In ihrer ungefähr 100 Quadratmeter großen Kantine im Erdgeschoss treffen sich Teams von Programmierern, Ingenieuren und anderen, um innerhalb von 24 Stunden ein neues Produkt oder eine neue Dienstleistung rund um das Thema Roboter zu kreieren. Es herrscht eine relative entspannte Atmosphäre. Oft sind Frauen und Kinder dabei, in den Teepausen gibt es Duriankuchen und Mangomousse.

»Wir betrachten das auch als eine gute Gelegenheit zur Teambildung im Unternehmen,« sagt Jasen Wang, der Gründer von Makeblock. Das ist nicht ganz unwichtig, denn in chinesischen Unternehmen – auch in denen in Shenzhen – wird häufig gewechselt. Doch im Vordergrund der Makeathons steht natürlich der kreative Output. Immerhin seien einige der besten Produkte, darunter ein malender Roboter für Schüler, bei diesen Wettbewerben entstanden.

Hier zeigt sich auch ein – in Shenzhen beginnender – Kulturwandel in Chinas innovativen Unternehmen. Bis vor gar nicht allzu langer Zeit kamen Ideen nur von oben. Der Top-down-Ansatz dominierte. Doch dank solcher Events wie Makeathons setzen sich immer mehr Ideen von unten durch.

Ideen brauchen zur Realisierung freilich Geld. Und das gibt es in Shenzhen.

Woher das Geld kommt

Ein schwarzer Greyhound streift die ganze Zeit während des Besuchs um seinen Herrn Chad Xu. Er nennt ihn Da Long – Großer Drache. Der Hund verkörpert irgendwie das Unternehmen sehr gut, das Shenzhen Valley Ventures (SVV) heißt. Greyhounds sind schnell und Drachen groß. Schnell groß werden sollen die Firmen, die Chad Xu, CEO und Gründer von SVV, unterstützt.

SVV ist eine Venture-Capital-Firma, aber keine typische. Sie gibt nicht nur Geld, sondern auch Rat. Rund 80 Ingenieure sind bei SVV beschäftigt. Chad selbst ist auch Ingenieur und ein erfahrener Unternehmer, der sein eigenes Unternehmen Zowee schon 2010 erfolgreich an die Börse gebracht hat. 2015 gründete er dann SVV. »Wir sind eine VC-Firma von Ingenieuren für Ingenieure«, sagt er.

Venture Capital – bis vor wenigen Jahren war es in China noch ein Fremdwort. Venture Capital, im Deutschen mit Wagnis- oder Risikokapital übersetzt, bedeutet, dass sich Privatpersonen oder auch zunehmend Firmen an jungen Unternehmen beteiligen, damit sie starten und am liebsten durchstarten können. Es ist kein Kredit. Wenn das Start-up scheitert, ist das Geld weg. Wenn es sehr gut läuft, vervielfacht sich der eingesetzte Betrag.

Venture Capital ist inzwischen in China ein sehr beliebtes Finanzierungsinstrument. China ist bereits nach den USA der zweitgrößte VC-Markt in der Welt. In den USA flossen 111 Milliarden US-Dollar in junge Unternehmen, in China 106 Milliarden US-Dollar. China wird aber die USA schon im Jahr 2020 überholen. Das prophezeit der INSEAD-Report *China's Venture Capital; Bigger than Silicon Valley's?* »Wir erwarten eine kontinuierliche Expansion des chinesischen VC-Markts,« schreiben die Autoren.

In Shenzhen spielt eine VC-Firma eine wichtige Rolle: Shenzhen Capital Group Corp. (SCGC). Sie wurde schon 1999 von der Stadtregierung gegründet. »Ein Pionier in Chinas VC-Industrie« sei die SCGC, lobt die Harvard University in einer ihrer berühmten Case-Studies. In ihren 20 Jahren seit Gründung hat die SCGC in über 1000 Start-ups investiert, nicht alle waren allerdings in Shenzhen.

Das finanzielle Engagement der Stadt für Entrepreneure beschränkt sich nicht nur auf die Bereitstellung von VC-Geldern. Sie gibt auch direkte Zuschüsse für Start-up-Unternehmen. Im September 2019 wurden diese nochmals verdoppelt, von 50000 auf

100 000 Yuan. Und wenn Banken Kredite für junge Unternehmen in Shenzhen zur Verfügung stellen, schießt die Stadt einen Teil dazu. Dabei sind die Banken in Shenzhen – anders als in den anderen Landesteilen – eher bereit, Start-ups Kredite zu geben.

Anders als in Beijing oder Shanghai spielte in Shenzhen auch eine neue Geldquelle eine wichtige Rolle bei der Finanzierung: das Crowdfunding. Dabei sammeln Möchtegernunternehmer, die eine gute Idee haben, Geld von vielen unterschiedlichen Personen ein. Das können Bekannte, Freunde, Verwandte sein oder einfach Menschen, die die Idee auch gut finden. Die Rolle der Familie als Geldgeber ist nach wie vor sehr groß in Shenzhen. Es sind oft keine großen Beträge, die da eingesetzt und gesammelt werden, aber die Masse macht's.

Organisiert wird das Geldeinsammeln in der Regel über Onlineplattformen. Die international bekanntesten sind Kickstarter und Indiegogo. Beide sind auch in Shenzhen aktiv. Kickstarter hat zum Beispiel allein 163 Produkte in Shenzhen auf seiner Website – vom PrintPen, einem tragbaren Drucker (Mindestbetrag 119 US-Dollar) bis zum Roboter fürs Aquarium (199 US-Dollar). Aber es gibt in China auch nationale und regionale Plattformen. Laut der Nachrichtenagentur Xinhua sind derzeit im Land rund 75 Crowdfunding-Plattformen aktiv. Fast die Hälfte davon hätten ihren Sitz in Shenzhen. Sie heißen Angelclub, RenRentou und Yunchou.

Start-ups, die schon etwas weiter und gefestigter sind, weil deren Produkte am Markt bereits angenommen wurden und die deshalb einen kontinuierlichen Cash-Flow haben, bietet Shenzhen noch eine weitere Möglichkeit der Finanzierung: einen Börsengang an der ChiNext. Die ChiNext wurde 2009 an der Börse in Shenzhen eingeführt. Die Anforderungen des Listings sind nicht so hoch wie an der »normalen« Börse. Die ChiNext zielt vor allem auf junge, technologieaffine Wachstumsunternehmen. Sie ist vergleichbar mit der Nasdaq in den USA.

Das ist nicht der einzige Bereich, wo sich Shenzhen mit den USA vergleicht.

Connections ins Silicon Valley

Jim Fields ist ein Kind des Silicon Valley. Geboren wurde er in Mountain View, also mitten im Silicon Valley. Seine Eltern arbeiteten bei Hewlett Packard, das dort einst als Garagenunternehmen startete und damit den Mythos Silicon Valley begründete.

Jetzt sitzt Jim in T-Shirt, Shorts und Turnschuhen auf der ersten Etage in einem dieser vielen modernen Gebäude in der Software Industry Base. Der Ort war vorher eine Music Bar, jetzt wird er gerade zu einer Co-Working-Station mit dem Namen One Piece umgebaut. Es riecht alles sehr neu, die Möbel sind fast alle noch in Plastik verpackt.

»Noch eine Co-Working-Station« ist man geneigt zu sagen. Fields weiß, dass Shenzhen schon ziemlich voll damit ist. Deshalb sagt er: »Wenn du nur Plätze verkaufst, hast du schon verloren.« Wer bei One Piece einen Arbeitsplatz kauft, bekommt auch gleich Kontakte ins Silicon Valley. Denn One Piece, hinter dem zwei reiche junge Chinesen stecken, hat seinen Sitz in San José und hat im Silicon Valley bereits mehrere Locations. Shenzhen ist die erste außerhalb der USA. Fields sagt: »Wir verbinden beide Welten.«

Es fällt schon auf, wie viele Verbindungen es zwischen dem originalen Silicon Valley in Kalifornien und dem *Silicon Valley of China* in Shenzhen gibt. Viele Menschen pendeln zwischen den beiden Innovationszentren hin und her. US-amerikanische Venture-Capital-Gesellschaften haben Dependancen in Shenzhen, chinesische VCs sind im Silicon Valley vertreten. Und auch Unternehmen gründen Büros im jeweils anderen Land. So hat wie fast alle großen chinesische Hightechfirmen auch Tencent einen Ableger im Silicon Valley. Der Internetkonzern aus Shenzhen war sogar einer der ersten. Schon 2007 eröffneten sie eine Dependance in Palo Alto, der Konkurrent Facebook ist dort fast in Sichtweite.

Sind Original und Kopie nun Rivalen – oder ergänzen sie sich?

Das US-Wirtschaftsmagazin *Forbes* ist von letzterem überzeugt: »Shenzhen und Silicon Valley entwickeln sich ziemlich schnell zu einem gigantischen transpazifischen *makers hub*. Die

Ideen kommen aus Kalifornien. Aber umgesetzt in Produkte werden sie in China.« Der US-amerikanische Journalist Matt Sheehan, der in China lebte und nun in San Francisco wohnt, hat sogar 2019 ein Buch über die Kooperation geschrieben: *The Transpacific Experiment – How China and California Collaborate and Compete For Our Future.*

Doch das sind derzeit eher ideelle Gedankenspiele. Mit der aktuellen Wirklichkeit haben sie wenig zu tun. Die US-amerikanische Politik setzt nicht auf Kooperation, sondern auf Konfrontation. Der amtierende US-Präsident Donald Trump hat einen Handelskrieg gegen China losgetreten, der sich längst zu einem Technokrieg ausgeweitet hat. Das Committee on Foreign Investment in the United States (CFIUS), das generell ausländische Investoren untersucht, nimmt nun auch chinesische Beteiligungen an US-amerikanischen Start-ups stärker unter die Lupe und ist bereit, sie zu untersagen. Dafür unterzeichnete Trump den Foreign Investment Risk Review Modernization Act (FIRMMA),

Angeblich sollen FBI-Agenten im Silicon Valley unterwegs sein und US-amerikanische Jungunternehmer warnen, Geld von chinesischen Investoren zu nehmen. Ein Bericht des Department of Defence (*China's Technology Transfer Strategy*) vom Januar 2018 prangerte chinesische VC-Gesellschaften als Technodiebe an. In diesem feindlichen Klima ziehen es viele chinesische Investoren vor, ihre Engagements in Kalifornien einzuschränken oder sich völlig über den Pazifik zurückzuziehen.

Der mächtige Staatsfond China Investment Corporation (CIC) wollte ein Büro im Silicon Valley installieren, hat aber angesichts dieses feindlichen Klimas seine Pläne gekappt. Einer der spektakulärsten Abgänge ist Kai-fu Lee mit seinem VC-Unternehmen Sinovation Ventures, das in mehr als 40 US-amerikanische Start-ups investiert ist.

Ausgerechnet Kai-fu Lee. Er stammt aus Taiwan, emigrierte früh in die USA, ging dort zur Schule, studierte dort, machte seinen Doktor an der Carnegie Mellon in Pittsburgh, arbeitete für Google und war stets ein Anhänger US-amerikanischer Innovationskunst, besonders im Silicon Valley. Aber nun zwinge ihn – sagt er – die US-amerikanische Politik zur Rückkehr nach China. Den Rest gab ihm wohl der Pentagon-Bericht, in dem seine Firma Sinovation an den Pranger gestellt wurde.

Bestsellerautor Kai-fu Lee (*AI Superpowers – China, Silicon Valley und die neue Weltordnung*) kennt beide Welten und kann deshalb Vergleiche ziehen. Er sagt, dass Entrepreneure im Silicon Valley häufig Kinder von erfolgreichen Eltern seien, die Computerwissenschaftler, Ärzte, Ingenieure oder generell Akademiker sind. Ihnen würde schon frühzeitig eingetrichtert, dass sie die Welt verändern können. Sie hätten einen gewissen Techno-Optimismus und seien *mission driven*. Sie würden mit einer neuen Idee oder einem idealistischen Ziel starten und um diese Idee herum ein Unternehmen bilden.

Ganz anders dagegen die chinesische Start-up-Kultur. Sie sei in erster Linie *market driven*. Das wichtigste Ziel der Entrepreneure sei, Geld zu verdienen, viel Geld. Diesem Ziel ordnen sie alles unter. Deshalb sei ihnen letztendlich auch egal, welches Produkt sie auf den Markt bringen. Hauptsache, die Kasse klingelt.

Shenzhen bietet für diese These ein interessantes Beispiel, ausnahmsweise mal weit entfernt von der dort vorherrschenden Hightechwelt.

Heißer Kampf um heiße Getränke

Die Menschenschlange vor dem Laden in Sea World, jenem Vergnügungsviertel im Osten der Stadt, reicht bis auf die Straße. Ich bin neugierig, will wissen, warum da so viele Leute anstehen. Ich stelle mich in die Schlange und tripple geduldig Schritt für Schritt nach vorn, bis ich irgendwann erkennen kann, was es hier gibt: Cheese Tea.

Käsetee? Lese ich richtig?

Ein paar Minuten später habe ich eine Tasse grünen Tee – kostet mit 30 Yuan so viel ein Starbucks-Kaffee – in der Hand.

Die Flüssigkeit ist mit einer einen knappen Zentimeter hohen Schicht Käse bedeckt. Das sieht aus wie ein Milchschaum auf einem Cappuccino, schmeckt aber nicht so. Es ist natürlich kein stinkiger Bergkäse, sondern eine Art Frischkäse, der mit Milch, Schlagsahne und etwas Salz zubereitet wird.

Und: Wie schmeckt es? Na ja, etwas gewöhnungsbedürftig, aber nicht so schlimm wie gedacht.

In China ist das Getränk der Renner. Vor allem unter den jungen, gesundheitsbewussten Chinesen. Deswegen die Schlange vor der Filiale dieser Kette mit dem Namen Heytea. Über 300 Filialen, in denen es übrigens auch Fruchttees und allerlei Gebäck gibt, existieren schon in ganz China. Die besten von ihnen verkaufen 3000 bis 4000 Tassen am Tag. Mehr schafft auch keine chinesische Starbucks-Filiale.

Der Gründer der Heytea-Kette heißt Neo Nie und ist noch keine 30 Jahre alt. 2012 startete er, der eigentlich Computerprogrammierung studiert hatte, mit seinem ersten Laden in Jiangmen, einer Stadt in Guangdong. Später siedelte er mit seiner Firma nach Shenzhen um. Von hier aus leitet er die Expansion des Unternehmens, das mittlerweile schon über 1 Milliarde US-Dollar wert ist.

Interessant: Heytea hat nie Werbung betrieben, hat keinen Yuan für Marketing ausgegeben. Das Schlangenstehen vor den Läden ist Kult geworden und hat mehr zum Image der Marke beigetragen als jede Werbung. In einem Interview mit *21st Century Business Herald* sagte Nie: »Das Phänomen des Schlangenstehens gab es in China auch schon in den 1990er Jahren vor McDonald's.«

Will er sich denn mit dem US-amerikanischen Filialisten vergleichen? Nein, er hat aber nicht minder große Vorbilder. »Von Anfang an versuchten wir universelle Produkte zu machen, die in der ganzen Welt ankommen, so wie Coca-Cola oder Starbucks.« Er wolle die chinesische Teekultur internationalisieren.

In China sieht Jeffrey Towson, Professor an der Peking University, Heytea schon auf Augenhöhe mit Starbucks. »Heytea ist der interessanteste chinesische Wettbewerber von Starbucks«, sagt er. Towson kann sich vorstellen, dass Heytea ins Kaffeegeschäft einsteigt und Starbucks damit unmittelbar Konkurrenz macht.

Nie schweigt dazu. Er will Heytea erst mal zu einer internationalen Teemarke machen.

In Singapur ist er schon vertreten. Aber er sagt: »Es geht nicht darum, nur ein oder zwei Läden im Ausland aufzumachen. Wir wollen die Überseemärkte tief penetrieren.«

Doch Nie hat Konkurrenz – und das in der eigenen Stadt. Peng Xin, eine ehemalige IT-Managerin, hat 2015 in Shenzhen die Teekette Nayuki gegründet. Sie hat sich jedoch auf Früchtetee und Backwaren spezialisiert. Über 200 Filialen gibt es schon in ganz China und auch die ersten in Singapur.

Das ist eben China, und das ist vor allem Shenzhen: Eine gute Idee bleibt nicht lange unentdeckt. Abwarten und Tee trinken ist sicher nicht das Motto der Stadt.

Viertes Kapitel

ALLE MACHT DEN ALGORITHMEN – Wie die Konzerne Tencent und Ping An ganze Branchen revolutionieren

»Tencent ist das interessanteste Internetunternehmen der Welt.«

Jeffrey Towson,
Professor an der Peking University

Shenzhen ist eine Stadt ohne richtiges Zentrum. Beijing hat den Platz des Himmlischen Friedens, Shanghai den Volkspark und die Promenade am Bund. Aber Shenzhen? Es besteht, wenn man so will, aus mehreren Zentren, oder besser Bezirken. Zwei ragen im wahrsten Sinne des Wortes heraus: Futian und Nanshan. Beide liegen nebeneinander, getrennt durch einen grünen Gürtel an tropischen Gewächsen. Nanshan ist das Hightechzentrum, Futian das Verwaltungs- und Finanzzentrum.

Beide werden von einem Bauwerk dominiert. In Futian ragt der Ping An Tower fast 600 Meter hoch in den Himmel, in Nanshan sind es die zwei Türme von Tencent, die zwar nicht so hoch sind (sie messen »nur« 250 Meter), aber dafür architektonisch ein Blickfang sind.

Zwei Bezirke, zwei Bauwerke, zwei Unternehmensgiganten: Tencent und Ping An. Tencent gehört zum berühmten BAT-Trio der führenden Internetkonzerne des Landes: Baidu, Alibaba und Tencent. Tencent ist hierzulande zumindest einigen Leuten bekannt, weil es den Messenger-Dienst WeChat entwickelte, das – viel bessere – chinesische Pendant zu WhatsApp.

Ping An dagegen ist im Westen nahezu unbekannt. Dabei ist das Unternehmen inzwischen der größte Versicherungskonzern der Welt, zumindest was die Marktkapitalisierung anbetrifft. Versicherung klingt altmodisch, nach Allianz, nach Vertretern an der Haustüre, nach seitenlangen Policen. Doch Ping An ist das Gegenteil, Ping An ist eines der modernsten, technologieaffinste Unternehmen der Finanzwelt.

Tencent und Ping An – beides sind Konzerne eines völlig neuen Typs. Beide sind Ecosysteme. Sie bieten Dutzende von Leistungen und Produkten an. Der Kunde muss und soll gar nicht mehr zur Konkurrenz wechseln. Er bekommt bei ihnen alles aus einer Hand. Und beide verknüpfen das Internet mit künstlicher Intelligenz.

Sie sind da viel weiter als die US-amerikanischen Giganten, von Europa wollen wir gar nicht reden, weil es auch nicht nur annähernd vergleichbare Unternehmen hat. Kürzlich erschien ein Artikel im britischen Magazin *The Economist* mit der Überschrift »Mark Zuckerberg's WeChat moment«. Zuckerberg ist Chef von Facebook, dem auch das im Westen so beliebte WhatsApp gehört. Im Text heißt es dann: »Obwohl er es in der Öffentlichkeit nie zugeben würde, versucht Zuckerberg WhatsApp nach dem Vorbild von WeChat auszurichten.« WeChat ist wie gesagt der Messenger-Dienst von Tencent.

Tencent – das Vorbild für Facebook. Wie sich die Zeiten ändern! Haben sich nicht vor gar nicht allzu langer Zeit die westlichen Internetfirmen beschwert, dass ihre chinesischen Pendants nur billige Kopien von ihnen seien? Jetzt scheint es im Falle Facebook versus Tencent umgekehrt zu sein.

Und auch Ping An taugt als Benchmark – nicht nur für Versicherungskonzerne wie die deutsche Allianz oder die französische Axa, sondern auch für Unternehmen anderer Branchen. Mit seiner konsequenten Digitalisierung und dem vielfältigen Einsatz von Künstlicher Intelligenz ist Ping An für viele zum Vorbild geworden.

Die Gründer und Macher der beiden Unternehmen sind in China schon legendäre Gestalten. Beide heißen mit Familiennamen Ma. Pony Ma ist Chef von Tencent, Peter Ma Chef von Ping An. Beide sind – anders als Alibaba-Gründer Jack Ma – keine großen Kommunikatoren nach außen und deshalb auch nicht ganz so berühmt.

Wir sollten sie und ihre Unternehmen trotzdem kennen lernen. Starten wir bei Tencent in Nanshan.

Nabelschau in Nashan

Nanshan ist einer der größten Bezirke in Shenzhen und sicher der innovativste Stadtbezirk in ganz China und – um mal etwas kühn zu sein – der Welt. Hier kann man schon mal den Überblick und die Orientierung verlieren. Viele Gebäude sehen gleich aus. Quaderförmige Gebäude wechseln sich mit Hochhäusern ab. Dazwischen sind verkehrsberuhigte Zonen.

Viele Gebäude in dem Labyrinth haben nur eine Nummer oder einen Buchstaben. Eine typische Adresse lautet zum Beispiel: Sechste Etage im Block A Bulding 1 im Software Industry Park oder Siebte Etage im Gebäude 10A des Shenzhen Bay Science and Technology Eco-Park. Mehr als einmal irrte ich durch die Häuserschluchten und musste durch meine wartenden Gesprächspartner per Handy in deren Büro gelotst werden.

Herzstück von Nanshan ist der Shenzhen Hi-Tech Industrial Park, der aber auch wiederum in kleinere Industrieparks unterteilt ist, was die Übersichtlichkeit nicht erhöht.

Es soll Leute gegeben haben, die gezählt haben, wie viele Hightechunternehmen in Nanshan ihren Sitz haben. Sie kamen auf rund 10 000. Kleine, große und ganz große. Der Konzern DJI, der Medizingerätehersteller Mindray, Tencent und ZTE haben ihre Headquarters dort. 125 Börsenunternehmen haben dort ihren registrierten Sitz. Wenn ausländische Unternehmen ihre Labs eröffnen, tun sie das hier. Airbus, Apple, Intel, Microsoft und Qualcomm sind hier mit großen Forschungsabteilungen vertreten.

Aber auch die Giganten aus anderen Städten Chinas haben in Nanshan ihre Ableger. China Mobile, der Mobilfunkbetreiber, hat hier sein Hardware Innovation Center. Der chinesische Internetgigant Baidu – eigentlich in Beijing zu Hause – hat hier zwei gigantische, jeweils rund 180 Meter hohe Bürotürme hingestellt. Sie bieten das Doppelte an Platz wie das Headquarter in Beijings Nordwesten. Rund 10 000 Leute arbeiten zusammen in den beiden Türmen.

Es haben sich mehrere Cluster gebildet. Hier ballen sich Unternehmen um die Themen Telekommunikation, Software, Medizin, Neue Materialien, Mechatronik, die Kreuzung von Maschinenbau, Elektro- und Informationstechnik. Und mittendrin die Shenzhen University.

Nanshan – ein einzigartiger wissenschaftlich-industrieller Komplex.

Nanshan is the place to be, wie es heutzutage neumodisch heißt. Alles will hierher. Das treibt die Mieten. Damit sich diese auch junge, noch nicht so finanzstarke Unternehmen leisten können, bekommen sie Unterstützung von der Bezirksbehörde, die hier noch wirtschaftsfreundlicher ist als die ohnehin schon zugänglichen Bürokraten in der Stadtverwaltung.

Liu Shiming, Direktor des Nanshan District Science and Technology Innovation Bureau sagte gegenüber *TechNode*: »Wir weisen die staatlichen Immobilienunternehmen an, privaten Unternehmen eine Vorzugsbehandlung geben.« Er meint, reduzierte Mieten. Den Differenzbetrag zum Marktpreis schießt die Bezirksverwaltung zu. Der Nanshan-Bezirk gebe – so Liu – jährlich rund 575 Millionen US-Dollar an Subventionen für Mieten aus.

In den Erdgeschossen der subventionierten Bürohäuser wimmelt es von Restaurants, Fast-Food-Filialen und Cafés der Ketten Starbucks, Luckin Coffee, und Heytea. Und mittendrin eine junge Deutsche: Isabel Sum, Mutter Chinesin, Vater Deutscher, aufgewachsen in Stuttgart. In einem der vielen Bürogebäude betreibt sie im Erdgeschoss zusammen mit ihrem Freund ein kleines Café, das Kaffee aus Deutschland anbietet und zwar von der

Hannoverschen Kaffeemanufaktur und deswegen Hanover Coffee heißt.

Hier ist um die Mittagszeit die Hölle los. Aus den Bürotürmen strömen die Menschenmassen auf die Straße, gehen essen, Kaffee oder Tee trinken. Sum lebt von diesen Arbeitsbienen, die für kurze Zeit ihre Waben oder Zellen verlassen.

Viele ihrer Kunden kommen von Tencent. Rund zweihundert Meter von ihrem Standort türmen sich die beiden Gebäude der Tencent-Hauptverwaltung auf.

Tencent – turmhoch überlegen

Im Silicon Valley bauen die großen Unternehmen ihre Headquarter in die Breite, in Shenzhen dagegen in die Höhe. Die Hauptverwaltung von Tencent besteht aus zwei Türmen, der eine 50 Stockwerke hoch, der andere 39 Etagen. Kosten: 599 Millionen US-Dollar. Architekten: NBBJ aus New York.

Drei Brücken verbinden die beiden Türme. Die oberste Brücke hat den Spitznamen »Brain«. Darin befindet sich die Tencent University, an der es die verschiedensten Kurse gibt, bis hin zu Gitarren- und Englischunterricht. Die mittlere Brücke heißt »Heart«. Auf über 25 000 Quadratmetern gibt es hier viele Möglichkeiten für sportliche Aktivitäten: ein Gym, eine Laufbahn, eine Kletterwand, Basketball Court, Badmintonplätze, Billardtische und Tischtennisplatten. Auf der unteren Brücke sind ein Museum, eine Cafeteria und ein Auditorium für 500 Personen.

Tencent-Busse sammeln morgens die Beschäftigten in der Stadt ein und liefern sie in einem Undergroundterminal unter dem Gebäude ab. Auf der Rolltreppe geht es hoch und dann per Gesichtserkennung an den Arbeitsplatz irgendwo in diesen beiden Gebäuden. 12 000 Menschen pilgern jeden Morgen so an ihre Arbeitsstätte. Insgesamt arbeiten rund 40 000 Menschen bei Tencent, verteilt über mehrere Standorte in der Stadt und in ganz China.

Sie erzielen einen Umsatz von 40 Milliarden Euro bei 10 Milliarden Gewinn. Mit einer Marktkapitalisierung, die zwischen 400 und 500 Milliarden US-Dollar schwankt, spielt Tencent in der Liga der ganz Großen der Internetwelt mit. Für kurze Zeit war der Konzern mit dem Pinguin-Logo sogar mehr wert als die Giganten aus den USA.

Profiteur dieser Entwicklung ist übrigens der größte Aktionär von Tencent, das südafrikanische Medienunternehmen Naspers. Dessen weitsichtiger damaliger Chef Koos Bekker kaufte 2003 einen 34-Prozent-Anteil an Tencent für schlappe 30 Millionen US-Dollar. Heute ist dieser Anteil fast 140 Milliarden US-Dollar wert. Bekker ahnte schon 2003 das Potenzial dieses Unternehmens, dessen Namen heute immer noch viele gar nicht kennen.

Dabei gilt mehr denn je, was Jeffrey Towson, US-stämmiger Professor an der Peking University, kürzlich ganz schlicht so beschrieb: »Tencent ist der interessanteste Internetkonzern der Welt.«

Warum? Weil er in allen Online-Sphären unterwegs ist – und weil er einen stillen, charismatischen Chef und Gründer hat.

Pony Ma, der Glücksritter

Kann er lächeln? Hat ihn schon mal jemand lachen sehen?

Auf offiziellen Fotos zeigt Pony Ma stets denselben, stets ernsten Gesichtsausdruck. Berühmt ist ein Foto, auf dem Chinas Präsident Xi Jinping mit den Größen der Hightechwelt posiert: Amazon-Chef Jeff Bezos, Apple-Boss Tim Cook, Alibaba-Gründer Jack Ma und Pony Ma. Alle lächeln und schauen in die Kamera. Nur Pony Ma lacht nicht. Er blickt hinunter auf seine Schuhe.

Pony Ma ist einer dieser typischen Unternehmer aus der Provinz Guangdong. Sehr erfolgreich, aber auch sehr scheu. Sein erstes Interview gegenüber einem ausländischen Medium gab Pony Ma erst 2011, damals dem US-amerikanischen Magazin

Fast Company. Die bezeichneten ihn als »den unbekanntesten Multimilliardär in der Tech-Welt.«

In der Tat: Man weiß wenig über den zweitreichsten Chinesen. Man weiß, dass er seine Frau via Chat kennen lernte. Dass er eine teure Immobilie in Hongkong besitzt und einen Volvo S80 aus chinesischer Produktion fährt.

Und man weiß, dass er aus Shantou stammt, einer Stadt am östlichen Rand von Guangdong. Sie ist berühmt für ihre geschäftstüchtigen Söhne. In den 1990er Jahren studierte Pony Ma an der Shenzhen University Computerwissenschaften. Danach arbeitete er als Programmierer bei CMMobile, einem Pager-Unternehmen. Soweit eine ziemlich normale, unspektakuläre Karriere.

Dann kam das Jahr 1998 – und das Leben des Pony Ma bekam eine entscheidende Wende. Zusammen mit drei ehemaligen Studienkollegen und einem Freund gründete er Tencent. Auf Chinesisch heißt Tencent übrigens *teng xun* – galoppierende Nachricht. Ein guter Name für das erste Produkt, das die Fünf kreierten. Ein Messenger-Service, den sie QQ nannten. Ähnlichkeiten mit dem israelischen Instant Messenger ICQ waren nicht zufällig. Der israelische Dienst war ihre Blaupause, die sie jedoch chinesischen Verhältnissen anpassten.

QQ war der Grundstein für den gigantischen Erfolg, den Tencent in den folgenden 20 Jahren hatte. Pony Ma, der knapp 10 Prozent an Tencent hält, veränderte sich jedoch trotz ständig steigenden Kontostandes kaum. Er zeigt sich nach wie vor selten in der Öffentlichkeit. Und wenn, ist er eher unsicher. So beim Auftritt beim Fortune Forum 2017 in Guangzhou. Reporter Adam Lashinsky fragte auf Englisch, Ma antwortete – sichtlich unwohl – auf Chinesisch.

Den öffentlichen Auftritt überlässt er Martin Lau, dem Chairman von Tencent. In Beijing geboren, aber in Hongkong aufgewachsen, in den USA Elektrotechnik studiert, spricht Lau ein sehr gutes Englisch. Lau stellt sich deshalb auch den Fragen der Analysten in den vierteljährlichen Telefonkonferenzen.

Lau arbeitete nach seinem Studium bei allerersten Adressen, erst bei McKinsey und dann bei Goldman Sachs. Dort fiel er 2004 Pony Ma und seinen Kollegen auf. Goldman Sachs begleitete Tencent damals an die Börse nach Hongkong. Zweimal bot ihm Ma einen Job an. Das erste Mal zierte sich Lau noch, sah einen Interessenkonflikt. Doch beim zweiten Mal, etwas später, sagte er ja. Martin Lau, den studierten Elektroingenieur, reizte die Aufgabe bei einem Hightechunternehmen. Er nahm das Angebot an, obwohl er bei Tencent deutlich weniger verdiente als bei Goldman Sachs. Ma schuf für ihn den Job des Chief Strategy Officer. Schon 2006 stieg Lau zum Präsidenten des Unternehmens auf.

Diese Arbeitsteilung hält bis heute an, weil sie sich bewährt hat. Ma und Lau sind ein gutes Doppel. Ma ist der Visionär und Lau der Stratege, der die Visionen umzusetzen versucht.

Die beiden geben jedenfalls die Richtung vor. Einmal im Jahr trifft sich das Führungsteam zu einer Klausur. Meistens in schicken Hotels mit schöner Umgebung. 2017 war das Ambiente etwas anders. Man traf sich in der Wüste Gobi. Zwei Tagesmärsche über jeweils 26 Kilometer standen auf dem Programm.

Nach dem ersten Tag murrten einige Manager, wollten gar nach Hause fahren. Doch Ma und Lau duldeten diese Extratour nicht. Sie vergatterten die Weichlinge zum Weitermarsch.

»Dieser Trip ist repräsentativ für unsere Unternehmenskultur«, sagte Lau später *Bloomberg Businessweek*, »wir marschieren alle in die gleiche Richtung.« Mit dieser Mentalität ist Tencent zu dem geworden, was es heute ist – einer der größten Online-Konzerne der Welt, der in der gleichen Liga spielt wie Amazon, Facebook, Google & Co.

Spielend zum Erfolg

Mit dem Instant Messenger QQ begann 1998 der Aufstieg Tencents. Ziemlich schnell entwickelte er sich zu einem wichtigen Kommunikationsmittel der noch jungen chinesischen Internet-

Community. Als Dank QQ die Gewinne sprudelten, ging Tencent 2004 an die Börse in Hongkong. Mit den Emissionserlösen bauten Pony Ma und seine Freunde vor allem das Online-Gaming-Business massiv aus.

Heute ist Tencent der weltgrößte Spieleanbieter, macht damit über 10 Milliarden US-Dollar Umsatz und verdient viel Geld. *Honour of Kings* war das erfolgreichste Handyspiel der Welt, bis es von PUBG *(PlayerUnknown's Battlegrounds)* abgelöst wurde. Ähnlich erfolgreich sind die Spiele *League of Legends* und *Clash of Clans*. Sie kamen durch milliardenteure Zukäufe in Tencents Portfolio. So zahlte Tencent für den *Clash of Clans*-Entwickler Supercell aus Finnland fast 9 Milliarden US-Dollar.

Aber berühmt wurde Tencent nicht durch seine gewinnbringende Spielsucht, sondern durch den Instant-Messenger-Dienst WeChat. Und der entstand so: Eines späten Abends gegen Jahresende 2010 sandte ein gewisser Allen Zhang, Gründer eines von Tencent gekauften E-Mail-Start-ups in Guangzhou, eine Mail an Pony Ma. Darin fragte er, ob er nicht ein soziales Netzwerk speziell für Smartphone entwickeln dürfe. Ma, der häufig nicht vor 4 Uhr ins Bett geht, antwortet prompt und gab Zhang sein Okay.

Allerdings mag Pony Ma Teams. Er lässt sie – das hat er sich von Microsoft abgeschaut – um die besten Ideen wetteifern. Deshalb ließ er gegen Zhangs Team aus Guangzhou noch ein zweites antreten. Das saß im Headquarter von Tencent in Shenzhen. Sieger des firmeninternen Wettstreits wurde nur wenige Wochen später die zehnköpfige Guangzhou-Truppe um Allen Zhang. Er wird in der Szene als »Vater von WeChat« verehrt.

WeChat startete im Januar 2011. Es war just der richtige Zeitpunkt. Denn zu der Zeit fing auch in China der Boom mit Smartphones an. Die beiden – WeChat und Smartphones – pushten sich gegenseitig. Jedes Jahr stieg die Anzahl der WeChat-Nutzer um fast 100 Millionen. Stand Ende Oktober 2019: 1,15 Milliarden User, die meisten davon in China. (WeChat gibt es auch auf Deutsch, aber viele Funktionen sind hierzulande nicht möglich).

Was ist nun WeChat? Wenn man sagen würde, das ist das chinesische WhatsApp, dann wäre es eine Beleidigung für die WeChat-Betreiber. Denn WeChat ist viel besser als WhatsApp, es hat viel mehr Funktionen. Ex-Roland-Berger-Chef und China-Kenner Charles-Édouard Bouée hat es einmal treffend beschrieben: »WeChat ist alles zusammen: WhatsApp, Skype, Instagram und Facebook.« Und was Bouée vergessen hat, auch noch ein wenig Amazon, Uber oder Lieferando.

Übrigens hätte Tencent beinahe WhatsApp gekauft. Anfang 2014 zeigte Tencent Interesse. Für Tencent wäre es ein Megadeal gewesen, wären sie doch damit zur Nummer Eins weltweit geworden. Doch als der Deal näher rückte, musste sich Pony Ma einer Rückenoperation unterziehen und konnte nicht ins Silicon Valley fliegen, um mit den WhatsApp-Gründern zu verhandeln. Dann schlug Mark Zuckerberg zu und kaufte WhatsApp für 19 Milliarden US-Dollar – das Doppelte von dem, was Tencent bereit gewesen war zu bezahlen.

Dafür gelang Pony Ma ein anderer Coup: Die Einführung des Bezahldienstes WeChat Pay, den es seit 2013 gibt. Das war freilich keine originäre Erfindung von Tencent. Internetkonkurrent und E-Commerce-Händler Alibaba hatte schon früher Alipay eingeführt und war unangefochtener Marktführer beim Bezahlen mit dem Handy.

Doch dann startete Tencent eine geniale Marketingaktion zum Neujahrsfest 2014. In der Neujahrsgala des staatlichen Fernsehsenders CCTV, *dem* TV-Ereignis des Jahres in China, propagierte Tencent seinen Bezahldienst – und wurde innerhalb eines Abends landesweit bekannt. In den Folgemonaten und -jahren holte WeChat Pay gegenüber Alipay gewaltig auf. Heute liegen Alipay und WeChat Pay fast gleich auf und dominieren als Duopol den chinesischen Markt.

Egal, wo man heute in China hinkommt, ob Restaurant oder Garküche, ob Supermarkt oder Convenience Store, überall stehen an der Kasse entweder die blauen (Alipay) oder grünen (WeChat Pay) Hinweisschildchen. Lange Zeit konnten Ausländer, die kein Bankkonto in China hatten, diesen Service nicht nutzen. Aber im November 2019 verkündete Tencent, dass sie einen Vertrag mit fünf global operierenden Kreditkartenunternehmen geschlossen haben. Nun können auch ausländische Touristen WeChat Pay nutzen. AliPay machte zeitgleich denselben Deal.

WeChat ist die Super-App. Um sie herum hat Tencent in den vergangenen Jahren ein gewaltiges Online-Imperium aufgebaut. Wie Alibaba mischt Tencent inzwischen in fast allen Bereichen, wo Produkte und Dienstleistungen online angeboten werden, mit. Zum Teil entwickelte Tencent diese selbst, aber zum größeren Teil geschah dies durch Aufkäufe und Beteiligungen. Zwischen 2015 und 2017 hat Tencent geschätzte 30 Milliarden US-Dollar für Beteiligungen ausgegeben. Die Investments fanden fast alle im Kerngeschäft statt, also Gaming und Social Media.

Inzwischen ist Tencent aktiver als jede Venture-Capital-Gesellschaft oder Private-Equity-Firma. Nur Sequoia Capital, die führende VC-Firma der Welt aus dem Silicon Valley, ist noch aktiver. Sie ist nach der *Hurun Global Unicorn List 2019* an 46 Unicorns beteiligt, Tencent folgt als Nummer Zwei mit 42. Damit liegt Tencent noch vor der berühmten japanischen Softbank, die immer als großes Vorbild aller Dealmaker genannt wird. Aber das war einmal. Nun ist Tencent das Vorbild. Bhavtosh Vajpayee, Analyst bei Sanford Bernstein, bezeichnete deshalb in einem Interview mit dem *Wall Street Journal* Tencent zu Recht als »die Softbank von China«.

Über 100 Deals schließen die Tencent-Käufer jedes Jahr ab. Weit mehr als Konkurrent Alibaba, dessen Ziel auch der Aufbau eines umfassenden Online-Imperiums ist. Aber die Wege dorthin sind unterschiedlich: Alibaba strebt meist größere oder gar Mehrheitsbeteiligungen an, während sich Tencent häufig mit Minderheitsbeteiligungen zufrieden gibt.

Am Ende steht ein gewaltiges Ecosystem, dessen Konturen und Dimensionen erst ansatzweise erkennbar sind.

Tencents Ecosystem

Im Mittelpunkt dieses Systems steht natürlich WeChat, diese Wunder-App. Tencents Ziel ist es, mit WeChat alle anderen Apps auf dem Smartphone zu ersetzen. Die Mega-App also, ein geschlossenes System, das man nicht mehr verlassen muss. Es soll nur noch eine App geben – die reicht. Hieß früher die Devise der deutschen Warenhäuser »Alles unter einem Dach«, so lautet diese bei Tencent »Alles unter einer App«.

Hier ein paar Beispiele, was man mit WeChat heute schon alles erledigen kann:

- ein Taxi buchen;
- Essen bei einen Lieferdienst bestellen;
- einen Arzttermin buchen,
- eine Kinokarte kaufen;
- Rechnungen bezahlen;
- Geld an Freunde überweisen;
- Spiele spielen;
- Zeitschriftenartikel lesen;
- andere WeChat-User in der Umgebung treffen;
- und – ach so – man kann damit auch chatten, telefonieren und per Video kommunizieren.

Neben WeChat hat Tencent inzwischen eine Vielzahl an Beteiligungen an Online-Unternehmen. In fast allen Internetsparten ist der Koloss aus Shenzhen inzwischen vertreten.

Im E-Commerce ist Tencent am großen Alibaba-Rivalen JD.com mit knapp 20 Prozent beteiligt. Ebenso am Allrounder Meituan-Dianping, der unter anderem einen der größten Essenslieferdienste in China betreibt. Daneben mischt Tencent beim Lebensmittelhändler Miss Fresh und dem Autohändler Bitauto mit.

Beim Video-Streaming ist Tencent gleich mit mehreren Firmen vertreten, ebenso bei Anbietern von Musikdiensten. Ganz wild ist das Durcheinander bei der Sharing Economy (gibt es eigentlich keine deutschen Ausdrücke mehr in dieser Internetwelt?). Da macht Tencent zusammen mit Alibaba beim Fahrradverleiher Mobike mit. Bei den Mitfahrautos ist Tencent Aktionär von Didi, aber auch bei der Konkurrenz von Lyft. Im Finanzbereich kooperiert Tencent wiederum mit Alibaba und Ping An beim Online-Versicherer Zhong An mit. Außerdem betreibt Tencent mit WeBank die erste Online-Bank Chinas.

Das war jetzt ein – zugegeben – verwirrendes und bei weitem nicht vollständiges Sammelsurium an Aktivitäten von Tencent in den Weiten des World Wide Web. Es sollte nur einen kleinen Überblick geben, wo Tencent schon überall unterwegs ist. In dieser Radikalität ist nur noch ein anderer Internetkonzern unterwegs – Alibaba. Er ist – spiegelbildlich – in fast allen Bereichen investiert, in denen auch Tencent aktiv ist.

Von den großen US-amerikanischen Firmen – von Amazon über Facebook bis Google – ist dagegen keiner auch nur annähernd so breit aufgestellt wie Tencent – und Alibaba.

Diese vielfältigen Kontakte mit ihren Online-Usern beschert Tencent noch einen weiteren gravierenden Vorteil gegenüber seinen US-Konkurrenten. Sie bekommen täglich Milliarden an Daten frei Haus geliefert. Kai-fu Lee sagt: »Tencent besitzt wahrscheinlich das größte Daten-Ecosystem aller (Internet-)Giganten.«

Wenn Daten das Öl des 21. Jahrhunderts sind, dann sitzt Tencent auf einem Riesenschatz. Und wenn Daten der Rohstoff für die Künstliche Intelligenz sind, dann ist Tencent auf dem Weg, zu einem wichtigen und großen Player in dieser Querschnittstechnologie zu werden.

Relativ spät hat man bei Tencent – und übrigens auch bei Alibaba – KI entdeckt. KI-Experte Lee schreibt in seinem Buch: »Die beiden waren Nachzügler im Rennen um KI-Talente.« Doch wo Geld keine Rolle spielt, kann man diese Fehler schnell korrigieren. In kurzen Abständen eröffnete Tencent seit 2016 verschiedene Labs in Shenzhen und in den USA. Für das Tencent AI Lab in Bellevue – eher absichtlich als zufällig in der Nähe des Microsoft-Headquarter – kauften die Chinesen mal eben 70 Weltklasseforscher in Sachen KI ein. Und 300 Ingenieure gleich mit.

Vor allem im Bereich der Medizin sieht Tencent viel Potenzial für KI-Anwendungen und hat deshalb viel investiert und sich an vielen Start-ups beteiligt. Pony Ma sagt: »Viele Leute glauben, dass KI etwas weit Entferntes in der Zukunft sei, aber ich denke, gerade in der Medizin sind wir praktischen Einsätzen schon sehr nah, und viele Menschen werden davon profitieren.« Bei der Früherkennung gewisser Krebsarten (Brust, Gebärmutter, Lunge und Speiseröhre), aber auch bei der Parkinson-Krankheit wähnen sich die Forscher in Tencents Medical AI Lab schon relativ weit.

Gesundheit, Sprach- und Gesichtserkennung, Roboter, autonomes Fahren, maschinelles Lernen – in all diesen KI-Feldern ist Tencent jetzt unterwegs. Wohin genau die Reise führt, ist noch unklar.

Klar ist nur, dass Internet und KI zusammenwachsen und sich sehr gut ergänzen. Diese Erkenntnis ist auch die Basis aller strategischen Überlegungen beim anderen Vorbildkonzern in Shenzhen – Ping An.

Schau an, Ping An

Fünf elegante Damen und Herren – alle in dezentem Grau gekleidet – stehen hinter dem Empfangstresen der geräumigen Lobby des Ping An Tower. Vor jedem steht ein aufgeklappter Apple-Laptop. Die Formalitäten sind schnell erledigt, ein Besucherpass ausgehändigt. Durch die Schranke geht es zu einem der 33 Aufzüge. Die rasen – 10 Meter pro Sekunde – erst mal hoch bis zur 84. Etage. Hier ist nochmals eine Art Zwischenlobby mit einem gigantischen Rundumblick auf das wuchernde Shenzhen. Von der 84. Etage geht es dann ganz nach oben in die Chefetagen von Ping An. Endstation ist bei Etage 115. Dort residiert Gründer und Chef Peter Ma.

Mein Gesprächspartner sitzt auf der 108. Etage. Wir reden natürlich über den Ping-An-Konzern, der 136 Milliarden Euro Umsatz und 13,8 Milliarden Gewinn macht und mit rund 200 Milliarden Euro mehr als den doppelten Börsenwert hat als die Allianz.

Meine erste Frage: Was ist Ping An? Klingt simpel, ist es aber nicht. Ist es nur ein Versicherungskonzern oder gar schon ein Finanzkonzern? Ist es ein Gesundheitskonzern? Ist es ein Internetkonzern? Oder ist es ein Technologiekonzern?

Sybillinische Antwort meines Gesprächspartners: Ping An ist alles, hat von jedem etwas.

Ping An ist mit 184 Millionen Kunden Chinas größter Versicherer, dessen Portfolio von klassischen Versicherungen (Leben, Alter, Krankheit, Auto) bis hin zu etwas verrückten Versicherungen (gegen schlechtes Wetter oder Flugausfälle) reicht.

Ping An ist aber auch ein Supermarkt für Finanzprodukte. Neben den über 200 Versicherungen bietet der Konzern auch Kredite an und verwaltet Vermögen.

Ping An ist ein Gesundheitskonzern, weil er seine Kunden nicht nur gegen Krankheiten versichert, sondern auch mit ärztlichem Rat zur Seite steht.

Ping An ist auch ein Internetkonzern, weil er die meisten dieser Dienste nur noch online anbietet. In seiner Kundendatei sind 540 Millionen User registriert.

Und Ping An ist auch ein Technologiekonzern, weil er innovative Ideen entwickelt, die es möglich machen, dass all die Serviceleistungen auch online angeboten werden können.

»Der größte Vorteil von Ping Ans Geschäftsmodell ist unsere breite Palette an Expertise«, sagt Peter Ma gegenüber dem *Institutional Investor.*

Peter Ma ist der Gründer von Ping An.

Peter, Jonathan und Jessica

Peter Ma (sein chinesischer Name ist Ma Mingzhe) kam 1983 nach Shenzhen. Zuvor hatte er in der Industriestadt Wuhan, im Zentrum Chinas gelegen, Wirtschaft und Recht studiert. Sein erster Arbeitgeber in Shenzhen war die China Merchants Group. Sein Job: Assistant Manager, also Direktionsassistent.

Die staatliche China Merchants Group spielte in den ersten Jahren bei der Öffnung Shenzhens eine sehr bedeutende Rolle. Sie investierte viel – vor allem in Shekou, wo die erste Industriezone Shenzhens entstand. Eine der zentralen Figuren der Gruppe war Yuan Geng, ein Mao-Gegner und Deng-Freund. Er führte als Erster in Shenzhen Arbeitsverträge ein und sprach sich sogar für eine unabhängige Presse aus. Von ihm stammt der – zumindest in Shenzhen – legendäre Spruch: *Time is money, and efficiency is life*. Dieser prangt heute noch an vielen Plätzen der Stadt. Und Yuan Geng selbst steht als Statue in Shekou direkt unterhalb der Design Society.

Diesen legendären Yuan Geng sprach Peter Ma – er war inzwischen in der Gruppe aufgestiegen – 1987 an. Ob er sich denn nicht vorstellen könne, eine Versicherung zu gründen. Der reformorientierte Geng fand die Idee gut und unterstützte sie. Ping An war geboren. China Merchants wurde einer ihrer Aktionäre. 1988 startete die erste Lebensversicherung in China, die nach westlichem Vorbild modelliert war.

Ma hatte sich immer für westliche Geschäftsmodelle interessiert, zumal er ja die ersten Erfolge der Reformbemühungen in Shenzhen sah, wo in den 1980er Jahren zunehmend marktwirtschaftliche Elemente eingeführt wurden. Ma ist ein begieriger Leser, der mit drei, vier Stunden Schlaf auskommt. Er las viele Bücher westlicher Denker, aber auch chinesische Klassiker, allen voran Konfuzius.

So ist es kein Zufall, dass in der Lobby der Ping An University, der internen Fortbildungsstätte des Versicherers, Bronzestatuen von Albert Einstein und Konfuzius stehen. »Ma glaubt daran, das

Beste vom Osten und dem Westen miteinander zu verbinden«, sagt Alex Lin, Marketingmanager bei Ping An. In seinem Buch *Ping'an Xin Yu* (Ping Ans Sprache des Herzens) preist Peter Ma Konfuzius als Chinas besten Traditionsphilosophen und Albert Einstein als den besten westlichen wissenschaftlichen Denker.

Weil er gerne östliches mit westlichem Denken verknüpft, war Ma stets dafür, westliche Manager in sein Unternehmen zu holen und sie auch nach westlichen Maßstäben zu bezahlen. Ma selbst zählt zu den am besten verdienenden Managern in China. Sein Gehalt inklusive Boni wird auf 5,2 Millionen US-Dollar taxiert.

Nahezu die Hälfte der obersten Führungsebene besteht aus Nicht-Chinesen. Einer dieser Expats ist Jonathan Larsen, den Ma 2017 als Chief Innovation Officer angeheuert hat. Larsen ist ein Veteran der Finanzindustrie. Der Australier war zuletzt 18 Jahre bei der Citigroup, wo er viele innovative Projekte angestoßen hat.

Aber vielleicht noch wichtiger und bedeutender ist Jessica Tan. Sie ist seit 2013 dabei und die Stellvertreterin von Peter Ma. Sie stammt aus Singapur, studierte am MIT und war 13 Jahre bei McKinsey. Eine Frau mit unglaublicher Dynamik und Schaffenswut. Kürzlich sagte sie auf einer Veranstaltung des MIT: »Ich habe 108 Projekte auf meiner persönlichen To-do-Liste.« Und nebenbei pendelt sie noch zwischen Shanghai, wo sie arbeitet, und Singapur, wo ihre Familie wohnt.

Sie strotzt vor Selbstbewusstsein: »Kein Finanzunternehmen dieser Welt schafft auch nur annähernd das, was wir machen.« Und sie hat wohl recht: Technologisch ist Ping An weltweit führend.

In etwas mehr als 30 Jahren von einem kleinen Versicherungs-Start-up zur globalen Benchmark der Branche – solche Erfolgsgeschichten sind auch in Shenzhen selten.

Mit Sicherheit erfolgreich

Ping An war in China die erste Firma, die Lebensversicherungen angeboten hat. Bis dato war diese private Altersvorsorge ein unbekanntes Produkt in dem formal kommunistischen Land. Denn es war der Staat beziehungsweise seine Unternehmen, die seinen Bürgern eine – zwar nicht üppige, aber doch zuverlässige – Rundumversorgung garantierten, wenn sie krank oder alt wurden.

Doch mit dem zunehmenden Rückgang der staatlichen Unternehmen zerbrach auch die »eiserne Reisschüssel«, wie dieses Versorgungssystem oft genannt wurde. Viele Bürger waren nun auf sich selbst gestellt. In diesem Zusammenbruch sah Peter Ma seine Chance, als er 1988 mit 13 Leuten in einem kleinen Büro bei der China Merchants Bank in Shenzhen anfing.

Diese Bank sowie die ICBC, Chinas größte Staatsbank, und China Ocean Shipping (Cosco), Chinas größte Reederei, waren Mas erste Geldgeber und finanzierten damit den Start dieses privaten Versicherers. Es waren keine einfachen Jahre, denn Versicherungsprodukte waren in jener Zeit unter der chinesischen Bevölkerung noch nahezu unbekannt. Es musste viel Überzeugungsarbeit geleistet werden. Und dies ist dem Millionenheer von Ping-An-Vertretern im Laufe der Jahre gelungen.

Hilfreich war sicher, dass der chinesische Staat ausländische Versicherer lange Zeit vom Markt fernhielt oder ihnen nur in ausgewählten Städten und Provinzen Geschäfte mit Versicherungspolicen gestattet. Unter diesem schützenden Dach des Staates gedieh Ping An.

1994 stiegen dann zwei renommierte US-amerikanische Finanzinstitute bei Ping An ein – Goldman Sachs und Morgan Stanley. Sie zahlten jeweils 35 Millionen US-Dollar und bekamen dafür jeweils einen Anteil von 5 Prozent. Das waren die ersten westlichen Engagements in einem chinesischen Finanzunternehmen, die von den Behörden genehmigt wurden. Die beiden US-Firmen brachten aber nicht nur Kapital ein, sondern vermittelten auch Know-how in Corporate Governance. So etablierte Ping An früher als andere chinesische Unternehmen einen Ausschuss für Risikokontrolle und einen Ausschuss für Investitionen.

Diese hielten aber das Ping-An-Management nicht von zwei Fehlgriffen ab. Der Einstieg bei dem belgisch-niederländischen Finanzkonglomerat Fortis im Jahre 2007 – kurz vor der globalen Finanzkrise – geriet zu einem verlustreichen Desaster. Und auch die 2010 erfolgte Übernahme der Shenzhen Development Bank, die inzwischen Ping An Bank heißt, kostete zunächst viel Geld und band viel Managementkapazität.

Glücklicher waren zwei andere Entscheidungen, die Peter Ma und sein Team schon frühzeitig trafen. Schon 2008 gründeten sie die Tochterfirma Ping An Technology. Damals sprach noch niemand von Künstlicher Intelligenz, aber dem offenbar weitsichtigen Ma war klar, dass er aus dem klassischen Versicherungs- ein Technologieunternehmen machen musste.

Und ihm war auch klar, dass das Internet immer wichtiger wurde. Als Vertriebskanal für seine diversen Versicherungspolicen, aber auch für andere Finanzprodukte. So gründete Ping An nach 2011 mehrere Online-Töchter – von Lufax bis Zhong An. Ping An ist damit einer der Pioniere im Fintechbereich. Fintech – eine Wortkombination aus *financial services* und *technology*.

Ping An ist deshalb heute längst kein Versicherungsunternehmen mehr, sondern ein Technologieführer.

Das Ecosystem von Ping An

Ein Unfall mit Blechschaden – auch in China keine Seltenheit. Wer zahlt den Schaden? Wie viel steuert die Versicherung bei? Das sind die Fragen, die den Autobesitzer nach einem Crash umtreiben. Normalerweise dauert deren Beantwortung Wochen, viel Schriftverkehr eingeschlossen. Aber nicht so bei Ping An.

Seit 2017 hat Ping An sein *Superfast Onsite Investigation System*. Und das funktioniert so: Der Versicherungskunde macht mehrere Fotos von dem Schaden und schickt es per App noch von der

Unfallstelle an einen Ping-An-Computer. Der hat in seiner Datenbasis Fotos von über 25 Millionen Autoteilen von rund 60000 Automodellen, die in China verkauft werden. Er vergleicht, entscheidet, ob das Teil repariert werden kann oder ausgetauscht werden muss und kalkuliert je nachdem den Preis.

Spätestens in drei Minuten hat der Kunden von dort eine Antwort mit einer Summe, die die Versicherung bereit ist zu bezahlen. Ist er damit einverstanden, drückt er auf der App in seinem Smartphone auf *wancheng!* (»okay«) und Ping An weist die Überweisung sofort an. Jessica Tan rechnet vor, dass 98,7 Prozent der Schäden noch am selben Tag von Ping An beglichen wurden. Ping Ans Chefwissenschaftler Jing Xiao sagt, ein Team hätte drei Jahre gebraucht, um diesen Service zu entwickeln. Er sei einzigartig in der Welt.

Das ist ein Beispiel aus der Praxis, wie Ping An neueste Technologien rund um KI für den geschäftlichen Alltag nutzt.

Um solche und andere Ideen zu realisieren, leistet sich Ping An einen enormen Aufwand an Finanzen und Personal. Jedes Jahr steckt der Konzern 1 Prozent seiner Einnahmen in Forschung und Entwicklung. In den vergangenen zehn Jahren waren das 7 Milliarden US-Dollar, in den nächsten 15 Jahren sollen es 15 Milliarden US-Dollar sein.

Über 30000 Leute arbeiten in den diversen Forschungszentren von Ping An, darunter 1000 Topwissenschaftler, die an jeder Uni Professor sein könnten. Es ist eine Armada von Computerspezialisten, Datenanalysten und KI-Experten, die stets auf der Suche nach neuen Technologien sind. Sie sitzen in keinen wissenschaftlichen Elfenbeintürmen. Sie forschen extrem anwendungsorientiert. Vor allem in den Bereichen, in denen Ping An unterwegs ist, also im Finanz- und Gesundheitssektor. Über 18000 Patente stammen aus ihrer Arbeit.

Jonathan Larsen sagt gegenüber dem *manager magazin*: »Es gibt wohl keinen Finanzkonzern weltweit, der so stark auf neue Technologie setzt wie Ping An.« Keine Bank, keine Versicherung investiert so viel. Pia Tischhauser von der Unternehmensberatung The Boston Consulting Group (BCG) schätzt, dass asiatische Versicherer – und damit meint sie vor allem Ping An – ihren westlichen Konkurrenten 15 Jahre voraus sind, was innovative Ideen zur Risikoeinschätzung angeht. Der Strategiechef eines großen europäischen Konkurrenten gab das gegenüber dem *manager magazin* neidlos zu: »Ping An ist der Weltmarktführer, wenn es darum geht, neuartige Technologien schnell und flächendeckend einzusetzen.«

Beispiel Gesichtserkennung: Mit einer Genauigkeit von 99,8 Prozent kann sie das Gesicht einer Person und ihren Namen zuordnen. Das ist bei Anfragen für Konsumentenkredite, die in der Regel online per Video erfolgen, wichtig. Denn es gilt, vorweg zu klären: Ist das überhaupt die richtige Person, die da um Geld anfragt?

Danach stellt der Computer dem Gegenüber ein paar Fragen, um seine Kreditwürdigkeit zu testen. Jede kleinste Regung der Augenpartien oder der Lippen wird sofort, das heißt in Millisekunden, analysiert. 54 solcher so genannten Mikroexpressionen – das sind flüchtige Gesichtsausdrücke, die nur Bruchteile von Sekunden andauern – kann der Computer lesen und einordnen, wer lügt oder die Wahrheit sagt.

Weil Ping An dieses System so perfektioniert hat, werden Konsumentenkredite nur noch online vergeben (oder auch nicht). Die Kreditbüros im Lande mit leibhaftigen Beratern wurden deshalb überflüssig und geschlossen.

Beispiel Spracherkennung: Ein Mensch kann ungefähr 150 Personen an ihrer Sprache erkennen. Mehr schafft sein Gehirn nicht. Diese Limitierung gibt es für Computer nicht, vor allem nicht für die bei Ping An. Jessica Tan erklärt: »Egal welche Sprache, ob Spanisch oder Sichuan-Dialekt, uns reichen 20 Sekunden und wir können die Stimme in eine mathematische Matrix übertragen, die so sicher ist wie ein Fingerabdruck.« *Voiceprint Lock* (Sprachsperre) nennt sich dieses von Ping An entwickelte Spracherkennungssystem.

Es wird bei Ping An schon bei vielen Vorgängen – ob bei Finanzgeschäften, Versicherungsfragen oder Arztterminen bei

Good Doctor (siehe folgendes Unterkapitel) eingesetzt. Der Kunde sagt ein paar Worte – und schon ist er identifiziert. Und man kann gleich viel schneller zur Sache kommen. Die Zeiten bis zur Unterzeichnung von Verträgen haben sich bei Ping An extrem verkürzt – von fünf Tagen auf 15 Minuten.

Anfangs haben die Forscher bei Ping An diese technologischen Wunderdinge nur für den internen Gebrauch entwickelt. Doch irgendwann wurde dem Management klar: Hey, wir sind so gut, unsere Technologien sind spitze, warum verkaufen wir diese nicht an Dritte?

Ping An Technology ist das Tochterunternehmen, das die Technologien verwaltet und verkauft. Dessen CEO Ericson Chan prophezeit: »Ping An Technology wird in den kommenden Jahren ein Milliardengeschäft entwickeln, in dem es unsere Inhouse-Technologien und -Dienstleistungen an externe Kunden verkauft.« Viele chinesische Banken – 450 an der Zahl – haben bereits zugeschlagen. Sie interessierten sich vor allem für die Instrumente, wie man die Kreditwürdigkeit von Personen misst.

Ein Verkaufsschlager könnte auch werden, was Ping An gerade im Gesundheitssektor probiert.

Good Doctor in der Telefonzelle

Die in dunklem Rot gehaltene Box ist nicht viel größer, als früher eine Telefonzelle war. Gerade mal drei Quadratmeter klein ist die One-Minute-Clinic. Seit Januar 2019 stehen diese in mehreren Städten Chinas. Der Patient geht hinein, setzt sich vor einen Bildschirm, gibt sich mit seinem Gesicht zu erkennen und kommuniziert erst einmal mit einem unbekannten, gesichtslosen Gegenüber, dem AI Doctor. Er ist kein Mensch, kein studierter Arzt. Er ist ein Kunstgeschöpf, entwickelt von über 200 KI-Experten bei Ping An und gefüttert mit über 300 Millionen Daten.

Er kennt sich mit 2000 häufigen Krankheiten aus, kann deren Symptome aus dem Gespräch heraus erkennen. Der AI Doctor hat Antworten auf Zehntausende von Fragen. Er gibt dann eine erste vorläufige Diagnose, ehe sich schließlich noch ein »richtiger« Arzt einschaltet.

Sollte zur Gesundung ein Medikament nötig sein, kann der Patient dieses auch gleich bekommen. 100 der am häufigsten verschriebenen Arzneimittel sind in der One-Minute-Clinic gelagert. Tiefgefroren versteht sich. Sollte er ein anderes Medikament benötigen, kann per Ping An Good Doctor App dieses online bestellt werden. Innerhalb einer Stunde liefert dann die nächstliegende Apotheke ins Haus.

Verträge über die Aufstellung von 1000 solcher Boxen – jede kostet rund 30000 Yuan – sind bereits mit chinesischen Stadtverwaltungen unterschrieben. Aber es sollen noch viel, viel mehr werden. »Wir planen, Hunderttausende dieser Boxen in den nächsten drei Jahren aufzustellen«, sagt Wang Tao.

Wang ist CEO von Ping An Good Doctor. Der ehemalige Alibaba-Manager und Software-Experte ist der Spiritus Doctor hinter diesem Tochterunternehmen von Ping An, das im April 2015 gegründet wurde. Es ist Chinas größte Online-Gesundheits-Plattform. Knapp 300 Millionen registrierte User. 30 Millionen davon sind im Schnitt jeden Monat aktiv.

Good Doctor beschäftigt mehr als 1000 Ärzte in seinem Team und hat über 5000 externe Ärzte. Sie kooperieren mit über 3000 Krankenhäusern und mehr als 15000 Apotheken.

Wer nicht in die Box gehen will, kann sich eine App herunterladen und dann erst einmal mit dem AI Doctor chatten oder auch telefonieren. Auch Video ist möglich, wenn man zum Beispiel eine Wunde zeigen will. Jede Diagnose des virtuellen AI Doctors wird noch einmal von einem leibhaftigen Arzt überprüft. Muss eine Einweisung in ein Krankenhaus erfolgen, wird der Termin gleich online erledigt. Braucht der Patient ein Medikament, wird sofort eine nahe Apotheke informiert, die dann innerhalb einer Stunde liefert.

Diese Online-Therapie könnte das chronisch kranke chinesische Gesundheitssystem revolutionieren. Kaum ein Thema regt die Chinesen mehr auf als das kaputte und korrupte Gesundheitssystem. Es ist ein ständiges Anstehen und Warten. Oft muss man in einem Krankenhaus einen halben Tag warten, bis man überhaupt einen Termin bekommt. Dann geht es in die Warteschleife zur Bezahlung der Behandlungsgebühr. Erst dann kann man endlich seinen Arzt sehen. Danach geht die Warterei wieder los. In die Schlange vor der Kasse für die Medikamente, dann in die nächste Schlange vor der Abholung des Arzneimittels. Kranksein ist in China – diese Ironie sei gestattet – ein Fulltime-Job.

Kein Wunder also, wenn sich die Chinesen über effizientere Alternativen wie Tencents WeDoctor oder Ping Ans Good Doctor freuen. Was auch für die Investoren gilt.

Investment-Guru und Softbank-Chef Masayoshi Son sagt: »Good Doctor's KI-Technologie ist die fortschrittlichste in der Welt.« Als CEO Wang bei ihm war, brauchte dieser nur zehn Minuten, um Son zu überzeugen, in Good Doctor zu investieren. Son wollte sogar 1 Milliarde US-Dollar in Good Doctor investieren, doch Wang lehnte dankend ab und erklärte ihm, ein Börsengang sei besser für die Entwicklung des Unternehmens. Son akzeptierte und investierte im Dezember 2017 »nur« 400 Millionen US-Dollar in Good Doctor. Kurze Zeit später ging Good Doctor an die Börse in Hongkong und erlöste 1,1 Milliarden US-Dollar.

Dieses Geld können Good Doctor und Ping An in neue Projekte stecken. Zum Beispiel in Medical Imaging, zu deutsch: Bildgebendes Verfahren. Anhand des Fotos – gerne auch dreidimensional – eines Organs können Algorithmen bestimmen, ob und wie krank das Organ ist. Bei speziellen Lungenkrankheiten ist Ping An schon sehr weit. Bei Lungenknoten liegt die Trefferquote über 95 Prozent.

Und an einem weiteren Projekt arbeitet Ping An, das sich sehr nach Science Fiction anhört, aber schon in der Realität angekommen ist: Die Vorhersage von Epidemien oder Ähnlichem. Rund 100 KI-Experten im Vorhersageteam können jetzt schon in großen Städten – wie Chongqing oder Shenzhen – prognostizieren, wann zum Beispiel eine Grippewelle die Einwohner erfassen wird. Meist können sie diese Prognose rund eine Woche vor dem Eintreten treffen.

»Krankheitsvorbeugung hat für viele nationale Gesundheitssysteme eine hohe Priorität«, sagt Jing Xiao, Chefwissenschaftler der Ping An Group. »Wenn wir schon in einem frühen Stadium das Risiko erkennen können, ist das nicht nur gut für möglicherweise gefährdete Patienten, sondern auch für die Kassen der Gesundheitssysteme, die viel Geld sparen können.«

Algorithmen übernehmen also bei Ping An zunehmend die Macht – auch im Finanzbereich.

Der Computer als Anlageberater

»Früher musste man in eine Bankfiliale gehen, ein Kundenberater brachte einem all die Prospekte, redete mit einem 30 Minuten.« So beschreibt Gregory Gibb die alte Welt der Anlageberatung in einer klassischen Bank.

Heute dagegen gehe es ruckzuck online oder per Handy. Zwischen einer halben und einer Minute würde es nur noch dauern, bis eine Anlageempfehlung ausgesprochen wird, denn der »Computer« kennt den Kunden dank seiner vielen Algorithmen viel besser als jeder Anlageberater.

Gregory Gibb ist Chef von Lufax, das voll ausgeschrieben bedeutet: Shanghai Lujiazui International Financial Asset Exchange Co. Lufax wurde 2011 von Ping An gegründet und ist heute einer der führenden Vermögensverwalter. Hier im Westen ist das noch ein sehr diskretes Geschäft, das auf Vertrauen basiert. Man kennt seinen Berater, mit dem man im Idealfall Jahre zusammenarbeitet und mit dem man unter vier Augen reden will.

Nicht so im technikaffinen China. Da sind vor allem junge Leute bereit, ihre Geldgeschäfte online zu erledigen, auch so vermeintlich diskrete Deals wie die Anlage des Vermögens oder zumindest Teile davon. Rund 40 Millionen Kunden hat Lufax bereits. Sie haben zusammen 55 Milliarden US-Dollar Lufax zur Anlage überlassen. Die berühmten Algorithmen bestimmen dann nach dem Profil des Anlegers, in welche der rund 5 000 Produkte, die Lufax in Angebot hat, er sein Geld anlegen soll.

Das Ping-An-Management liebäugelt schon mit einem Börsengang von Lufax. Nach aktuellem Stand wird das Unternehmen mit rund 40 Milliarden US-Dollar bewertet.

Lufax ist sicher eine der erfolgreichsten Fintechgründungen von Ping An. Bei dem anderen Star der Fintechszene muss sich Ping An den Erfolg mit zwei anderen teilen – Alibaba und Tencent. Diese drei haben 2013 das Fintechunternehmen – oder muss man besser sagen – Insurtech-Unternehmen Zhong An gegründet, die erste Versicherung auf Online-Basis.

In seinen ersten Jahren wurde Zhong An durch seine abenteuerlichen Versicherungen berühmt. So konnte man sich zum Beispiel gegen zu hohe Hitze versichern. Inzwischen ist Zhong An etwas »normaler« geworden, hat für seine rund 400 Millionen Kunden rund 300 Versicherungen in seinem Portfolio. Das beste Geschäft macht der Online-Versicherer mit der Versicherung von Paketrücksendungen im boomenden E-Commerce-Business. Aber auch die Versicherung gegen Flugverspätungen soll gut laufen. Passagiere, die diese in Anspruch nehmen, berichten, dass die »Schadensregulierung« noch während der Wartezeit auf das verspätete Flugzeug erfolgt.

Inzwischen hat sich bei Ping An herumgesprochen, dass auch in anderen Ländern interessante Fintech-Start-ups existieren. Deshalb hat das Management den Global Voyager Fund aufgelegt und mit 1 Milliarde US-Dollar dotiert, die in vielversprechende junge Unternehmen in aller Welt investiert werden. 41,5 Millionen Euro flossen bereits nach Berlin in das deutsche Fintechunternehmen FinLeap.

Dessen Gründer und CEO Ramin Niroumand sagt etwas demütig: »Von einem Weltmarktführer, dessen DNA 100 Prozent digital ist und der an der Spitze der Innovation agiert, können wir noch viel lernen.«

So weit ist es also gekommen: Deutschland ist der Schüler und China der Lehrmeister.

Und Shenzhen ist die Lehranstalt.

Shenzhen – die Fintechhauptstadt

Ping An ist also ein führendes Fintechunternehmen, setzt in dieser noch jungen Disziplin der Geld- und Internetwirtschaft weltweit Maßstäbe. Aber auch Tencent gehört mit seinem Bezahlsystem WeChat Pay und seiner WeBank zu den Pionieren der Szene. Die WeBank bekam im Dezember 2014 die Lizenz als erste reine Online-Bank. Sie bietet alle üblichen Bankgeschäfte an, hat jedoch keine Filialen, dafür aber bald ein riesiges, 31-stöckiges Headquarter im neuen trendigen Bezirk Qianhai.

Dazu kommen rund um diese beiden Giganten Ping An und Tencent jede Menge Start-ups und Jungunternehmen in Shenzhen, die sich in dem weiten Feld der Fintechlandschaft tummeln. Neben Ping An sind noch interessante Fintechunternehmen: Vzoom Credit, Samoyed Finance, JFZ oder Futu Securities.

Shenzhen ist auch in diesem Bereich zum Versuchslabor für ganz China geworden. Der *2018 Global FinTech Hub Report* des Cambridge Centre for Alternative Finance zählt Shenzhen weltweit zu den führenden Städten bei der Entwicklung von Fintechaktivitäten.

Und das soll auch so bleiben. Liest man das im Februar 2019 veröffentlichte Dokument der Regierung in Beijing, in dem das Zusammenwachsen der Greater Bay Area (GBA) propagiert wird, fällt auf, wie oft das Wort Fintech auftaucht, und welche wichtige Rolle dabei Shenzhen spielen soll. In Kapitel sechs heißt es da ganz unmissverständlich: »Shenzhen soll der wichtigste Platz für Fintech werden.«

Dieses eindeutige Votum für Shenzhen ist insofern interessant, als Hongkong ja bislang der viel bedeutendere Finanzplatz in der Region ist. Außerdem ist man in der Hongkonger Regierung stolz, dass sie bei Fintech auch einige interessante Unternehmen vorzuweisen haben. Aber Shenzhen ist eben weiter, viel weiter. Deshalb das Bekenntnis Beijings zu Shenzhen als Zentrum der Fintechindustrie.

Es ist nicht das einzige Votum der Zentralregierung für Shenzhen und gegen Hongkong. Auch bei der Einführung der digitalen Währung soll Shenzhen eine zentrale Rolle spielen, was übrigens ebenfalls ein Affront gegen Shanghai ist.

Wahrscheinlich wird der digitale Yuan probeweise in Shenzhen eingeführt. Mu Changchun, der führende Kopf in Sachen Digitalisierung bei der Zentralbank, machte bereits solche Andeutungen. Die Strategen in Beijing wollen offenbar auch dem Projekt von Facebook mit seiner digitalen Währung Libra zuvorkommen. Wie der digitale Renminbi letztendlich aussehen wird, weiß man noch nicht.

Aber dass er in Shenzhen, der Frontstadt technologischer Neuerungen, eingeführt wird, das weiß man.

Fünftes Kapitel

BIG BROTHER IS CATCHING YOU – Wie mithilfe neuer Technologien eine Smart City entsteht

»Wir haben 21 Milliarden Daten
von 20 Millionen Menschen.«

*Hu Xiaoqing, Stellvertretender Direktor
der Kommisison für Handel und
Informationstechnologie der Stadt Shenzhen*

Roboter, die in Restaurants bedienen. Drohnen, die Verkehrsrowdys verfolgen. Metrostationen, die man per Gesichtserkennung betreten kann. Mülleimer, die sich melden, wenn sie voll sind.

Klingt nach Science Fiction, oder?

Nein, es ist alles Realität in Shenzhen. Hier ist die Zukunft Gegenwart. Shenzhen ist das digitale Labor Chinas, vielleicht gar der Welt. Hier werden Entwicklungen vorweggenommen, die woanders – zum Beispiel in Deutschland – noch umstritten sind oder die wissenschaftlichen Elfenbeintürme noch gar nicht verlassen haben.

Eine zentrale Rolle in Shenzhen spielt dabei Huawei, inzwischen sicher das bekannteste Unternehmen Chinas. Die weltweit erhöhte Aufmerksamkeit hat es US-Präsident Donald Trump zu verdanken, der den Technologiekonzern mit Sitz in Shenzhen der Spionage und anderer finsterer Absichten verdächtigt, ohne bislang irgendwelche Beweise vorzulegen.

Vielleicht will Techno-Krieger Trump aber nur einen chinesischen Highflyer am weiteren Aufstieg hindern. Huawei ist nämlich weltweit führend bei der 5G-Technologie. Zuvor hatte Trump schon ein anderes chinesisches Unternehmen in diesem Bereich drangsaliert – den staatlichen Telekomkonzern ZTE, ebenfalls mit Sitz in Shenzhen, der aber global nicht so erfolgreich ist wie Huawei.

Aber das ist schon bemerkenswert: Shenzhen hat mit Huawei und ZTE zwei Unternehmen einer Zukunftstechnologie in einer Stadt. Ganz Europa hat nur zwei – Ericsson und Nokia, aber nach Einschätzung von Experten sind die beiden Nordlichter rund zwei Jahre hinter Huawei zurück. Und was haben die USA? Nichts. Ich glaube, diese Einsicht entfachte Trumps Furor gegen Huawei und ZTE, weil zum ersten Mal in einer Zukunftstechnologie China die USA abgehängt hat.

Weil beide Unternehmen ihren Sitz in Shenzhen haben, spricht man dort nicht von einem Krieg zwischen den USA und China, sondern zwischen den USA und Shenzhen, zumal die Trump-Administration weitere Techfirmen aus Shenzhen auf dem Kieker hat, zum Beispiel den Drohnenhersteller DJI. Natürlich ist man in Shenzhen über diese Auseinandersetzung mit den USA nicht erfreut, denn es bringt Unsicherheit und kostet Umsatz. Aber so ein bisschen klingt auch Stolz mit: Wir, das kleine Shenzhen, gegen das große Amerika.

Das kleine Shenzhen wird künftig noch größer, noch fortschrittlicher werden. Weil ZTE und vor allem Huawei hier vor Ort sind, kann Shenzhen seinen Heimvorteil ausspielen. Shenzhen wird die erste Stadt in China mit einem flächendeckenden 5G-Netz sein. Das bringt die Stadt auch in anderen Bereichen in die Poleposition. Denn ohne 5G kein autonomes Fahren, keine intelligente Fabrik, keine Smart City.

Bei all diesen Anwendungen wird Shenzhen einen Startvorteil haben. Hinzu kommt: Shenzhen hat neben Huawei (und ZTE) noch andere innovative Unternehmen, und zwar genau die, die man braucht, um das innovative Konzept einer Smart City zu perfektionieren – Drohnen und Roboter sowie Firmen der Künstlichen Intelligenz (KI).

Die Stadt hat ein weltweit nahezu einmaliges Cluster sowohl bei Drohnen als auch bei Robotern. Bei Drohnen dreht sich in Shenzhen alles um den dominierenden Weltmarktführer DJI. Bei Robotern ist die Wettbewerbslandschaft etwas heterogener, aber Hunderte von Firmen basteln dort derzeit an Robotern aller Art.

Und die Stadt hat eine Verwaltung, die sehr technologieaffin ist und all diese Entwicklungen unterstützt und fördert.

Helfende öffentliche Hände

In einer chinesischen Stadt gibt es stets zwei entscheidende Personen an der Spitze: den Parteichef und den Bürgermeister, der natürlich auch in der Partei ist. In Shenzhen waren das stets mehr oder weniger reformorientierte Spitzenkräfte. Häufig kamen sie von außerhalb. Der seit Sommer 2017 amtierende Bürgermeister, Chen Rugui, ist eine Ausnahme. Er ist seit 1990 der erste Bürgermeister, der wieder aus der Provinz Guangdong kommt und hier auch einen Großteil seiner Karriere verbracht hat.

Er war stellvertretender Parteichef in der Provinzhauptstadt Guangzhou, ehe er Parteichef von Zhongshan wurde. Zhongshan liegt auf der anderen Seite des Perlflusses.

Aufgrund seiner Vergangenheit ist Chen ein großer Verfechter der Zusammenarbeit in der Region und gilt als Anhänger des Konzepts der Greater Bay Area (GBA). Der studierte Geologe ist eher ein Experte für Infrastruktur, weiß aber auch – so äußerte er sich kürzlich in einer Rede –, dass »Shenzhen eine Stadt ist, die auf Innovationen und Start-ups basiert.«

Und das soll natürlich unter seiner Ägide auch so bleiben. In Parteichef Wang Weizhong – seit April 2017 in dieser Position – hat er einen Partner, der genauso tickt, aufgrund seiner Vergangenheit sogar noch eine größere Affinität zu Hightechthemen hat. Der Absolvent der renommierten Tsinghua Universität in Beijing wurde 2010 stellvertretender Minister im Ministerium für Wissenschaft und Technologie. Zwischendurch nahm er auch an einem Kurs der Kennedy School of Government in Harvard teil.

Diese beiden Herren vertreten derzeit die Stadt nach außen, sie sind ihre aktuellen Gesichter. Aber die Herren in diesen Positionen kommen und gehen. Wichtig ist deshalb, wie die Administration tickt. Und die denkt und handelt in Shenzhen seit Beginn der Reformen anders als viele ihrer Kollegen in anderen Städten. Sie waren und sind keine Verwalter, keine Apparatschiks, sondern Macher, stets im Dienste der Wirtschaft. Egal, ob man chinesische oder ausländische Manager fragt, die meisten sprechen von offenen Armen, mit denen ihnen die Beamten begegnet sind. Offen für neue Ideen und Wege, auch wenn sie mal abseits von Beijings vorgegebenen Pfaden liegen.

Shenzhen nutzt wie keine andere Stadt Chinas den Spielraum, den ihr Beijing bei der Gesetzgebung lässt. Denn die Kommunen dürfen durchaus eigene Gesetze erlassen. Der Nationale Volkskongress will dieses Recht sogar ausweiten. Shenzhen wird davon profitieren. Jetzt schon hat Shenzhen nach einer Auflistung der *Nanfang Daily* 445 lokale Gesetze erlassen, überwiegend im Wirtschaftsbereich.

Liu Shiming ist Direktor des Nanshan District Science and Technology Innovation Bureau. Er sagt – und das ist typisch für die Denke in der Bürokratie Shenzhens –, er sehe sich mehr als Interessenvertreter denn als Offizieller, er sei jemand, der der Wirtschaft und Wissenschaft diene. »Bei uns dreht sich alles nur um Service.«

In Shenzhen wird die Rolle der Stadtverwaltung neu definiert: Von einem Regulator zu einem Dienstleister. Diese Haltung kann man besonders bei der Einführung von 5G exemplarisch studieren.

Alles okay bei 5G

Die Metrostation Futian ist eine der größten in ganz Asien und die größte in China. Auf mehreren Etagen kommen hier Nah- und Verkehrszüge an. Die Station mitten im Finanz- und Verwaltungszentrum der Stadt ist aber auch Experimentierfeld für allerlei neue Technologien, zum Beispiel 5G. Weil rund um die Station schon frühzeitig viele 5G-Basisstationen aufgebaut wurden, konnte hier schon ausprobiert werden, was man alles so machen kann, wenn man ein funktionierendes flächendeckendes 5G-Netz hat.

Im März 2019 spielte man auf der untersten Etage der Station, wo sich einige Metrolinien kreuzen, schon mal die nahe Zukunft durch. Shenzhen Metro, die die Station betreibt, versucht Futian zum ersten intelligenten Verkehrsknotenpunkt in China zu machen. Wer Zugang zu den Bahnsteigen haben wollte, brauchte kein Ticket mehr oder den QR-Code auf seinem Handy vorzeigen. Er lief einfach durch. Per Gesichtserkennung wurde der Metrofahrer registriert. Roboter kümmerten sich um die Sicherheit, kleine Drohnen überwachten die Station. All das wurde nur möglich dank 5G.

Alle Welt redet von 5G, der neuen Technologie in der Telekommunikation. Sie ermöglicht die Digitalisierung vieler Lebensbereiche und sorgt dafür, dass mobile Daten noch rascher übertragen werden. Denn die 5G-Technologie soll bis zu 100 Mal schneller als 4G sein und macht somit Übertragungen nahezu in Echtzeit möglich. So brauchen die Smartphone-Benutzer künftig nur noch 10 bis 20 Sekunden, um einen Spielfilm in voller Länge herunterzuladen. Heute sind dafür noch rund 30 Minuten nötig. Und es sind genau diese Geschwindigkeiten, die 5G für die Wirtschaft, aber letztendlich auch für den Verbraucher, so interessant machen.

Der superschnelle Mobilfunkstandard 5G löst 4G ab, der seit 2009 der Standard war. Er wurde damals maßgeblich von Ingenieuren in den USA entwickelt. Beim zuvor geltenden 3G hatten in den frühen 2000er Jahren die Japaner die technologische Führerschaft, und ganz früher in den 1990er Jahren bei der Einführung von 2G waren die Europäer noch vorn.

Und heute bei 5G? Es sind diesmal die Chinesen, die die neuen Standards im Mobilfunk setzen. Vieles der neuen Technologie wird dabei in Shenzhen ausgeheckt und ausprobiert. Shenzhen ist so etwas wie die globale Metropole von 5G. Der simple Grund: Hier haben die zwei weltweit führenden 5G-Unternehmen ihren Sitz: der private Huawei-Konzern und der halbstaatliche ZTE-Konzern.

Doch es sind nicht die beiden allein, die Shenzhen zu einer Vorzeigestadt in Sachen 5G machen. Es ist vielmehr das übliche Zusammenspiel von Stadt und Unternehmen, das auch in der Verkehrspolitik bestens funktioniert (siehe nächstes Kapitel). Alle drei großen chinesischen Telekomgesellschaften – China Mobile, China Unicom and China Telecom, die übrigens alle in staatlichem Besitz sind – suchten die Nähe zu Huawei sowie ZTE und etablierten so genannte 5G-Labs in Shenzhen. Und die Stadt mischt auch kräftig mit. Ihre Macher haben den Anspruch, Shenzhen vor allen anderen zur ersten Metropole zu machen, die flächendeckend 5G installiert hat.

Dafür sind sie auch bereit, Geld in die Hand zu nehmen. Im September 2019 kündigte die Stadtregierung an, den Bau von Basisstationen zu subventionieren. Für jede Station bekommt eine der drei Telekomgesellschaften 10 000 Yuan. Maximal werden 15 000 Stationen pro Operator unterstützt.

Shenzhen subventioniert, unterstützt die Carrier und die Ausrüster. In Deutschland dagegen müssen die Betreiber erstmal ordentlich blechen, bevor sie überhaupt mit dem Ausbau von 5G beginnen können. Exakt 6,6 Milliarden Euro hat die Bundesnetzagentur von den vier Bietern Deutsche Telekom, Vodafone, Telefónica und 1&1 kassiert.

Eine gewaltige Summe, die den Konzernen künftig für Investitionen fehlen werde, kritisiert Markus Haas, Deutschland-Chef von Telefónica. »Das ist nicht gut für Deutschland«. Einerseits hätten die Konzerne in den nächsten Jahren nicht genügend Mittel für die moderne Technik. »Deutschland wird sicherlich nicht das beste 5G-Netz haben«, erklärte Haas. Ohne die teure Versteigerung würde 5G zudem schneller kommen. Andererseits würden die Konsumenten belastet: »Wir alle zahlen den Preis.«

Da klingt der Anspruch der Bundesregierung wie Hohn. In der von ihr verabschiedeten »5G-Strategie für Deutschland« heißt es nämlich: »Deutschland und Europa werden sich im Wettbewerb mit diesen Ländern nicht abhängen lassen. Unser Anspruch: Deutschland soll Leitmarkt für 5G-Anwendungen werden.«

Alles schöne Worte. Deutschland lässt sich nicht nur von diesen Ländern (sie meinten China, Japan und Südkorea) abhängen, sondern von einer Stadt – von Shenzhen. Bis August 2020 sollen dort 45 000 Basisstationen installiert sein. Im Schnitt steht dann alle 200 Meter eine. Wenn das Ziel erreicht wird, ist Shenzhen flächendeckend mit 5G versorgt.

Und was kommt nach 5G? Richtig, 6G. Während manche Länder mit mehr oder weniger großer Geschwindigkeit gerade dabei sind, 5G zu realisieren, planen die Chinesen schon die nächste Nummer. Das größte 6G-Forschungscenter steht in Shenzhen – bei Huawei. Huawei-Gründer Ren sagt: »Wir haben parallel an 5G und 6G gearbeitet.« Aber 6G sei in einer frühen Phase. Vielleicht in zehn Jahren, sagt er.

Huawei – das Vorzeigeunternehmen

Besuch im Executive Briefing Center in der Konzernzentrale von Huawei. Jedes Jahr wird dort ein anderes Thema penetriert. 2018 war es Künstliche Intelligenz, 2019 war es 5G. »5G is ON, Inspiring the Future« steht in großen Lettern am Eingang. Das Center ist eine gigantische Ausstellungshalle. Delegationen aus aller Welt werden hier durchgeschleust, afrikanische Telekomminister, Handelskammerdelegationen aus Deutschland, chinesische Bürgermeister und ihre Entourage.

Zu Beginn wird das obligatorische Gruppenfoto gemacht. Auf dem Teppichboden ist der *camera point* sogar eingezeichnet, auf dem man sich zu stellen hat. Danach beginnt die Führung durch die neue Welt von 5G. Meist junge Damen leiten einen von einem großen Bildschirm zum anderen. Sie erklären in geschliffenem Englisch sehr professionell die Vorzüge von 5G, und welchen Beitrag Huawei zu deren Realisierung leistet.

Sie erzählen, dass Huawei schon 2009 mit der Forschung in Sachen 5G gestartet sei, dass zwischen damals und heute Huawei über 4 Milliarden US-Dollar in die Erforschung von 5G gesteckt habe, dass Huawei rund 2 500 Patente betreffend 5G besitze, dass Huawei schon über 50 Verträge mit Telefongesellschaften in aller Welt habe und so weiter.

Sie zeigen uns Modelle von Basisstationen, die man ja flächendeckend aufstellen muss, damit ein funktionierendes 5G-Netz entstehen kann. Huawei hätte solche Stationen für jedes extreme Wetter, ob in der Eiseskälte in Nordkanada oder der knalligen Hitze in der Sahelzone.

Huawei ist globaler Marktführer bei Telekommunikationsausrüstungen wie der etwas sperrige Fachausdruck heißt. Der Marktanteil beträgt nach Zahlen der US-amerikanischen Dell'Oro Group 28,1 Prozent. Es folgen die beiden europäischen Rivalen Nokia (knapp 20 Prozent) und Ericsson (knapp 15 Prozent).

Huawei ist in jeder Hinsicht ein Vorzeigeunternehmen. Die wichtigsten Superlative: Chinas bestes Technologieunternehmen. Chinas führender Global Player. Chinas bekannteste Marke. Als einst John Chambers, der Chef von Cisco, von *Wall-Street-Journal*-Reportern gefragt wurde, welche Firma unter seinen Wettbewerbern ihm am meisten Sorgen macht, antwortete er: »Das ist sehr einfach. Vor 25 Jahren wusste ich bereits, dass mein größter Rivale einst aus China kommen würde. Nun weiß ich, dass es Huawei ist.«

Dahinter steckt ein kluger Kopf: Ren Zhengfei. Als er 1987 Huawei gründete, war er bereits 44 Jahre alt und zuvor Ingenieur beim Militär gewesen. Sein Startkapital waren 21 000 Yuan, er selbst konnte nur 3000 Yuan beisteuern. Der Rest kam von fünf Partnern. Huawei startete als eine Handelsfirma mit 12 Beschäftigten. Sie verkauften zunächst Schalteinrichtungen für Telekomfirmen, ein paar Jahre später stellten sie sie selbst her. »Die Huawei-Mitarbeiter saugten Informationen wie ein Schwamm auf«, schreibt Tian Tao in seinem Buch *Huawei – Leadership, Culture and Connectivity*.

Zunächst hatten sie nur die chinesischen Telekomgesellschaften als Kunden. Dann kam aber 2005 der Durchbruch mit einem Deal mit Vodafone. In der Folgezeit wuchs Huawei zu einem seriösen Wettbewerber heran und überholte die früheren Wettbewerber aus Europa und Amerika schließlich. Trotzdem heben sie bei Huawei nicht ab. Man macht auf Understatement. Einst platzte ein Manager in ein Meeting hochrangiger Kollegen und sagte: »Ich habe eine schlechte Nachricht: Wir gehören nun zu den Fortune-500-Unternehmen.« Keine Hand regte sich zum spontanen Applaus, keine Champagnerkorken knallten. Man ging zur Tagesordnung über.

Das ist das Gen von Gründer Ren, der ein bescheidener Mensch geblieben ist. Bis 1997 fuhr er einen alten Peugeot. Erst danach leistete er sich einen BMW. Wenn er reist – und er reist viel, mindestens 100 Flüge im Jahr –, informiert er nicht die lokalen Büros. Er ist einfach da, kommt mit dem Taxi.

Irgendwann in den Nuller-Jahren des neuen Jahrhunderts haben Ren und seine Vorstandskollegen entschieden, neben dem Ausrüstungs- ins Handygeschäft einzusteigen, Erst als Lieferant für Mobilfunkgesellschaften wie Vodafone. Doch 2011 fing Huawei an, unter eigenem Namen Handys zu vertreiben. Ein schwieriger Sprung, denn nun war man im Endverbrauchergeschäft und musste plötzlich neue Vertriebskanäle installieren und die ganze Marketingmaschinerie anwerfen.

Doch Huawei ist auch dies gelungen. Inzwischen ist die Marke etabliert, die Produkte – ob Smartphones oder Tablets – akzeptiert. Dabei konkurrieren Huawei-Smartphones nicht über den Preis, sondern vor allem über Innovationen. Sie haben starke

Kameras durch eine Kooperation mit Leica. Gerade hat Huawei ein neues faltbares Handy präsentiert, der neueste Schrei in der Smartphone-Welt.

Alles zu sehen in dem globalen Flagship-Store, der Ende September 2019 in der MixC World, einer gigantischen Techno-Mall, in Shenzhen eröffnet wurde. Auch bei diesem Ladenkonzept, das seit Jahren in der Entwicklung war, setzt Huawei neue Maßstäbe. Es ist kein Laden, wo nur Produkte verkauft werden, sondern auch ein Ort der Kommunikation. Auf drei auch architektonisch sehr interessanten Etagen werden unter anderem Kurse über Foto- und Videografie angeboten. Technikfreaks können mit 120 Experten über Huaweis neueste Technologien und deren Anwendungen diskutieren.

Huawei und Shenzhen – das zeigt sich auch an diesem Flagship-Store – praktizieren eine enge Symbiose. Huawei ist der größte Steuerzahler der Stadt. Die letzte bekannte Zahl stammt aus dem Jahr 2016. Damals überwies Huawei 143 Milliarden Yuan (knapp 21 Milliarden US-Dollar) in das Stadtsäckel von Shenzhen. Huawei ist auch der größte Arbeitgeber der Stadt. Rund 80 000 der insgesamt knapp 180 000 Beschäftigten sind in Shenzhen stationiert. Dazu kommen die vielen Zulieferer rund um Huawei. Die Spitzenbeamten der Stadt sind stolz auf das hier gegründete Unternehmen, nennen es hochachtungsvoll »unser Drachenkopf«.

Der Erfolg Huaweis ist beeindruckend: Binnen weniger Jahre stieg Huawei mit seinen Smartphones weltweit zur Nummer Zwei hinter Samsung, aber noch vor Apple auf. Die Ambitionen gehen aber auch hier Richtung Platz Eins – wie schon auf dem Markt der Telekomausrüstung.

Angesichts dieser Spitzenplatzierungen könnte das Unternehmen hochzufrieden sein, wäre da nicht ein mächtiger Mann, der Huawei zum Feind, ja fast zum Staatsfeind erklärt hat: US-Präsident Donald Trump.

Trump gegen Huawei

Schon vor Trump war Huawei auf der Sheetlist der Amerikaner. Weil Gründer Ren vor seiner Unternehmerzeit mal beim Militär war, glauben die Amerikaner allen Ernstes, dass Huawei eine Tarnorganisation der Volksbefreiungsarmee sei, während Huawei behauptet, das Unternehmen sei im Besitz der chinesischen Mitarbeiter, die seit Jahren regelmäßig Anteile bekommen. Auch Ren hat immer wieder beteuert, dass Huawei keine fünfte Kolonne des chinesischen Militärs oder der Kommunistischen Partei China sei. Doch ihm glaubt man nicht, vor allem nicht in den USA, die wiederum keine Beweise für die unterstellte Verbindung vorlegen.

So war denn auch schon in der Obama-Administration Huawei von Staatsaufträgen ausgeschlossen. Und auch der Smartphone-Verkauf lief nur sehr schleppend, weil Händler und Mobilfunkbetreiber Huawei-Handys nicht in ihr Programm aufnahmen. So war Huawei, die globale Nummer Zwei, nicht unter den Top Ten in den USA. Bei Huawei nahm man die Diskriminierung in den USA hin und konzentrierte sich eben auf andere Märkte.

Doch dann kam Trump, der »America first«-Präsident. Er verschärfte den Ton und den Konflikt. Er zettelte einen Handelskrieg mit China an, der schnell in einen Techno-Krieg mündete. Erstes prominentes Opfer: Huawei. Warum gerade Huawei? Weil dieses Unternehmen wie kein anderes chinesisches Unternehmen für die neue, aufkommende Technologiemacht steht. Es hat US-amerikanische Konkurrenten wie zum Beispiel Cisco oder Motorola von ihren Spitzenpositionen verdrängt. Aber nicht, weil sie ihre Konkurrenten ausspioniert haben, sondern weil sie hochinnovativ sind und einen immensen Forschungsaufwand betreiben. Rund 80 000 Forscher und Entwickler arbeiten für Huawei in China und Entwicklungszentren in aller Welt. Mindestens 10 Prozent vom Umsatz gehen jedes Jahr in den Bereich Forschung und Entwicklung. 2018 waren es sogar 14 Prozent.

Für Trump war klar: Der weitere Aufstieg Huaweis musste verhindert werden. Mit allen Mitteln. Deshalb kam es Anfang Dezember 2018 zu der spektakulären Verhaftung von Meng Wanzhou, der Finanzchefin von Huawei, in Vancouver. Ihr wurde vorgeworfen, an Verstößen gegen Iran-Sanktionen mitgewirkt zu haben. Was die Sache besonders brisant macht: Meng Wanzhou ist die Tochter von Unternehmensgründer Ren. Es haben viele Firmen, auch große und bekannte westliche, gegen Iran-Sanktionen verstoßen. Viele haben dafür Milliarden US-Dollar an Strafgeld bezahlt, wie zum Beispiel die Commerzbank oder die BNP Paribas. Aber verhaftet wurde in diesem Zusammenhang noch kein Topmanager.

Warum also Rens Tochter? Es darf spekuliert werden. Ist sie ein Faustpfand oder gar Geisel der Amerikaner in ihrem andauernden Handelskrieg mit den Chinesen? Will Trump Huawei in die Knie zwingen? Er setzte jedenfalls nach der Verhaftung seinen Feldzug gegen das Unternehmen fort. Er verkündete Sanktionen gegen Huawei.

US-amerikanische Unternehmen dürfen danach nicht mehr an Huawei liefern. Vor allem bei Chips ist Huawei aber – noch – auf US-amerikanische Lieferungen angewiesen. Andererseits machen diese US-Hersteller gute Geschäfte mit dem Großkunden Huawei. Die intervenierten deshalb bei Trump. Der lockerte dann die Sanktionen, um sie später wieder anzuziehen. Es ist ein permanentes Hü und Hott.

Ein sehr gefährliches Hott sprach im September 2019 Google aus. Sie kündigten an, Huawei nicht mehr mit ihrem Android-System zu beliefern. Das war ein schwerer Schlag für Huawei. Denn das bedeutet, auf den neuen Smartphones wird es keine Google-Dienste mehr geben, kein Suchsystem, kein Gmail, kein Google Maps. Auf dem chinesischen Markt ist das kein Problem, weil Google dort ohnehin gesperrt ist. Aber in Europa – ein sehr wichtiger Absatzmarkt für Huawei – ist es ein großes Problem. Dort kauft niemand ein Smartphone, das keinen Google-Service anbietet.

Huawei reagiert auf diese Sanktionen mit einer Jetzt-erst-recht-Mentalität. Sie forcierten ihr ohnehin schon starkes Engagement auf dem heimischen Markt in China. Und sie arbeiten fieberhaft daran, sich aus der US-amerikanischen Abhängigkeit bei Chips und Betriebssystem zu befreien. Schon seit Jahren entwickeln sie eigene Chips. Der Huawei Kirin 970 ist das aktuelle Vorzeigeprodukt. Ebenso unter Hochdruck wird an der Entwicklung eines eigenen Betriebssystems namens Hongmeng gearbeitet. Den Mitarbeitern, die hierfür Sonderschichten einlegten, spendierte Ren 300 Millionen US-Dollar extra an Boni. Im November 2019 bekamen sogar alle Beschäftigten ein doppeltes Gehalt, um ihnen zu danken und sie zu motivieren.

So erreicht Trump mit seiner Sanktionspolitik wohl eher das Gegenteil. Statt eines geschwächten Huawei könnte ein noch stärkeres, ein noch autarkeres Huawei entstehen, das auf die Zulieferungen aus den USA gar nicht mehr angewiesen ist.

So leicht wird er Huawei nicht besiegen. Und auch nicht das andere chinesische Telekomunternehmen, die Nummer Zwei hinter Huawei: ZTE.

ZTE – der kleine Nachbar

ZTE und Huawei, die beiden Konkurrenten, haben viele Gemeinsamkeiten. Beide haben ihren Sitz in Shenzhen. Beide gingen den gleichen Weg der Expansion: erst Telekomausrüster, dann Einstieg ins Smartphone-Geschäft. ZTE verkauft seine Handys zum Teil unter der Marke Nubia, deren Botschafter der portugiesische Starkicker Cristiano Ronaldo ist. Beide geben sehr viel Geld für Forschung und Entwicklung aus, nämlich rund 10 Prozent vom Umsatz. Beide besitzen viele Patente, ZTE sogar mehr als Huawei. ZTE war seit 2010 stets unter den Top Fünf der Patentanmelder, laut Statistik der World Intellectual Property Organization.

Doch was das Verhalten gegenüber der Öffentlichkeit anbetrifft, ist ZTE das genaue Gegenteil von Huawei, nämlich ziemlich verschlossen. Sie betreiben wenig Werbung und haben deshalb trotz Ronaldo hierzulande eine geringe Bekanntheit. Die Zurückhaltung hat wohl damit zu tun, dass ZTE (abgekürzt für Zhong Xing Telecommunication Equipment) ein halbstaatliches Unternehmen ist. Es wurde 1985 von einer Gruppe von Investoren, die Verbindungen zum Luftfahrtministerium hatte, gegründet. Chairman war lange Zeit einer der Gründer Hou Weigui, ein eher ruhiger, zurückhaltender Zeitgenosse, der gewöhnlich Economy-Class fliegt und ein einfaches Leben führt. Sein Nachfolger wurde 2016 Zhao Xianming.

Und anders als Huawei ist ZTE in den USA präsent. Sehr gut sogar. Sie nennen ihre Strategie: ACW. In dieser Reihenfolge wollen sie die Märkte aufrollen: Amerika – China – Welt. In den USA waren die ZTE-Handys immerhin die Nummer Vier auf dem Markt. Knapp 50 Prozent seiner Handys verkaufte ZTE – meist im unteren Marktsegment – in den Staaten. Außerdem hatte ZTE eine sehr starke Abhängigkeit von Komponentenlieferungen aus den USA, vor allem vom Chiphersteller Qualcomm. 70 Prozent der Handys waren mit deren Chips ausgerüstet.

Doch diese doppelte Abhängigkeit von den USA brachte ZTE 2017 in eine gefährliche Schieflage. Bevor US-Präsident Donald Trump sich nämlich auf Huawei einschoss, hatte er bereits ZTE im Visier. Wie später Huawei wurde auch ZTE vorgeworfen, gegen US-Sanktionen verstoßen und Netzwerktechnik an den Iran geliefert zu haben. In der Folge wurde der Marktzugang erschwert, der Verkauf von Smartphones brach ein, und – vielleicht am schlimmsten – ZTE bekam keine Chips mehr von Qualcomm.

Dem Unternehmen blieb angesichts des Nahtods nichts anders übrig, als auf die Forderungen der Amerikaner einzugehen: Sie kauften sich frei, überwiesen zweimal dickes Geld in die USA, erst 1 Milliarde US-Dollar, dann nochmals 400 Millionen. Außerdem wechselten sie im Juli 2018 das Führungsteam komplett aus. Neuer CEO wurde Xu Ziyang, der früher auch mal ZTE-Chef in Deutschland war. Auch ein neuer Chairman wurde inthronisiert: Li Zixue statt Yin Yimin.

Die US-amerikanischen Sanktionen hinterließen Spuren in der Bilanz. Das Unternehmen, in Hongkong gelistet, vermeldete für 2018 einen Verlust von 1,1 Milliarden US-Dollar. Erst langsam erholt sich ZTE in den USA. »Wir sind dort in der Phase der Erholung«, sagt Vorstandschef Xu. Im Staatsfernsehen CCTV verkündete Xu, das Unternehmen sei wieder in der Spur und mache wieder Gewinn. Sie hätten zwar die Marketingausgaben gekürzt, nicht aber am Forschungsetat gespart. 2018 hätten sie wieder 1,4 Milliarden US-Dollar für Forschung und Entwicklung ausgegeben, vor allem im Bereich 5G.

Und im August 2019 lieferte ZTE sogar das erste chinesische 5G-Handy aus. Der glückliche Besitzer des allerersten ZTE Axon 10 Pro war der 78-jährige Yang Shiqi. Er verbrachte dafür vor einem Suning-Laden in Beijing die ganze Nacht. Der ehemalige Ingenieur wollte der Erste sein, der das erste chinesische 5G-Handy in der Hand hat. Als er es tatsächlich schaffte, küsste er das Handy.

ZTE ist stark in 5G. Aber Huawei ist besser. Beide helfen jedoch bei der Entwicklung Shenzhens zur Smart City.

Eine Smart City entsteht

Smart City ist das neue Buzzword auf den Etagen der kommunalen Verwaltungen in aller Welt. Über 1000 Städte in der Welt sagen von sich, dass sie auf dem Weg zu einer Smart City seien. Rund 500 davon allein in China. Auch Shenzhen behauptet das von sich. Aber hier scheint man mit am weitesten zu sein, was der Stadt in- wie ausländische Beobachter attestieren.

Nach einem 2018 veröffentlichten Bericht der Chinesischen Akademie für Sozialwissenschaften rangiert Shenzhen an Nummer Eins unter Chinas Smart Cities. Die Unternehmensberatung McKinsey zählt in ihrem ebenfalls 2018 erstellten Report *Smart Cities: Digital solution for a more livable future* Shenzhen zu den Pionieren unter den Smart Cities. 50 Städte haben die Consultants untersucht. New York, San Francisco und Singapur liegen vorn, knapp dahinter aber bereits Shenzhen. Zum Vergleich: Die deutschen Metropolen Berlin und Hamburg liegen in der McKinsey-Studie im unteren Mittelfeld.

Aber was ist eigentlich eine Smart City? Ganz allgemein gesprochen: eine Stadt, die durch Digitalisierung die Lebensqualität ihrer Bewohner steigert. Kurzum: Eine Smart City ist vor allem eine lebenswertere Stadt. Weil zum Beispiel die Pendelzeit zwischen Wohnung und Arbeitsplatz, die Kriminalitätsrate, die Krankheitsquote, das Müllaufkommen und die CO_2-Emissionen geringer sind und die Luftqualität höher.

Und wie soll das alles erreicht werden? Durch Digitalisierung, durch die Erfassung von vielerlei Daten und deren zeitnahe, im Idealfalle in Echtzeit erfolgende Auswertung.

Schon 2010 startete Chinas Regierung mit ihrem *smart city development plan*. Darin wurden zwei Städte als Pilotprojekte bestimmt – Wuhan und Shenzhen. Shenzhen wiederum wählte einen Bezirk als Pilotprojekt aus, in dem sie zeigen und erfahren wollen, wie eine Smart City aussehen kann.

Der Bezirk heißt Longgang und liegt im Norden Shenzhens. Dort hat auch – kein Zufall – Huawei seinen Sitz. Dort steht das für rund 80 Millionen US-Dollar erbaute *Longgang Smart Center*, 17800 Quadratmeter groß. Das Prunkstück ist das so genannte Kommandozentrum mit einem riesigen Monitor. Mit 167 Quadratmetern ist er das weltweit größte gekrümmte Display. Etwas plastischer dargestellt: Der Bildschirm ist so groß wie eine Hauswand.

Hier laufen Bilder, Verkehrs- und Bewegungsdaten aus hunderttausenden Videokameras und Mobilgeräten zusammen. Fast im Sekundentakt kommen neue Informationen herein. Überall flimmern Videos, leuchten Karten, blinken Kurven und Diagramme. Verkehrsströme, Energieverbrauch, Luftqualität – das ganze Leben der Stadt in Echtzeit. »Man fühlt sich wie in der Kommandozentrale der NASA«, sagt Felix Kamer, Manager bei Huawei.

Hier wird gesteuert und gelenkt. Banales wie die Müllabfuhr oder Zentrales wie der Verkehr. So werden die Routen der Müllabfuhr nach dem Füllstand der Abfalleimer festgelegt. Diese sind mit Sensoren ausgestattet und werden von der Müllabfuhr erst dann angesteuert und geleert, wenn sie tatsächlich voll sind.

In der wachen Zentrale werden auch Verkehrssünder herausgefischt und zwar viel schneller als früher. Erst wurden nur Fußgänger beobachtet, nun aber schon länger auch Rad- und Autofahrer. Wer bei Rot über die Ampel geht oder fährt, wird sofort identifiziert. Die Kameras sind inzwischen so perfektioniert, dass sie die Gesichter auch hinter der Frontscheibe zu fast 100 Prozent erkennen. Auch Fahrer ohne Führerschein werden so schnell erfasst und aus dem Verkehr gezogen.

Gesetzesbrecher haben es in diesem lückenlosen Überwachungssystem überhaupt zunehmend schwerer. Seit der Einführung des Longgang Smart Centers ging die Zahl der Kriminalfälle um 29 Prozent zurück.

Um das alles möglich zu machen, braucht man Daten und zwar jede Menge Daten. Hu Xiaoqing, ein hoher Beamter in der Verwaltung, sagte gegenüber der *South China Morning Post:* »Unsere Plattformen haben 22,1 Milliarden Daten von 20 Millionen Menschen.« Im Februar 2019 hat die Stadt eigens ein Data Management Bureau eingerichtet.

Manche Daten liefern die Bürger, indem sie via Handy vieles freiwillig oder unfreiwillig preisgeben. Manche besorgt sich die Stadt durch Kameras. Chinesische Städte sind die am meisten überwachten in der Welt. Nach einem Report der britischen Website Comparitech ist Chongqing die Nummer Eins. Dort kommen 168 Kameras auf 1000 Einwohner. Aber gleich dahinter an zweiter Stelle liegt Shenzhen mit 159 Kameras pro 1000 Einwohner.

Läuft man wachen Auges durch die Stadt, entdeckt man sie überall. An Kreuzungen, in Metrostationen, an der Uferpromenade. Rund 100000 hochauflösende Kameras und 1,9 Millionen Standardkameras helfen *big brother watching you.* Das macht zusammen zwei Millionen Überwachungskameras allein in einer Stadt.

Li Shihua, Chef der Videoabteilung im Büro für öffentliche Sicherheit, sagte auf einem Forum im August 2019: »Über 80 Prozent unserer Kriminalfälle wurden mithilfe der Videoüberwachung gelöst. Die meisten innerhalb von 24 oder 40 Stunden.«

Genau wegen solcher Zahlen ist die Zustimmung der Einwohner zu der Omnipräsenz der Kameras groß. Sie fühlen sich in ihrem Überwachungsstaat sicherer, weil sie sich besser geschützt vor Dieben und Verkehrsrowdys wähnen. Die *South China Morning Post* zitiert Yang Guo, einen Bürger Shenzhens, der des Volkes Stimme verkündet: »Ich habe nichts gegen Überwachungskameras, solange sie sich im öffentlichen Raum befinden.«

Die Bürger sind – so scheint es – nicht gegen Smart City. Zumal sie auch im bürokratischen Alltag von diesem Konzept profitieren. Viele Behördengänge fallen weg, viele Vorgänge lassen sich online erledigen. So laden zum Beispiel neue Bürger Shenzhens die entsprechenden Anmeldeformulare aus dem Internet herunter, kommunizieren bei Rückfragen via SMS oder WeChat mit der Behörde. Wenn alles fertig ist, holt sich der Bürger die Papiere am *single window*, dem einzigen Schalter, in der Administrative Service Hall ab.

Muss er mal warten, so kann er das in einem angenehmen Ambiente tun. Im Longgang Smart Center gleicht das Wartezimmer eher einer Hotellobby.

Gute Seiten, schlechte Seiten der KI

China war und ist ein Obrigkeitsstaat. Doch am Zebrastreifen herrschte lange Zeit die pure Anarchie. Keine Ampeln, keine mit roten Flaggen und Trillerpfeifen ausgestatteten uniformierten Freiwilligen konnten die Chinesen davon abhalten, die Straßen zu überqueren, wann sie wollten. Der Fußgängerüberweg war in vielen Städten Chinas das letzte Refugium individueller Freiheit.

Doch mit dieser Freiheit ist es nun zumindest in Shenzhen vorbei. Jetzt werden die Menschen bei ihren illegalen Übertritten beobachtet. Und zwar von Kameras, die natürlich hochauflösend sind und die kombiniert mit einer Deep-Learning-Maschine den Missetäter sofort identifizieren. Kaum ist er auf der anderen Straßenseite, hat er schon eine Nachricht per WeChat, und vielleicht ist auch schon die Strafgebühr von seinem WeChat-Konto abgebucht.

Entwickelt hat das System eine Firma namens Intellifusion. Sie hat ihren Sitz – *natürlich,* ist man geneigt zu sagen – in Shenzhen. Das System hat den Namen DeepEye, tiefe Augen. Ursprünglich wurde es entwickelt, um aus großen Menschenmengen Kriminelle herauszufischen. Inzwischen ist das System so perfektioniert, dass es innerhalb von einer Sekunde eine gesuchte Person aus einer Masse von einer Million Menschen identifizieren kann.

Doch jetzt kommt DeepEye vermehrt im Verkehr zum Einsatz. Großzügig – auch finanziell – unterstützt von der Shenzhener Regierung. Nach inzwischen mehrjährigen Feldversuchen ist es für Intellifusions Kameras kein Problem mehr, in Sekundenschnelle Autos anhand der Nummernschilder und Fußgänger durch ihre Gesichter zu identifizieren und diese sofort mit den Datenbanken der Polizei abzugleichen.

Intellifusion ist eines der vielen Unternehmen in Shenzhen, die in dem weiten Feld der Künstlichen Intelligenz (KI) unterwegs sind. KI ist eine der Schlüsseltechnologien, die die chinesische Regierung in ihrem Programm »Made in China 2025« zur Priorität erklärt hat. KI ist eine Querschnittstechnologie. Sie wird nicht nur in einer Branche eingesetzt, sondern in sehr vielen, ja in fast allen, wo Computer eine wichtige Rolle übernehmen.

Durch Künstliche Intelligenz wird der Computer immer intelligenter. Er lernt aus Erfahrung, kann sich auf neue, eingehende Information einstellen und schließlich Aufgaben erledigen, die menschenähnliches Denkvermögen erfordern. Die meisten heute geläufigen Beispiele für KI – von Schach spielenden Computern bis hin zu selbstfahrenden Autos – basieren vor allem auf Deep Learning und natürlicher Sprachverarbeitung. Mit diesen Technologien können Computer für ganz bestimmte Aufgaben trainiert werden, indem sie große Datenmengen verarbeiten und in diesen Daten Muster erkennen.

In Shenzhen gibt es – so die offizielle Zahl der Stadtverwaltung – 636 Firmen, die im weiten Feld der Künstlichen Intelligenz unterwegs sind. Die meisten sind noch sehr jung, nicht mehr als fünf Jahre alt. Intellifusion zum Beispiel wurde 2014 gegründet.

Zwei Jahre später ging Timekettle Technologies in Shenzhen an den Start. Ein interessantes Unternehmen, das beweist, dass KI nicht immer nur etwas mit Überwachung oder sonstigen bösen Absichten zu tun haben muss. Timekettle produziert Kopfhörer, über die nahezu in Echtzeit – die Verzögerung beträgt nur ein bis drei Sekunden – Reden in eine andere Sprache übersetzt werden. 35 Sprachen hat das kleine Team von knapp 30 Leuten bereits im Angebot.

Die ganz großen Nummern in KI sind freilich andere. Nach Einschätzung des renommierten Branchendienstes China Money Network stammen drei der fünf wichtigsten chinesischen KI-Unternehmen aus Shenzhen: DJI, UBtech Robotics und SenseTime. DJI ist ein Drohnenproduzent, UBtech ein Roboterhersteller, aber bei beiden spielt KI eine wichtige Rolle. Ich werde die Unternehmen in den beiden folgenden Unterkapiteln ausführlicher beschreiben.

SenseTime dagegen ist ein »lupenreines« KI-Start-up, das vor allem im Bereich Gesichtserkennung führend ist. Mit 7,5 Milliarden US-Dollar ist es auch das weltweit am höchsten bewertete Unicorn in der KI-Szene. Da SenseTime so ein Zwitter zwischen Hongkong und Shenzhen ist, werde ich diesen Shooting Star im Hongkong-Kapitel (neuntes Kapitel) näher vorstellen.

Aber am Beispiel SenseTime läßt sich zeigen, dass die Region um Shenzhen eine große Zukunft in Sachen KI hat. Davon ist jedenfalls Andy Chun, einer der führenden KI-Experten Hongkongs und Professor an der dortigen City University, überzeugt: »Ich glaube, dass die Bay Area ein großes Potenzial hat, ein globales KI-Zentrum zu werden«, sagte er gegenüber der *South China Morning Post.*

Und er verweist auf zwei der weltweit besten Unis mit KI-Forschungsabteilungen, die ihren Sitz in Hongkong hätten. Dazu kämen in Shenzhen die Technologiegiganten Huawei, Tencent und ZTE, die alle an der Schnittstelle zur KI arbeiten und forschen. In Dongguan, dem Hightechproduktionsstandort, würden schließlich dann die KI-Produkte, die in Hongkong und Shenzhen ausgeheckt werden, hergestellt. Das sei eine KI-Supply-Chain, die es so nirgendwo auf der Welt gebe.

Diesen Vorteil will auch die Roboterbranche nutzen.

Kollege Roboter

In der Küche des Restaurants wird der Teller auf den Roboter gelegt. Dann wird die Tischnummer eingetippt. Und los geht er, der Serviceroboter, der die menschliche Bedienung ersetzen soll. Naja, gehen kann man das nicht nennen. Es ist vielmehr ein Rutschen.

Kollege Roboter hat mehrere Vorteile: Er ist schneller und ausdauernder als sein Konkurrent auf zwei Beinen. Eine menschliche Bedienung schafft 200 Mahlzeiten am Tag von der Küche zum Gast und zurück, der Roboter hingegen 300 bis 400. Und er ist billiger. Er kostet einmalig zwischen 40 000 und 50 000 Yuan. Das ist weniger als der Durchschnittsverdienst einer Bedienung in Shenzhen, deren Lohn nämlich rund 60 000 Yuan im Jahr beträgt. Zudem: »Fast jeder Restaurantbesitzer in China sagt, es sei schwer, Bedienungspersonal zu bekommen.«

Das sagt Zhang Tao. Er ist der Gründer der Shenzhen Pudu Technology. Dieses drei Jahre alte Start-up bietet Restaurants Serviceroboter an. Ein Problem hat er allerdings noch nicht gelöst.

Sein Roboter kann keine Treppen steigen. Das ist ein Nachteil, denn viele Restaurants in China sind über mehrere Etagen verteilt.

Aufzug fahren dagegen können schon einige Roboter. Zum Beispiel der Fudai. Er wird von Meituan, Chinas größtem Essenslieferdienst, eingesetzt, zumindest mal probeweise in Beijing und Shenzhen. Fudai arbeitet eng mit dem Roboterkollegen Xiaodai zusammen. Sie haben eine Arbeitsteilung: Xiaodai liefert an die Tür von Bürogebäuden, in Shenzhen zum Beispiel in das Verwaltungsgebäude von Lenovo. Dann übernimmt Fudai, geht zum Aufzug und liefert in die gewünschte Etage. Meituan behauptet, durch den Einsatz der beiden Roboter sei die Belieferung effizienter, sie würden fünf bis sieben Minuten pro Order sparen.

Serviceroboter sind groß im Kommen. Viele Start-ups in der Roboterszene Shenzhens beschäftigen sich damit. »Serviceroboter werden immer intelligenter, weil sie immer mehr KI-Technologien nutzen«, sagt Deng Zhongkai, Direktor des Shenzhen-Büros des Institute of Electrical and Electronics Engineers.

Aber noch dominieren die Industrieroboter, die in Fabriken arbeiten. Shenzhen habe »eine reife Industrieroboterindustrie«, sagt Bi Yalei, Generalsekretär der Shenzhen Robotics Association. 649 Roboterfirmen waren Ende 2018 in Shenzhen registriert. Die Mehrheit produziert Industrieroboter. Noch – muss man hinzufügen.

Keine Frage: Shenzhen ist das Zentrum der Roboterbranche. Mittendrin der Deutsche Wolf Schaarschmidt, ein Weltenbummler in Sachen Robotics. Er hat schon in Korea und Japan bei Herstellern gearbeitet, zwischendurch an der TU Berlin geforscht. Jetzt ist er in Shenzhen bei Dorabot gelandet, deren Roboter in der Logistikbranche tätig sind. Schaarschmidt ist einer von Dutzenden von Roboterfreaks, die Dorabot-Gründer Spencer Deng in aller Welt angeheuert hat.

Schaarschmidt sagt: »Shenzhen hat ganz klar einen Clustervorteil.« Hier gibt es alles, was man braucht: Ideen, Leute, Zulieferer. Diese Dichte an Roboterexperten und Know-how in Robotik in dieser Stadt kreiert permanent neue, interessante Firmen.

Der Star der Branche in Shenzhen ist UBtech Robotics, mit einer Bewertung von 10 Milliarden US-Dollar eines der wertvollsten Start-ups weltweit. James Zhou hat das Unternehmen schon 2012 gegründet. Damals lieh er sich von seiner Familie und seinen Freunden Geld, um seinen ersten menschlichen Roboter, den Alpha 1S, zu bauen.

Zhou ist ein Besessener. Als es dem jungen Unternehmen mal nicht so gut ging, verkaufte er seinen Porsche und seine Apartments. Er nennt sich selbst einen »Vater der Roboter«. Bei ihm sind die Übergänge zwischen Mensch und Roboter fast fließend: »Bei UBtech betrachten wir den Roboter als Mitglied der Familie.« Sein Ziel: »Ich möchte Roboter in jedes Haus, in jede Wohnung bringen.« Dort sollen sie sich dann um Kinder und Senioren kümmern, die lästigen Hausarbeiten erledigen. Der Roboter – dein Freund und Helfer.

Zukunftsmusik? Fünf Jahre noch würden er und sein Team benötigen, aber dann, meint Zhou.

Mittlerweile baut er seine Roboterserie Jimu aus. Kinder ab acht Jahre können sich nach dem Baukastensystem Roboter zusammenbauen und programmieren. Sie können sich so spielend an den Umgang mit Robotern gewöhnen.

Die Technikaffinität ist hier eine ganz andere als in Europa. In ganz China, nicht nur in Shenzhen, ist man technologischen Neuerungen, mögen sie auch manchmal in unseren Augen etwas schräg sein, sehr aufgeschlossen. Neugierig wird alles gleich ausprobiert.

Das gilt für Roboter wie für Drohnen, bei denen Shenzhen auch ein globales Zentrum geworden ist.

Drohnen – die Highflyer

In den vergangenen Jahrzehnten hatten die Amerikaner und Europäer die Lufthoheit in der Luftfahrtindustrie. Airbus und Boeing bauten die Flugzeuge, sie dominierten als Duopol die Weltmärkte.

Bei den neueren Fluggeräten, bemannten oder unbemannten Drohnen, sind hingegen die Chinesen die Highflyer. Das World Economic Forum (WEF) in Genf konstatiert: »Vorhersagen zeigen ziemlich deutlich, dass China (bei diesen neuen Flugobjekten) eine führende Kraft sein wird und die Welt der Luftfahrt durcheinanderwirbeln wird.«

Den größten Wirbel hat ein Unternehmen aus Shenzhen verursacht: DJI. Ausgeschrieben: Da-Jiang Innovations. DJI hat bei Drohnen einen globalen Marktanteil von rund 70 Prozent. Der nächste – mit Yuneec übrigens auch ein Chinese – hat gerade mal 5 Prozent. Der Aufstieg von DJI zu einer Weltmarke ist so eine dieser typischen Tellerwäscherstorys in Shenzhen. Aus dem Nichts zur globalen Nummer Eins.

Der Mann hinter DJI heißt Frank Wang. 1980 geboren, wuchs er in Hangzhou in der Nähe Shanghais auf. Er hat sich von Kindesbeinen an für alles interessiert, was fliegt. »Ich war sehr glücklich, als ich als Kind ein Bilderbuch über Hubschrauber bekam. Seitdem bin ich besessen von der Fliegerei.« Seine Eltern unterstützten seine Leidenschaft und schenkten ihm ein Hubschraubermodell als Belohnung für gute Schulnoten. Doch das war kontraproduktiv. Seine Noten wurden eher schlechter, weil er sich zu stark mit den Flugobjekten seiner Begierde beschäftigte. Seine Gaokao-Noten waren jedenfalls so schlecht, dass er von den beiden US-amerikanischen Eliteunis MIT und Stanford zurückgewiesen wurde. Aber er wurde schließlich 2003 von der Hong Kong University of Science & Technology als Student für Elektroingenieurwesen akzeptiert.

Nach seinem Studium ging er mit zwei Kommilitonen nach Shenzhen und gründete 2006 DJI. Heute hat das Unternehmen rund 14000 Beschäftigte und 17 Büros im Ausland. Die Produktpalette ist inzwischen sehr breit. Vom Anfänger bis zum Profi in der Filmindustrie – für jeden Bedarf hat DJI das passende Flugobjekt. Warum DJI so erfolgreich ist, fasst das WEF in einem Satz zusammen: »DJI innoviert schneller als jedes andere Drohnenunternehmen.«

Noch hat DJI seinen Sitz im Bezirk Nanshan, gar nicht so weit entfernt von Tencent. Aber die Hauptverwaltung platzt aus allen Nähten. Zudem sind die flachen, fabrikähnlichen Bauten alles andere als standesgemäß für einen Weltmarktführer. Deshalb lässt DJI gerade ein neues Headquarter bauen, das wohl 2022 bezugsfertig sein wird. Die Pläne des britischen Architekturbüro Foster + Partners sieht – wie bei Tencent – zwei Türme vor, die mit einer Sky-Bridge verbunden sind und die als Showroom für all die verschiedenen Drohnenmodelle dienen soll. Und zwischen den Türmen soll viel freier Raum sein, in dem sich die Drohnen ferngesteuert bewegen können.

Angesichts der Dominanz von DJI fällt es Wang Lixin, Shenzhens Vizebürgermeister, leicht zu verkünden, die Stadt sei weltweit die Nummer Eins bei der Produktion von Drohnen. Aber DJI ist beileibe nicht das einzig Drohnenunternehmen in der Stadt. Über 360 Drohnenfirmen gäbe es hier, sagt Wang. Zusammengeschlossen haben sie sich in der Shenzhen UAV Industry Association. Sie vermeldet stolz, dass 80 Prozent der zivilen Drohnen in Shenzhen hergestellt werden.

Diese global führende Rolle will man in Shenzhen auch durch Events dokumentieren. So fand im November 2018 eine Weltdrohnenkonferenz statt. Parallel dazu wurde die erste FAI World Drone Racing Championship veranstaltet. Drohnenpiloten aus aller Welt nahmen daran teil. Einen Monat später, im Dezember, folgte dann das erste Shenzhen International UAV Festival. Dort wurde gezeigt, zu welchen Zwecken man dieses doch relativ neumodische Fluggerät überall einsetzen kann. Zur Überwachung, in der Logistik, im Umweltschutz – und in der Landwirtschaft.

Auch hier mischt DJI inzwischen kräftig mit. Der DJI Agras MG-1 Octocopter ist das Vorzeigeprodukt der agrarischen Drohnenflotte. DJI sieht vor allem in Chinas Landwirtschaft großen Bedarf. 20 000 Drohnen haben sie allein 2018 an chinesische Landwirte verkauft. Sie setzen sie vor allem beim Sprühen von Pestiziden ein. Eine Drohne kostet 50 000 bis 60 000 Yuan und ist damit um einiges billiger als eine Landmaschine, mit der sie über die Äcker fahren müssten und zudem noch wertvolles Ackerland plattmachen würden.

DJI schätzt, dass ein Drittel der landwirtschaftlichen Nutzfläche Chinas mit Drohnen bearbeitet werden könnte. In der vom ehemaligen Microsoft-Manager Peng Bin gegründeten XAircraft aus dem nahen Guangzhou hat DJI in diesem Segment jedoch einen ernstzunehmenden Wettbewerber.

Und noch ein wichtiges Einsatzgebiet für Drohnen wurde in Shenzhen entdeckt. Die Verkehrspolizei dort setzt seit 2016 zunehmend Drohnen ein, um Verkehrssünder aller Art – vom Schnellfahrer bis zum Falschparker – von oben herab aufzuspüren. Offenbar mit Erfolg: Alle drei Minuten würden sie mit ihren Drohnen ein regelwidriges Verhalten registrieren, meldet die Polizei.

Shenzhen könnte vielleicht die erste Stadt Chinas werden, wo zivilisiertes Auftreten im Straßenverkehr Einzug hält. Die Strafverfolgungen – sei es mit Drohne oder Kamera – scheinen zu wirken. Als ich eines Abends in Shekou auf dem Nachhauseweg einen Zebrastreifen überqueren wollte, hielt doch tatsächlich ein Auto und ließ mich passieren. Das hatte ich vorher in China noch nie erlebt.

Wer weiß, vielleicht stoppt demnächst sogar ein Auto ohne Fahrer.

Autonome Autos

Mit vollem Namen heißt der Mitdreißiger Xiao Jianxiong. Aber an der Princeton University konnte diesen Namen des Assistenzprofessors niemand so richtig aussprechen. Also nannten sie ihn einfach Mister X. Und Mister X nannte seine Firma dann eben auch AutoX.

Xiao gründete dieses Start-up für autonomes Fahren 2016 in den USA. Er entwickelte kein neues Auto, sondern »nur« quasi einen Kameraaufbau, der autonomes Fahren möglich macht. Im kalifornischen San José testete er sein Modell schon in der Praxis. Grüne fahrerlose Lincolns lieferten für einen Online-Händler Lebensmittel aus. Ein »Fahrer« saß lediglich auf der Rückbank, weil es die kalifornischen Gesetze verlangen.

Inzwischen ist Xiao, der aus Chaoshan im Osten Guangdongs stammt, zurück in seiner näheren Heimat. In Hongkong ist der neue Sitz des Unternehmens, im Nanshan-Bezirk in Shenzhen hat er seit Januar 2019 ein Forschungszentrum. Warum er hierher kam? »Wegen des innovativen Geschäftsumfelds«, sagte er der *South China Morning Post*. Mit BYD in Shenzhen und dem Autohersteller Dongfeng in Guangzhou kooperiert er bereits.

Xiao, der aus armen Verhältnissen stammt, hat große Ambitionen. »Autonomes Fahren soll kein Luxus sein«, ist sein Motto. Seine Lösung ist jedenfalls viel kostengünstiger als die Entwicklung eines komplett neuen Autos.

Welche Technologie, welches Modell sich beim autonomen Fahren durchsetzen wird, ist noch ein offenes Rennen. Die Szene ist ziemlich unübersichtlich. So viele Akteure, so viele Kooperationen, so viele Standorte. Shenzhen ist einer von ihnen, aber ausnahmsweise mal nicht der wichtigste in China. Aber sie mischen immerhin mit.

Allen voran die großen Techkonzerne Shenzhens. Tencent, das bislang im Rennen um das autonome Fahren hinterherfährt (Internetrivale Baidu ist da mit seinem Apollo-Projekt schon viel weiter), versucht aufzuholen. Tencent hat inzwischen Kooperationen mit sechs chinesischen Autobauern und seit Anfang 2020 ein gemeinsames Computing Center mit BMW in Tianjin. Huawei dagegen kooperiert mit Audi.

Bei Bussen ist Shenzhen schon etwas weiter. Die Shenzhen Bus Group begann schon im Herbst 2017 mit dem Testen von vier autonomen Bussen auf einer 1,2 Kilometer langen Teststrecke in Futian. Ausgerüstet sind die Busse (19 Sitzplätze, Spitzengeschwindigkeit 40 Kilometer pro Stunde) mit Software und Sensoren von Haylion Technologies, einem Unternehmen aus

Shenzhen. Im September 2019 hat Haylion von der Regierung in Beijing eine Lizenz erhalten, großflächigere Versuche durchzuführen. Nur drei Unternehmen bekamen eine solche.

Haylion steht also an der Spitze der technologischen Entwicklung bei autonomen Bussen. Deshalb ist auch der schwedische Hersteller Scania eine Kooperation mit Haylion eingegangen. China-Chef Mats Harborn sagt: »Wir wollen von der schnellen technologischen Entwicklung, die in China in diesen strategischen Bereichen stattfindet, lernen.«

In vielen chinesischen Städten gibt es derzeit Teststrecken für selbstfahrende Autos. In Beijing, in Shanghai, in Wuhan, in Tianjin, in Guangzhou und in Shenzhen, um nur ein paar zu nennen. Jede Stadt hat den Ehrgeiz, da ganz vorn mitzumischen.

Der US-amerikanische China-Experte Salvatore Babones ist überzeugt, dass die erste Stadt in der Welt, in der nur noch autonome Autos fahren werden, in China sein wird. Und er tippt auch schon auf eine – Shenzhen. Diese Stadt, so argumentiert er in einem Artikel für *Foreign Policy*, habe schon bei der Einführung der E-Mobilität bewiesen, mit welcher Konsequenz sie neue Technologien ein- und umsetzen kann.

Sechstes Kapitel

EINE STADT IST GELADEN – Warum in Shenzhen die Elektromobilität Vorfahrt hat

»Shenzhen ist die Vorzeigestadt für zentrale Verkehrssteuerung, aber auch für E-Mobilität.«

Ulrike Reisach, China-Expertin und Professorin an der Hochschule Neu-Ulm

Kaum war ich von meinem Shenzhen-Aufenthalt zurück in Deutschland, las ich von einer Veranstaltung, zu der die Firma Traton Medienvertreter ins schwedische Södertälje eingeladen hatte. Traton ist ein noch ziemlich unbekannter Kunstname für eine Firma, hinter der sich allerdings so bekannte Marken wie MAN und Scania verbergen. Vorstandschef des Unternehmens ist Andreas Rentschler, der in der PS-Branche ein respektierter und erfahrener Manager ist. Lange Zeit war er Vorstand bei Daimler, ehe er im Februar 2015 zu Volkswagen wechselte und dort das Nutzfahrzeuggeschäft leitet, das eben unter dem Namen Traton firmiert.

In dieser Eigenschaft trat er im September 2019 in Södertälje – dort werden Scania-Brummis produziert – etwas großspurig auf: »Unser Ziel ist es, führender Hersteller von E-Lkws und E-Bussen zu werden.« Er meinte führend in der Welt. Der gesamte VW-Konzern ist ja auf dem Elektrotrip seit dem bemerkenswerten U-turn von Vorstandschef Herbert Diess, der angekündigt hat, dass ab 2025 Volkswagen nur noch E-Autos produzieren will.

Diess wird für seine mutige, weitsichtige Strategie gelobt. Doch der »Vorfahrer« Volkswagen hängt trotz all der vollmundigen Parolen hinterher – von den anderen deutschen Herstellern erst gar nicht zu reden. In unserer eurozentrischen Sichtweise übersehen wir, dass andere schon viel weiter sind als wir ach so fortschrittlichen Deutschen. Nein, ich meine nicht das US-amerikanische Unternehmen Tesla, dessen exzentrischer Chef Elon Musk so gerne für sich die Weltmarktführerschaft bei E-Autos reklamiert.

Die Nummer Eins auf dieser geschundenen Erde ist ein Unternehmen, von dem viele im Westen noch nie etwas gehört haben: Es heißt BYD – Build Your Dream. Dieser Erfolg war nur möglich, weil BYD eng mit der Stadt kooperiert, in der es seinen Sitz hat: Shenzhen.

Keine Metropole der Welt setzt so massiv und konsequent auf Elektromobilität wie Shenzhen. Alle Busse und Taxis fahren mit Strom. Und das nicht erst seit kurzem. Und nicht erst auf Druck von Märkten, der Öffentlichkeit oder Fridays-for-Future-Demos. Nein, Shenzhen hat schon sehr früh die Weichen Richtung alternativer Antriebsformen gestellt, und zwar in Zeiten, als man hierzulande noch vom Erfolgsmodell Diesel schwärmte.

Shenzhens Autopolitik ist ein Musterbeispiel für die Kooperation in dieser Stadt: Stadtverwaltung, Staats- und Privatwirtschaft arbeiten zusammen. Jedes Rädchen greift ineinander: BYD baut die Autos und Busse, die Stadt subventioniert den Kauf, und gemeinsam mit dem staatlichen Stromkonzern bauen sie die nötige Ladeinfrastruktur auf. Deswegen gibt es auch die Shenzhen NEV Union, in der sich die wichtigsten Unternehmen aus dem Bereich der Elektromobilität treffen und austauschen. Wortführer dort ist BYD, übrigens auch einer der größten Steuerzahler der Stadt.

In Shenzhen gibt es nicht dieses deutsche Schwarze-Peter-Spiel, wo die einen sagen: Baut erst mal genügend Ladestationen, dann produzieren wir die nötigen Autos. Oder gerne auch die umgekehrte Schuldzuweisung: Wir bauen erst die Ladestationen, wenn ihr in genügender Stückzahl die E-Autos liefert. Das Ergebnis dieses Spielchens ist bekannt: Ende 2018 fuhren etwas über 80 000 E-Autos auf deutschen Straßen. Allein in Shenzhen sind es mehr, viel mehr.

Es zeigt sich der Systemunterschied. Während wir hierzulande glauben, der Markt werde es schon richten (was er aber im Falle der Verkehrswende nicht tut), setzt man in Shenzhen auf die lenkende Hand des Staates oder in diesem Falle der Stadtverwaltung. Deren Bürokraten greifen auch ein, weil die Motorisierung einer 20-Millionen-Stadt trotz breiter Straßen und trotz effizienter Verkehrsplanung an ihre Grenzen stößt. So gibt es über den Preis gesteuerte Zulassungsbeschränkungen und zeitliche Fahrverbote für Autos. In Deutschland ist das – noch – undenkbar, in Shenzhen machbar. Ein Vorteil ist sicher auch, dass in der noch jungen Autonation China die Autofahrer nicht die Macht und auch nicht die Lobby haben wie hierzulande.

Doch die städtischen Verkehrsplaner in Shenzhen denken weiter, sie denken ganzheitlich, sie denken nicht nur an das Auto. Eine Einschränkung des Individualverkehrs – sprich Autofahren – geht nur einher mit dem Ausbau des öffentlichen Nahverkehrs. Eigentlich eine banale Erkenntnis. In Shenzhen mit seinem effizienten und weiträumigen Metrosystem wird sie umgesetzt.

Man fragt sich: Warum schaffen die in Shenzhen ein ziemlich gut funktionierendes und zudem ökologisch sauberes Verkehrssystem? Ist es nur das Geld, das hier in großen Mengen vorhanden ist? Oder ist es die Planung, die hier mittelfristig und holistisch ist. Oder ist es eben das autoritäre System, das mit Befehlen und Sanktionen arbeiten kann?

Es ist alles drei. Natürlich stellt sich jetzt gleich die Systemfrage: Kann ein solches Shenzhen für uns ein Vorbild sein? Ja, es kann. Wir können und müssen nicht alles übernehmen, aber manches schon.

Zum Beispiel das Shenzhen Urban Transport Planning Center (SUTPC).

Die Steuerbehörde

Die Nummernschilder an Chinas Autos sind blau mit weißer Schrift. Links ist als Erstes ein chinesisches Schriftzeichen zu erkennen, das für die jeweilige Provinz steht. Dann kommt ein lateinischer Buchstabe und anschließend ein paar Ziffern.

Die lateinischen Buchstaben verraten die Stadt, in der das Auto zugelassen wurde. In der Proving Guangdong steht B für Shenzhen, A für die Provinzhauptstadt Guangzhou und S für Dongguan. Wer A oder S im Schilde führt, hat zu gewissen Zeiten in Shenzhen nichts verloren. Er darf morgens zwischen 5.30 und 7 Uhr und ebenso abends zwischen 17.30 und 19 Uhr nicht in die Stadt.

Shenzhen reglementiert den Verkehr wie der Stadtstaat Singapur, der freilich noch restriktiver ist und dessen Endziel ist, das Auto ganz aus der Stadt zu verbannen. Aber Singapur, dieses kleine Anhängsel der malaysischen Halbinsel mit seinen knapp sechs Millionen Einwohnern, ist schon Vorbild für Shenzhen, dessen Fläche ja auch begrenzt ist.

So ist es nicht verwunderlich, dass Wu Yue, der Chefingenieur des Shenzhen Urban Transport Planning Center (SUTPC) eine Singapur-Vergangenheit hat. Wu Ye, der 2015 aus Singapur zurück nach China und in diese Funktion in Shenzhen kam, sagt: »Shenzhen ähnelt in vielen Aspekten Singapur. Ich glaube, Shenzhen sollte bei der integrierten Verkehrsplanung und der umweltfreundlichen Verkehrspolitik von Singapur lernen.« Gelehriger Schüler ist das SUTPC, wobei man gar nicht mehr sicher ist, ob der Schüler inzwischen schon mehr weiß als der Lehrmeister.

Das Shenzhen Urban Transport Planning Center wurde 1996 etabliert. Es hat über 1000 Beschäftigte, davon sind rund 60 Prozent Akademiker, viele haben promoviert. Es sind Ingenieure, Informatiker, Statistiker und Datenwissenschaftler. Sie werten jeden Tag unfassbare 750 Millionen Daten aus. Es sind mit freundlicher Unterstützung von Baidu und China Telecom die GPS-Daten der Einwohner, gespeichert auf deren Smartphones;

es sind die Daten der Busse und der Taxis in Shenzhen, die Daten der Metropassagiere. Wer mit einem der zahlreichen Leihfahrräder unterwegs ist, wird ebenfalls erfasst. Ebenso, wer Mautstellen passiert oder bezahlpflichtige Parkplätze benutzt. Zugleich wird das Verkehrsaufkommen durch Kameras und Sensoren verfolgt.

Mit diesem gigantischen Datenwust aus den verschiedensten Quellen planen und steuern die Mitarbeiter den Verkehr in der Stadt. In der Verkehrssteuerung ist natürlich das Wichtigste, das alles fließt. Die Stadt hat auf ihren 600 Kilometer Straßen eine der höchsten Verkehrsdichten in ganz China. Auf jeden Kilometer kommen 530 Autos. Die Staugefahr ist also groß. Um sie zu vermeiden, werden die Ampelschaltungen nach dem prognostizierten Verkehrsaufkommen ausgerichtet. Außerdem wird das System des Richtungswechsels bei Fahrbahnen konsequent durchgezogen.

Die Professorin und langjährige China-Kennerin Ulrike Reisach, die an der Hochschule Neu-Ulm lehrt, hat die Arbeit des SUTPC analysiert. Sie kommt in ihrem Artikel »Intelligente Mobilität in China – ein Beispiel für Deutschland?« zu dem Schluss: »Shenzhen ist die Vorzeigestadt für zentrale Verkehrssteuerung«, und sie fügt hinzu, »aber auch für E-Mobilität.«

Unter Strom

Steht man am Straßenrand in Shenzhen und beobachtet den vorbeirauschenden Verkehr, fallen einem zwei Dinge auf: Es ist relativ ruhig. Man hört kaum Motorengeräusche. Und zweitens, man riecht kaum Abgase. Grund für den reduzierten Lärm und Gestank: Die blau-weißen Taxis fahren mit Batterien, ebenso die – je nach Gesellschaft – grünen, orangen und blauen Busse. Und dann gibt es noch die Autos mit den grünen Nummernschildern, die ebenfalls mit Strom statt Benzin fahren.

Seit 2009 ist Shenzhen Pilotstadt der Zentralregierung zur Förderung der Elektromobilität. Sie war eine von 13 Pilotstädten, aber keine hat in den Folgejahren so konsequent gehandelt wie Shenzhen. Bei der Umsetzung setzte die Stadt erst einmal auf die Fahrzeuge, die sie per Einfluss und Regulierung am besten steuern kann – Taxis und Busse des öffentlichen Nahverkehrs.

Bereits im Mai 2010 fuhren die ersten 30 Elektrotaxis durch die Straßen Shenzhens, im September 2012 dann auf der Route 226 die ersten Elektrobusse. Im Laufe der kommenden Jahre wurde die Umrüstung der Bus- wie der Taxiflotte konsequent durchgezogen. Auch durch einen spektakulären Unfall im Mai 2012, als ein E-Taxi in Flammen aufging und drei Personen starben, ließen sich die Planer nicht beirren. Und auch nicht durch das Gemurre der Taxifahrer, die sich anfangs über die Wartezeiten an den Ladestationen beklagten.

Mehrere Jahre später konnte die Stadt Vollzug melden: Im Dezember 2018 waren fast alle 21 689 Taxis in Shenzhen umgestellt. Bei den Bussen ist die Bilanz ebenso erfolgreich: Alle 18 000 Busse fahren elektrisch.

»Wie habt ihr das gemacht?« Joseph Ma bekommt diese Frage oft gestellt, vor allem von den vielen Delegationen aus aller Welt, die in schöner Regelmäßigkeit in Shenzhen zwecks Nachhilfe in Sachen E-Mobilität aufkreuzen. Ma ist stellvertretender Chef der Shenzhen Bus Group, der größten der drei Busgesellschaften in Shenzhen. Er gibt auf die stets gleiche Frage die stets gleiche Antwort: »Durch Koordination und Subventionen.« Stadt- und Zentralregierung unterstützen den Prozess großzügig. »Mehr als die Hälfte der Anschaffungskosten eines Buses zahlt die Regierung«, sagt Ma. Also bei einem Preis von 300 000 US-Dollar steuert der Staat über 150 000 US-Dollar bei.

Über solche Zahlen kann die ehemalige Chefin der Berliner Verkehrsbetriebe (BVG) und jetziges Vorstandsmitglied der Deutschen Bahn, Sigrid Nikutta, nur staunend den Kopf schütteln. Auch sie war schon in Shenzhen und hat die üblichen Fragen gestellt. Mit welcher Konsequenz man in Shenzhen den Umbau vorantreibe, sei beeindruckend, sagt sie. Nur so mal zum Vergleich: Auf Berlins Straßen sind derzeit 30 Elektrobusse unterwegs.

Berlin ist mit dieser Miniflotte Spitzenreiter hierzulande. Deutschlandweit sind erst rund 100 von 35000 Bussen voll elektrisch, in Europa sind es nach Angaben der Beratungsgesellschaft McKinsey etwa 1500. Europa gegen Shenzhen – 1500 versus 18000. Das muss man nicht kommentieren. Die Zahlen sprechen für sich.

Ähnlich wie bei den Bussen wurde auch die Umrüstung der Taxiflotte von der Stadt finanziell unterstützt. Durch diverse Subventionen war ein E-Taxi rund 20000 US-Dollar günstiger als ein konventionelles Taxi.

Die Taxi-Konkurrenten, die Ride-Hailing-Autos, also die Didis und Co., sind noch nicht umgerüstet. Aber im September 2019 hat die Stadt angeordnet, dass ab sofort zumindest alle neu zugelassen Autos elektrisch sein müssen.

Stadt und Staat selbst gehen mit gutem Vorbild voran. Die Behördenfahrzeuge sind bis 2020 vollständig auf E umgestellt. Die Polizei patrouilliert immer häufiger in BYD e6, dasselbe Modell wie die Taxis. Und auch die dunkelgrünen Minivans der China Post sind zunehmend elektrisch.

Und wie steht es mit den privaten Autos? Die sauberen erkennt man wie gesagt an ihren grünen Nummernschildern. Noch rollen mehr Autos mit den alten blauen Schildern über die Straßen. Doch die grünen werden täglich mehr. Während die blauen teuer ersteigert werden müssen, gibt es die grünen sofort und umsonst. Zudem wurden die Käufe von E-Autos stark subventioniert, bis zu 20000 US-Dollar pro Auto. Diese Förderung wurde aber inzwischen sukzessive zurückgefahren.

Trotzdem ist das Ziel der Stadt, dass im Jahr 2020 ein Drittel der privaten Fahrzeuge elektrisch unterwegs ist. Sie will das mit Zuckerbrot – Subventionen und kleineren Vergünstigungen – und Peitsche – Verbote – erreichen. Ein kleines Privileg ist zum Beispiel, dass auf kostenpflichtigen Parkplätzen Elektroautos bis zu zwei Stunden kostenfrei parken dürfen.

Zheng Jingyu, verantwortlich in der Stadtregierung für den Wechsel, gesteht ein, dass die Umrüstung auf Elektro die Stadt

»sehr viel Geld kostet, aber es hilft unseren Bürgern und unserer Umwelt.« Er rechnet vor, dass durch die bisherige E-Politik der Stadt jährlich rund 1,35 Millionen Tonnen CO_2 weniger ausgestoßen wurde. Zum Vergleich: Das entspreche 280000 Autos, die man von der Straße genommen hätte.

Dieser große Vorteil für die Natur und die Umwelt ist kleiner Nachteil für die Fußgänger: Man hört die elektrischen Fahrzeuge kaum. Busmanager Joseph Ma sagt: »Die Busse sind so ruhig, dass sie die Leute nicht mehr kommen hören. Wir haben Anfragen erhalten, ob die Busse nicht eine Art künstlichen Lärm machen können. Wir ziehen das in Betracht.«

Die komplette Elektrifizierung des öffentlichen Nahverkehrs und der Taxis wäre natürlich nie gelungen, wenn nicht parallel überall in der Stadt die nötige Zahl von Ladestationen installiert worden wäre.

Eine Stadt ist geladen

Mit einem deutschen Manager kurve ich durch die mehrstöckige Tiefgarage seines Wohnkomplexes mit dem Namen »Peninsula«. Plötzlich sagt er: »Sehen Sie da!«. Er zeigt auf eine ganze Reihe von Ladestationen. Es dürften so zehn bis zwölf sein. »Das ist hier Pflicht«, sagt er. In alten bestehenden Immobilien müssten 5 Prozent der Parkplätze für Ladestationen reserviert sein, bei Neubauten sind es sogar 30 Prozent.

Seitdem sich die Stadtregierung entschieden hat, auf alternative Energien zu setzen, hat sie den Ausbau der Ladesäulen massiv forciert. »Sehr beeindruckend war der beschleunigte Ausbau der Ladeinfrastruktur in diesem kurzen Zeitraum. Dies betraf hauptsächlich Parkplätze in Tiefgaragen von Hochhäusern mit gewerblicher Nutzung«, so eine Studie der HafenCity Universität in Hamburg.

Rund 200000 Ladestationen soll es bereits auf dem Stadtgebiet von Shenzhen geben. Für viele stellte die Stadt das nötige

Land zur Verfügung. Ziel ist eine Rundumversorgung: In der Innenstadt soll im Umkreis von maximal 850 Metern jeder Autofahrer eine Ladestation finden, in den Suburbs innerhalb eines Kreises von 1,7 Kilometern. Wo sich Ladestationen befinden und ob gerade welche frei sind, kann man über eine App erfahren, die die Betreiber eingerichtet haben.

Ich fahre mit der Metro Linie 4 nach Minle im Norden Shenzhens. Hier ist die größte Ladestation der Welt. (Sortimo in Zusmarshausen behauptet das auch, hat aber nur 112 Ladestationen). Hier stehen 637 so genannte *fast charger*. In einer Reihe stehen Elektroautos von BYD, Nio, Volkswagen, aber auch Teslas. Aber diese Privatwagen sind in der Minderheit, Taxis prägen hier das Bild. In scheinbar endlos langen Reihen stehen vor allem die blau-weißen Taxis vor den Ladestationen, die überdacht sind. Rund eine Stunde wird benötigt, um ein Taxi aufzuladen.

In der Zwischenzeit lungern die Fahrer in ihren hellblauen, kurzärmeligen Hemden herum. Manche machen es sich auf Massagesesseln bequem, manche liegen quer in ihrem Auto, ihre Beine ragen aus dem Fenster. Viele rauchen und noch mehr vertreiben sich die Zeit mit ihrem Handy.

Mit seinem QR-Code auf dem Handy weist sich der Fahrer aus, mit WeChat Pay zahlt er auch. Rund 50 Yuan kostet es, einmal die Batterie vollzuladen. Danach kann er wieder zehn Stunden fahren. »Für Benzin musste ich früher rund 200 Yuan bezahlen, also das Vierfache«, rechnet ein zufriedener Taxifahrer vor.

Die Strompreise an der Ladestation sind aber subventioniert. Die *fast charger* mehr als die *low charger*. Größter Anbieter ist Potevio, ein Staatsunternehmen. Er bezieht seinen Strom von Konzernen wie Southern Power Grid, ebenfalls einem Staatsunternehmen. Da lässt sich eine Preisgestaltung natürlich administrativ besser regeln.

Aber Potevio ist kein Monopolist. Inzwischen tummeln sich auch immer mehr private Firmen, die Ladestationen einrichten. Bei Bussen hat Potevio freilich das Monopol.

Die Shenzhen Bus Company hat inzwischen 180 Depots mit Lademöglichketen. Manager Ma sagt: »Fast alle Busse werden zwei Stunden in der Nacht aufgeladen. Das reicht in der Regel für den ganzen Tag, denn die Reichweite beträgt 200 Kilometer pro Ladung.« Nachts ist übrigens der Strom auch günstiger.

Shenzhen Eastern Bus – mit 5 600 Bussen der zweitgrößte Busbetreiber in Shenzhen – hat 60 Busstationen mit Ladegeräten. Er konnte durch die Umstellung seine »Spritkosten« um zwei Drittel senken. Betrug die Benzinrechnung früher 50 Millionen Yuan, so beträgt die Stromrechnung nur noch 17 Millionen Yuan.

Fast alle Busse, die hier aufladen und in Shenzhen unterwegs sind, stammen von einem Hersteller, die gesamte Taxiflotte auch. Dieser heißt BYD und sitzt passenderweise auch in Shenzhen.

BYD – ein Traum wird wahr

Es ist ein weiter Weg vom Zentrum Shenzhens nach Pingshan weit im Osten der Stadt. Über eine Stunde ist das Elektrotaxi schon unterwegs. Die letzten Meter legt es auf der sechsspurigen BYD Road zurück. Dann hält der Fahrer vor einem gigantischen Fabrikkomplex. 40 000 der insgesamt eine Viertel Million Beschäftigten arbeiten hier.

Der Name der Firma: BYD. Das Kürzel steht für Build Your Dreams, sinngemäß mit »Erfülle deine Träume« übersetzt.

Seinen eigenen Traum hat sich Wang Chuanfu erfüllt. Er hat das Unternehmen 1995 in Shenzhen gegründet. Damals war er gerade 29 Jahre alt. Keiner kannte ihn hier im Süden. Er kam aus dem Norden, aus Beijing. Dort war er ein unauffälliger Mitarbeiter im General Research Institute for Nonferrous Metals, einem staatlichen Forschungsinstitut, wo er sich sein Wissen über Batterien aneignete. Und deshalb begann er mit der Produktion von Batterien für Mobiltelefone, als er nach Shenzhen kam.

Wang profitierte natürlich davon, dass sich rund um Shenzhen alle großen Handyhersteller ansiedelten. Aber das Unternehmen lieferte nicht nur für die Handys Batterien, sondern auch für Notebooks, Elektrobohrer und viele andere Geräte, die zunehmend auf Batteriebetrieb umstellten. Fünf Jahre nach Firmengründung – zu Beginn der 2000er Jahre – war BYD die Nummer Eins in der Welt. Keiner produzierte mehr Batterien.

Kurze Zeit später, im Jahre 2003, stieg Wang ins Autogeschäft ein. Ein Batteriehersteller will Autos bauen, und zwar Elektroautos? Er wurde ob dieser Idee damals milde belächelt. Aber nicht von Warren Buffett, noch so ein Visionär. Der US-amerikanische Investmentguru und einer der erfolgreichsten Geldvermehrer aller Zeiten stieg im September 2008 bei BYD ein. Die beiden waren ihrer Zeit voraus. Und wer zu früh kommt, den bestraft die Börse. Lange Zeit dümpelten bei BYD Produktion und Aktie vor sich hin.

Das 2008 auf den Markt geworfene Auto mit dem seltsamen Kürzel F3DM, dem weltweit ersten Plug-in-Hybrid in Serie, floppte. Null Sex-Appeal, sagten die Kritiker.

Doch dann kippte die Stimmung in vielen Ländern zugunsten von E-Autos. Vor allem im Heimatland von BYD, in China. Und BYD baute immer bessere Autos – vom Einsteigermodell e1, das gerade mal knapp 10000 US-Dollar (nach Subventionen) kostet, bis zum Sportwagen E-seed GT, der noch ohne Preis ist.

Heute ist BYD der größte Elektroautobauer der Welt. Stückzahl 2019: rund 350000. BYD liegt damit vor Tesla. Dessen Chef Elon Musk stänkerte vor gar nicht langer Zeit in einem TV-Interview, als er nach BYD gefragt wurde: »Haben Sie die Autos mal gesehen?« Da kannte er den Tang EV (von 0 auf 100 Kilometern pro Stunde in 4,3 Sekunden) und den neuen Elektrosportwagen E-seed GT (2,9 Sekunden) noch nicht, der auf der Shanghai Motor Show im Frühjahr 2019 vorgestellt wurde. Die Autos haben inzwischen Sex-Appeal wie Schauspieler Leonardo DiCaprio, der als Markenbotschafter für BYD fungiert.

Verantwortlich für das flottere Aussehen ist Wolfgang Egger, seit Ende 2016 Chefdesigner bei BYD. Vorher war der gebürtige Allgäuer oberster Designer bei Audi. Ihm zur Seite stehen

JuanMa López, einst bei Ferrari, und Michele Jauch-Paganetti, einst führender Innendesigner bei Mercedes. Dem Trio spendierte Wang Ende Juni 2019 ein neues Designzentrum in Shenzhen.

Egger, im feinen grauen Anzug, ist das Gegenmodell zu Gründer Wang. Der Multimilliardär (geschätztes Vermögen: 5,3 Milliarden US-Dollar) trägt beim Interview mit *Business Week* auf der zweiten Etage der Hauptverwaltung seine üblichen Klamotten: Schwarze Freizeithose, hellblaues Hemd mit dem Firmenlogo auf der Brust. Hinter seinem Schreibtisch die weiße Skulptur eines sitzenden Mao Zedong und ein Foto mit Warren Buffett.

Im Interview sagt er: »So eine Chance wie derzeit gibt es nur einmal in einem Jahrhundert«. Er meint damit, dass die Autobranche durch eine neue Technologie revolutioniert wird, und damit die Karten völlig neu gemischt werden. Und dabei solle man China nicht unterschätzen.« Der chinesische Weg ist es, radikal alles auf einmal zu ersetzen.« Das habe schon bei Smartphones funktioniert, das werde ebenfalls bei den Autos funktionieren. Wang will beweisen, dass China auch eine globale Automarke kreieren kann – und das bei einer völlig neuen Technologie.

Im Busbusiness ist es ihm schon gelungen. Denn bei BYD rollen nicht nur Pkws, sondern auch Busse von den Bändern. Weil das Unternehmen fast globaler Monopolist ist, kommt er mit der Produktion der Nachfrage kaum hinterher. Über 50000 Busse von BYD sind inzwischen weltweit in Einsatz – am Amsterdamer Flughafen oder im Nahverkehr in Los Angeles. Gerade präsentierte BYD seine neue Luxusvariante K12A. Ein Bus für 250 Fahrgäste. 27 Meter lang, Spitze 70 Kilometer pro Stunde, Reichweite 300 Kilometer.

Und für die nächste Revolution in der Autobranche bereitet sich Wang auch schon vor. Innerhalb der nächsten drei Jahre will BYD das erste selbstfahrende Auto (Wang: »ein Superhandy auf Rädern«) präsentieren. Auf einer Konferenz in Shenzhen sagte Wang Chuanfu, dass »die neue Ära der intelligenten Fahrzeuge« bereits begonnen habe. »2035 werden sie die Straßen beherrschen.«

Wang sieht sich in der Poleposition. Doch er hat Verfolger. Zwei von ihnen sind lokale Rivalen.

Verfolger im Rückspiegel

Das ist eben auch China. Hat einer eine gute Idee, die auch noch erfolgreich ist, stehen schon die Nachahmer oder – böse ausgedrückt – die Kopierer auf der Matte. BYD geht es da nicht anders. In ganz China hat sich eine ganze Armada von Herstellern aufgemacht, die im Windschatten des Erfolges von BYD segeln. Sie alle wollen vom Boom der Elektroautos profitieren. Darunter sind etablierte Autohersteller wie BAIC, SAIC oder Geely, aber auch völlige Newcomer, die vorher noch nie etwas mit der Produktion von Autos zu tun hatten.

Diese Nachahmer gibt es auch in Shenzhen und der Provinz Guangdong. Zum Beispiel Evergrande in Shenzhen. Evergrande ist eigentlich ein Immobilienkonzern und in diesem Geschäft sehr erfolgreich. Evergrande gilt als wertvollster Immobilienkonzern der Welt.

Nur mal so zum Vergleich, um zu zeigen wie unterschiedlich Deutsche und Chinesen ticken: Es würde doch kein Manager von Deutsches Wohnen oder von einem anderen großen Immobilienkonzern hierzulande plötzlich auf die Idee kommen, eine Autoproduktion hochzuziehen.

Aber genau das tut Evergrande. Treibende Kraft ist der Gründer und Chef des Unternehmens Xu Jiayin, oder auf Kantonesisch: Hui Ka-yan. Er ist einer der reichsten Chinesen, auf der Hurun-Reichstenliste 2019 rangiert er auf Platz 3 hinter Jack Ma (Alibaba) und Pony Ma (Tencent). Xu, der aus einer armen Familie in der Provinz Henan stammt, kam 1992 nach Shenzhen, schlug sich mit diversen Jobs durch und landete zwei Jahre später im Immobilienbusiness, wo er heute die Nummer Eins ist.

Aber das ist ihm offenbar nicht genug. Zum Jahresbeginn 2019 startete er eine neue Gesellschaft: Evergrande Energy Power Technology. An einer chinesischen Batteriefabrik hat er für 1 Milliarde Yuan die Mehrheit übernommen. Außerdem hat er mit State Grid, dem nationalen staatlichen Stromversorger und Fastmonopolisten, ein Joint Venture gegründet. Gemeinsam wollen sie ein landesweites Netz von Ladestationen aufbauen, vor allem in Wohngebieten. Und er will eine Autofabrik hochziehen. Sie soll in Guangzhou stehen.

In Europa kooperiert Evergrande mit mehreren Spezialisten der Branche. Auch deutsche Zulieferer arbeiten an dem Projekt mit: Zum Beispiel Benteler aus Paderborn und FEV aus Aachen. Im September 2019 startete Evergrande eines der der größten Einstellungsprogramme. Sie suchen 8000 Experten in neun Ländern, darunter Deutschland, Großbritannien, Japan und Schweden.

Xu hat hohe Ziele. Im März 2019 verkündete er, dass er am Anfang eine Million Autos produzieren wolle. In den nächsten zehn Jahren sollen es dann fünf Millionen werden. Das hört sich alles etwas verrückt und großspurig an. Aber wurde nicht BYD-Gründer Wang zu Beginn auch in die Schublade der Spinner gesteckt? Geld hat Xu jedenfalls und offenbar auch die nötigen Connections in die Politik.

Vielleicht nicht ganz so große Ambitionen hat ein anderer Lokalrivale. Henry Xia mit seinem Unternehmen Xpeng. Der studierte Autoingenieur Xia war lange Zeit Manager beim staatlichen Autohersteller Guangzhou Automotive Corporation (GAC). 2014 machte er sich mit ein paar Kollegen selbstständig und gründete das Unternehmen Xpeng, auch unter Xiaopeng (so der Name der Holding) und Xmotors (in den USA) bekannt.

Xpeng hat eine illustre Reihe von prominenten Geldgebern: Alibaba, Foxconn, Xiaomi-Gründer Lei Jun und der Internetunternehmer He Xiaopeng, der vor allem für die Anschubfinanzierung wichtig war.

Nach zwei SUVs soll 2020 die erste Limousine auf den Markt gebracht werden – der Xpeng P7. Er hat eine Reichweite von 600

Kilometern und kann von 0 auf 100 Stundenkilometer in vier Sekunden beschleunigen. Dazu gibt es allerlei technologischen Schnickschnack wie zum Beispiel einen virtuellen Autoschlüssel.

Xpeng sieht sich durchaus als Rivale zu Tesla, die ja inzwischen in einer riesigen Fabrik in Shanghai für den chinesischen Markt produzieren. Für Xpeng-Präsident Brian Gu hat sein Unternehmen durchaus die Chance, eine globale Marke zu werden: »Wenn wir es in China schaffen, können wir es auch weltweit schaffen.«

Vorfahrt für die Bahn

Wochenlang war Sea World meine Metrostation, in der ich jeden Tag mehrmals ein- und ausgestiegen bin. Lange warten musste ich nie, selbst spätabends nicht. Auf den Displays oberhalb der Bahnsteige wird sekundengenau angezeigt, wann der nächste Zug kommt. Spätestens nach drei, vier Minuten fuhren die Wagen der Linie 2 in die Station ein. Vorn und hinten übrigens jeweils ein Waggon nur für Frauen.

Die Technik am Bahnsteig ist vom Feinsten. Wie in Hongkong und Singapur steht man hinter Glaswänden. Wenn die Züge halten, öffnen sich die Türen automatisch. In Deutschland gibt es solche so genannten Bahnsteigtüren bislang in keiner einzigen Stadt. In München will man das 2023 einführen – als Pilotprojekt an einer (!) Station.

In deutschen S- und U-Bahnstationen zieht man – sofern man nicht gerade eine Monatskarte hat – auch noch Karten am Automaten (in Berlin muss man sie sogar noch an einem separaten Gerät auf dem Bahnsteig abstempeln!). Um das zu überprüfen, leisten sich die kommunalen Verkehrsbetriebe eine Armada von Kontrolleuren. Wie antiquiert ist das alles bei uns, frage ich mich auf den vielen langen Fahrten in der Metro in Shenzhen.

Hier passieren die Fahrgäste beim Ein- und Aussteigen die Zugangsschranken, indem sie ihr Handy oder ihre Chipkarte auf das kleine Display legen. Auf diesem wird angezeigt, was die Fahrt gekostet hat und wie viel auf der Chipkarte noch drauf ist. An manchen Stationen hat man auch bereits per Gesichtserkennung Zutritt zum Bahnsteig.

In Shenzhen haben alle Metrostationen Lifts für Rollstuhlfahrer. In Berlin (sorry, schon wieder) braucht man zum nachträglichen Einbau eines Liftes an einer Station zwei Jahre.

Jetzt werden natürlich kluge Leute einwenden, das sei ja alles viel einfacher und kostengünstiger, wenn man ein Verkehrssystem völlig neu und von Grund auf installieren kann – wie eben in Shenzhen. Ein bestehendes umzurüsten, was in Deutschland notwendig wäre, sei viel zu teuer. Das ist auch der Standpunkt vieler kommunaler Verkehrsbetriebe.

Aber ist das nicht eine allzu bequeme Ausrede, weil man nicht den politischen Willen hat, einen attraktiven öffentlichen Nahverkehr anzubieten? In Zeiten des Klimawandels preisen die Politiker gerne in Sonntagsreden den ÖPNV, aber werktags tätscheln sie wieder das Auto nach dem Motto freie Fahrt für freie Bürger.

Irgendwann muss man sich aber entscheiden, muss man Prioritäten setzen. Und das kann man in jedem politischen System. Shenzhen tut es jedenfalls und setzt die richtigen Prioritäten: weniger Autos, mehr Busse und Bahnen.

Die Zahl der Neuzulassungen von Autos ist auf 80 000 Stück pro Jahr begrenzt. Wenn es diese nicht gäbe, würde die Zahl neuer Autos locker die halbe Million erreichen. Damit die Menschen trotzdem in dieser Stadt mit ihren gigantischen Ausmaßen unterwegs sein können, wurde und wird das öffentliche Nahverkehrsnetz permanent ausgebaut.

Jetzt schon nutzen jeden Tag zehn Millionen Menschen in dieser Stadt den ÖPNV. Dabei fahren sie mehr mit Bussen als mit der Metro. Das Netz ist dicht: Rund 80 Prozent der Bushaltestellen sind innerhalb von 500 Metern erreichbar.

Die Metro unter Führung des erst 1998 gegründeten Staatsunternehmens Shenzhen Metro Group erweitert kontinuierlich ihr Streckennetz. Die erste Strecke wurde Ende Dezember 2004 eröffnet. Gegenwärtig gibt es acht Linien. Bis 2035 soll es 33 Metrolinien geben mit einer Länge von 1335 Kilometer. Die Metrolinien kreuzen alle Fernbahnhöfe der Stadt, eine ideale Verknüpfung von Fern- und Nahverkehr.

Wer aber in China mit dem Zug unterwegs ist, muss sich vorher sehr genau erkundigen, an welchem Bahnhof der Stadt sein Zug losfährt. Denn viele Städte haben mehrere Bahnhöfe. Shenzhen macht da keine Ausnahme. Neben dem alten Bahnhof Luohu gibt es mehrere supermoderne Stationen, die die Dimensionen von Flughäfen hierzulande haben.

Die große Drehscheibe in Shenzhen ist der Bahnhof Futian. Er ist der größte Untergrundbahnhof Asiens, 21 Fußballfelder groß, vier Etagen unter der Erde. Auf Ebene 2 und 3 verkehren drei Metrolinien. Auf der vierten fahren die Hochgeschwindigkeitszüge ein. In 14 Minuten ist man von dort in Hongkong am neuen Bahnhof in West Kowloon, in etwas mehr als 30 Minuten in Guangzhou Süd, in nicht mal 9 Stunden in Beijing.

Eine andere wichtige Bahnstation ist der Nordbahnhof (Shenzhen Bei). Zwei neue Stationen – Xili und Airport – entstehen gerade. Vom Flughafen kann man schon seit Jahresende 2019 mit dem Intercity nach Guangzhou fahren. Die Metrolinie 11 fährt nach Shenzhen.

Damit ist auch der Flughafen an den Nah- und Fernverkehr angeschlossen.

Pilotprojekte ohne Piloten

Schon beim Anflug soll man sehen, dass man hier nicht in einer x-beliebigen durchschnittlichen chinesischen Stadt landet. Das Design des Airports ist futuristisch, auf jeden Fall spektakulär. Wie ein Rochen wölbt sich das Dach über das Flughafengebäude. Entworfen wurde es von dem italienischen Architekturbüro Fuksas, das sich unter anderen gegen Norman Foster und die deutsche gmp durchgesetzt hat.

Eröffnet wurde das architektonische Kunstwerk im November 2013.

Inzwischen ist der Flughafen in Shenzhen – Bao'an International – der viertgrößte in China, hinter Beijing, Shanghai und Guangzhou. 2018 vermeldete der Flughafen 49 Millionen Passagiere. Aber er stößt an seine Kapazitätsgrenzen. Gerade hat er von der Beijinger Regierung eine dritte Startbahn genehmigt bekommen. Shenzhens Ziel bis 2030: 80 Millionen Passagiere.

Aber auch die beiden anderen benachbarten großen Flughäfen rüsten auf. Hongkong plant eine dritte Startbahn. Und der Baiyun International Airport in Guangzhou eröffnete 2018 ein neues Terminal und verdoppelte damit auf einen Schlag die Kapazität. Zu den derzeit drei Startbahnen sollen noch zwei dazukommen. China Southern hat dort seine Basis. Sie will in den nächsten drei bis fünf Jahren die größte Airline der Welt werden und ihre Flotte von derzeit 620 auf über 1000 Flugzeuge ausbauen.

Dabei ist der Luftraum zwischen Hongkong und Guangzhou jetzt schon sehr voll. Unvorstellbare 1,4 Millionen Flugbewegungen werden dort jährlich registriert. Bald könnte er noch voller werden – allerdings unterhalb der Flughöhen von Jets.

Shenzhen will seine Verkehrspolitik in neue Sphären hieven und die Transportmittel am Boden um eine weitere Dimension erweitern: um Fluggeräte, bemannte und unbemannte, um Hubschrauber und UAV, so das Kürzel für Unmanned Aerial Vehicles.

Im Sommer 2019 startete die Shenzhen Eastern General Aviation Company einen Hubschrauberservice. Der erste Flug ging von Shenzhen nach Hongkong, genauer vom Flughafen Shenzhen nach Sheung Wan auf Hongkong Island. Dort starten und landen auch die Hubschrauber von Hongkong nach Macau. Das Unternehmen will weitere Flüge von Shenzhen aus anbieten und dafür in den nächsten fünf Jahren 1000 Hubschrauber anschaffen. Chairman Zhao Qi hat die Devise ausgegeben: Von Shenzhen soll jeder Ort der Greater Bay Area in 15 Minuten erreichbar sein. Dieser Service ist wohl eher für Geschäftsleute gedacht, von denen es ja in der Region Zehntausende gibt.

Eher fürs Fußvolk ist dagegen ein anderes revolutionäres Flugobjekt, an dem Airbus gerade tüftelt. Zusammen mit dem Shenzhen Municipal Commerce Bureau arbeiten die europäischen Flugzeugbauer an einem UAM-Projekt. UAM steht für Urban Air Mobility.

Auf gut Deutsch: Airbus will in Shenzhen Menschen in der Luft von A nach B bewegen. Es wird eine App geben, in der der Kunde ein Fluggerät bestellt, das dann kurze Zeit später auf dem Dach seines Gebäudes landet und ihn dort abholt.

«Das ist keine Science Fiction«, sagt Eduardo Dominguez Puerta, Senior VP and Head of UAM bei Airbus. Und was für ein Fluggerät wird das sein? Puerta: »Wir werden den Service mit bestehenden Hubschraubern starten und parallel dazu neue *electronic vertical take-off and landing* (eVTOL) entwickeln.« Das ist ein batteriegetriebenes Lufttaxi, das senkrecht starten und landen kann. Er sagt auch, diesen Service könne sich die breite Öffentlichkeit leisten. Und man wolle dieses neue Angebot in das bestehende Verkehrssystem Shenzhens integrieren. Yang Hong von der Stadtregierung pflichtet ihm bei und schwärmt: »Dies wird Shenzhen an die weltweite Spitze intelligenter Verkehrssysteme bringen.«

Es könnte ein Wettlauf mit der Zeit werden, denn ein paar Kilometer weiter im Norden, in Guangzhou, plant man Ähnliches. Dort sitzt die 2014 von dem Ingenieur Hu Huazhi gegründete Firma EHang, die sich rühmt, der erste Hersteller von elektrischen Lufttaxis zu sein. Im Februar 2018 starteten sie schon erste Testflüge mit Menschen an Bord. Über 200 Personen, darunter auch der stellvertretende Bürgermeister von Guangzhou, wagten sich in den zweisitzigen EHang 216, der mit einer Spitzengeschwindigkeit von 130 Kilometer pro Stunde über das Häusermeer Guangzhous hinwegraste.

Das Gerät soll einfach zu bedienen sein. Städtische Routen werden bereits ausgearbeitet, inklusive möglicher Landeplätze.

Ein städtisches Kontrollzentrum, das die Flüge überwacht, wird derzeit installiert. Und wann geht es los? »Kommerzielle Flüge sind schon am Horizont«, sagt Ehang-Mitgründer Derrick Xiong etwas unbestimmt.

Aber schaut man schon heute an den Horizont, kann man etwas anderes erkennen: Drohnen von EHang.

Die Paketlösung

Ein gelbes, quadratisches Paket schwebt durch die Luft. Es hängt an vier rotierenden Propellern. Vage ist ein roter Schriftzug zu erkennen. Als es näher und tiefer kommt, kann man die drei Buchstaben entziffern: DHL. Langsam senkt sich die Drohne auf einen großen gelben Kasten und landet dort. Sie entlädt selbstständig das Paket und nimmt ein neues auf.

Einen acht Kilometer langen Flug hat die Drohne hinter sich – vom südlichen Guangzhou nach Dongguan. Auf einer Teststrecke zwischen zwei Ladestationen transportiert das Fluggerät bis zu fünf Kilogramm schwere Pakete mit Expresssendungen. Der Modellversuch ist eine Kooperation zwischen DHL-Sinotrans und EHang.

Der Chef von DHL Express China, Wu Dongming, sagt: »Gerade hier in Südchina mit seinen vielen Unternehmen gibt es eine Riesennachfrage nach innovativen logistischen Lösungen.« Die Lieferung per Drohnen sei sehr effizient, kostengünstiger und auch umweltschonend.

Es wird hier im Süden Chinas derzeit viel experimentiert in der Logistik. Denn gerade in dieser dicht bevölkerten Ecke des Landes mit seinen vielen Fabriken nimmt der Transport von Waren enorm zu. Hinzu kommt der weiterhin gerade in China boomende E-Commerce-Handel, der vielerlei Probleme schafft: verstopfte Straßen, zugeparkte Gehwege, frustrierte Zusteller.

Logistikfirmen suchen deshalb nach Lösungen für die berühmte letzte Meile. In der Fachsprache sind das die letzten Meter zum Kunden an dessen Haustür oder dessen Briefkasten. Es sind die teuersten Meter, weil hier der Zusteller viel Zeit verwendet und verschwendet.

Aber es gibt eine Lösung für das Problem. Bei einer meiner ersten Spaziergänge durch den Hightechbezirk Nanshan stoße ich vor einem dieser unzähligen Bürogebäude auf eine riesige grüne Wand. Auf Englisch steht dort: «Self-Pickup and Drop-Off Service«. Hier kann man Pakete abgeben oder abholen. In den Folgewochen sind mir diese grünen Schließfächer immer wieder aufgefallen. Ich sah sie am Rande von Bürgersteigen, in Foyers von Bürotürmen und mitten in Wohngebieten.

Sie gehören der Firma Hive Boxes mit Sitz in Shenzhen. Sie hat das größte Schließfachsystem der Welt. Rund 150 000 betreibt sie allein in China, weit mehr als im Rest der Welt zusammen. Hive Boxes wurde 2015 von SF Express zusammen mit chinesischen Kurierdiensten wie STO Express, ZTO Express und Yunda Express sowie dem Lagerhausbetreiber GLP gegründet.

Die Deutsche Post hat das auch. Sie nennt es Packstationen. Aber ihr Netz ist bei weitem nicht so dicht wie das von Hive. Es zeigt sich auch hier: Wenn die Chinesen etwas anfangen, dann ziehen sie es viel konsequenter durch. Im Unterschied zur Deutschen Post ist das System von Hive auch ein offenes Netzwerk. Jeder Händler, jeder Kurierdienst hat Zugang zu dem System. Chinas E-Commerce-Riese Alibaba zum Beispiel nutzt diesen Service von Hive intensiv. Ohne Hive könnte Alibaba seine Politik der Belieferung am selben Tag gar nicht einhalten.

Hive-Schließfächer stehen mittlerweile in über 100 chinesischen Städten. Bereits 5 Prozent der jährlich 50 Milliarden in China ausgelieferten Expresspakete landen hinter den verschlossenen Türen von Hive-Schließfächern. Tendenz steigend.

Solche sauberen logistischen Lösungen plus E-Mobilität plus Ausbau des öffentlichen Nahverkehrs plus eine »grüne« Stadtplanung haben in der Summe natürlich positive Auswirkungen auf die Umwelt einer Stadt.

Grün und blau

Drei breite Boulevards durchziehen Shenzhen von Osten nach Westen. Oft sind sie sechs-, teils gar achtspurig. Umsäumt werden sie von Palmen und anderen tropischen Bäumen. Der Mittelstreifen ist fast immer begrünt und bepflanzt. Manchmal hat man das Gefühl, man fahre durch einen botanischen Garten, wären da nicht links und rechts die vielen Hochhäuser. Am schönsten ist die Binhai Avenue. Sie führt am Ufer der Shenzhen Bay entlang. Zwischen Ufer und Straße ist eine Promenade mit Bäumen, Rasen und Spielgeräten für Kinder und Erwachsene.

Shenzhen ist eine grüne Stadt. Sie gehört zu den fünf grünsten Großstädten der Welt – neben Moskau, Singapur, Sydney und Wien. 45 Prozent der öffentlichen Flächen in der Stadt sind begrünt.

Und Shenzhen ist auch eine saubere Stadt. Die Luftqualität ist nach Angaben des chinesischen Umweltministeriums nur in zwei chinesischen Städten besser – im tibetischen Lhasa und auf der Tropeninsel Hainan. Unter den 20 größten Wirtschaftsmetropolen Chinas ist Shenzhen die einzige, die die nationalen Qualitätsstandards bei Luft in allen sechs Kategorien einhält. Buchautor Johan Nylander schreibt: »In weniger als einem Jahrzehnt hat Shenzhen seine durchschnittliche Luftverschmutzung um 50 Prozent reduziert.«

Das sah vor ein paar Jahren noch ganz anders aus. In Hongkong zeigten sie mit dem Finger auf die bösen Umweltverschmutzer von drüben, die die schlechte Luft – unabsichtlich versteht sich – per Wind zu ihnen schickten. Heute schauen die Hongkonger eher neidisch auf Shenzhen: »Die Shenzhener Regierung war sehr aggressiv in der Bekämpfung der Luftverschmutzung, während die Hongkonger Regierung extrem langsam ist«, empört sich Edwin Lau Che-feng, Gründer und Chef der Umweltgruppe The Green Earth in Hongkong, »es ist sehr frustrierend«.

Shenzhen dagegen bekommt Schulterklopfen von allen Seiten. Es hagelt nahezu ausschließlich Lob. McKinsey nennt

Shenzhen »die nachhaltigste Stadt« in China. Der WWF konstatiert: »Shenzhen ist nicht nur an der Spitze der schnellen Urbanisierung und Modernisierung in China, sondern auch bei der Entwicklung einer nachhaltigen Stadt.« Michael Baldinger, Leiter Nachhaltiges Investieren bei der Schweizer Großbank UBS, schreibt: »Shenzhen entwickelte sich zu Chinas führender Stadt für nachhaltige Politik durch die Einstellung schmutziger Industrien, Aufstellen neuer, strenger Umweltauflagen, Unterstützung klimafreundlicher Industrien und der Regenerierung städtischer Flächen.«

Gerade Letzteres ist für eine Stadt dieser Größenordnung sehr ungewöhnlich. Professor Ng Mee Kam, Direktor für urbane Studien an der Chinese University of Hong Kong, lobt: »Shenzhen ist eine Pionierstadt in Sachen Ökologie. Die Stadt hat 44 Prozent ihres Gebietes als Schutzfläche ausgewiesen, auf der keine Bebauung stattfinden darf.«

Es sind viele Maßnahmen – Gebote wie Verbote –, die Shenzhen in diese Vorbildfunktion gehievt haben. Nur ein Beispiel: Schiffe mit Dieselmotoren, die die Häfen von Shenzhen anlaufen, müssen diesen schon draußen auf See ausmachen. Stattdessen bekommen sie per Kabel Strom vom Land.

Shenzhen beweist, dass auch eine Stadt dieser Größenordnung Ökonomie und Ökologie verbinden kann, dass nicht das eine zu Lasten des anderen gehen muss.

Dabei wurden auch rabiate Mittel angewendet. Schmutzige, meist arbeitsintensive Industrien wurden in den vergangenen Jahren systematisch aus der Stadt gedrängt. Sie wanderten weiter ins Landesinnere oder gleich ins Ausland (und verlagerten damit nur das Umweltproblem).

Die Vertreibung gelang durch erhöhte Wasser- und Energiepreise (diese Preise können von den Kommunen festgesetzt werden), eine Erhöhung der Mindestlöhne und strenge Umweltschutzauflagen. In unerwünschte Fabriken wurden permanent Inspektoren geschickt, die auf die Einhaltung der Auflagen drängten. Li Yan von Greenpeace erzählt: »Firmen, die täglich die

Umwelt verschmutzten, bekamen fast stündlich Besuch von Inspektoren.«

Höhere Preise und strengere Auflagen führten auch zu Verhaltensveränderungen der Verbraucher. Die Bürger Shenzhens nutzen Energie und Wasser effizienter. Der Verbrauch von Strom und Wasser ist in den vergangenen Jahren – relativ gemessen – permanent gesunken.

Sauberere Luft, klareres Wasser – die Stadtverwaltung schwärmt bereits: »Grüne Berge und Flüsse, blauer Himmel und weiße Wolken sind zur neuen Visitenkarte der Stadt geworden.«

Das ist dann doch vielleicht etwas zu viel Postkartenidylle.

Siebtes Kapitel

HOHER AUFWAND, HOHER ERTRAG – Unternehmen, nicht Universitäten dominieren die Forschungslandschaft

> »Vor wenigen Jahren musstest du ins Silicon Valley gehen, wenn du die neueste Technologie wolltest. Heute findest du sie zunehmend in Shenzhen.«
>
> *Etienne Ravaud, Chief Operating Officer, Airbus China Innovation Centre*

Fährt man auf der sechsspurigen G94 nach Norden und verlässt diese beim Exit 40, stößt man nach wenigen Metern auf dem europäischen Bildungsbürger vertraute Gebäude und glaubt kurzzeitig zu halluzinieren: Ist das nicht Granada oder Bologna oder Heidelberg oder Verona oder Fribourg? Und ist das nicht ein roter Waggon der Schweizer Bahn, der über das Gelände kurvt und diese Städte verbindet?

Das ist kein Disneyland. Die Gebäude sind echt, und auch die Menschen, die in ihnen arbeiten. Es sind Forscher und Ingenieure von Huawei. Tausende arbeiten hier. Jede »Stadt« hat ihren eigenen Forschungsschwerpunkt. In Granada zum Beispiel arbeiten 2 300 Forscher an der Entwicklung von Halbleitern.

Bei Huawei sind fast die Hälfte der 180 000 Mitarbeiter im Forschungsbereich tätig, nicht nur in Dongguan und Shenzhen, sondern weltweit. Kein Unternehmen der Welt leistet sich einen solchen Aufwand.

Huawei ist symptomatisch für die Wissenschaftslandschaft in Shenzhen. Die Innovationstreiber hier sind die Unternehmen, allen voran die großen Konzerne. So hat der Auto- und Batteriekonzern BYD rund 16 000 Ingenieure in Forschung und Entwicklung; beim Drohnenhersteller DJI arbeiten rund 40 Prozent der Beschäftigten in der Forschungsabteilung, beim Internetgiganten Tencent sind es gar mehr als die Hälfte. Und die in Shenzhen immer wichtiger werdenden Bioetch-Unternehmen wie BGI oder iCarbonX sind per se schon sehr forschungslastig.

Irgendjemand in Shenzhen hat mal die Regel der vierfachen 90 definiert: 90 Prozent der Forschungsausgaben in Shenzhen stammen aus Unternehmen, ebenso 90 Prozent der Beschäftigten in Forschung und Entwicklung, 90 Prozent der Ausgaben und 90 Prozent der Ergebnisse. Diese so deutliche Dominanz der – überwiegend privaten – Unternehmen im Forschungsbereich ist einmalig in China.

Die Investitionen von Firmen, aber auch der Stadt summieren sich zu einer stolzen Zahl. Shenzhens Parteichef Wang Weizhong rechnet vor: »Die Investitionen von Shenzhen in wissenschaftlich-technologische Forschung betragen derzeit 4,13 Prozent des BIP. Das ist fast identisch mit dem Niveau von Südkorea und Israel.« Solche forschungsintensiven Länder sind die Benchmarks für Shenzhen, nicht Deutschland oder die USA mit ihren mageren 2 bis 3 Prozent.

Shenzhen hat anders als das Silicon Valley, aber auch anders als Beijing oder Shanghai, keine prestigeträchtigen traditionellen Universitäten. Im Silicon Valley gibt es die dominierende Stanford University, die dort das wissenschaftliche Epizentrum bildet. In Beijings Nordwesten bildet sich um die Tsinghua University und die Peking University (Beida Daxue, abgekürzt Beida) die innovative Unternehmensszene und in Shanghai besteht der wissenschaftliche Überbau aus den Universitäten Fudan, Jiaotong und Tongji.

In der Provinz Guangdong war und ist Guangzhou das akademische Zentrum, allen voran die Sun-Yat-sen University, die einst von Sun Yat-sen, dem Gründer der ersten chinesischen Republik, geschaffen wurde.

Und in Shenzhen? Da gibt es gerade mal zwei Hochschulen von einigermaßen Rang – die Shenzhen University und die Southern University of Science and Technology (kurz Sustech). Beides sind sehr junge Universitäten, aber beide bekommen sehr viel Geld von der Stadt, und beide haben sehr hohe Ansprüche. Doch es wird dauern, bis sie in der Topliga mitspielen und den notwendigen wissenschaftlichen Nachwuchs heranzüchten.

In der Zwischenzeit kaufen die Stadtoberen das fehlende Know-how einfach in aller Welt ein. Geld spielt dabei offenbar keine Rolle. Ihre Strategie ist dabei klar: Sie wollen die Topleute. Neun Nobelpreisträger haben sie bereits nach Shenzhen gelockt. Der Deal: Diese geben ihren Namen her, dafür bekommen sie Geld und exzellente Bedingungen für ihre Forschung.

Dazu kommen die Heimkehrer aus aller Welt, aber meist aus den USA, und dort vor allem aus dem Silicon Valley. Die Trumpsche Anti-China-Politik hat viele forschende Überseechinesen verunsichert. Sie fühlen sich nicht mehr erwünscht in dem einst gelobten Land. Stattdessen flüchten sie in die gelobte Stadt – nach Shenzhen.

Shenzhen ist zwar nicht Kalifornien, bietet aber auch viel Sonne und Wasser. Das Klima ist angenehm, sieht man einmal von den schwül-heißen Sommermonaten ab.

Doch der Wissenschaftsstandort Shenzhen hat auch Schattenseiten. Zum Beispiel ganz am Anfang des Bildungssystems – in den Schulen.

Schulprobleme

Longhua ist ein Bezirk im Norden Shenzhens. In der Nähe ist das Headquarter von Huawei. Die Einwohnerzahl steigt ständig. Viele Eltern, viele Kinder, aber wenig Schulen, wenig Lehrer. Ein Missverhältnis, das in der ganzen Stadt ein großes Problem darstellt.

Während sich die Zahl der Einwohner Shenzhens seit 1979 vervielfachte, stieg zum Beispiel die Zahl der Grundschulen lediglich von 226 auf 342. Die Zahl der Mittelschulen wuchs um den Faktor 15. Immerhin, aber auch das ist viel zu wenig.

Ein Vergleich mit der – an Einwohnern – kleineren Provinzhauptstadt Guangzhou macht die Misere deutlich. Während es dort 961 Grundschulen gibt, sind es in Shenzhen eben nur 342. Während dort an diesen Schulen knapp 45 000 Lehrer unterrichten, sind es in Shenzhen nur rund 28 000.

Zum quantitativen Problem gesellt sich ein qualitatives Problem. Immer weniger Lehrer wollen in Shenzhen unterrichten. Die Stadt ist für sie zu teuer geworden, vorneweg beklagen sie die hohen Mieten und Immobilienpreise.

Um trotzdem Lehrer in die Stadt zu locken, unternahm die Schulverwaltung des Bezirks Longhua im September 2019 einen spektakulären Schritt. Sie suchte 400 Lehrer für Grund-, Mittel- und Oberschulen per Anzeige und bot ihnen Jahresgehälter von bis zu 280 000 Yuan. Das ist das Dreifache des durchschnittlichen Lehrergehaltes. Und obendrein gab es noch 165 Tage im Jahr frei.

Es folgte eine große Diskussion bei Weibo – dem chinesischen Twitter –, an der sich über 60 Millionen User beteiligten und das Für und Wider eines solchen exorbitanten Gehaltssprungs diskutierten. Die Schulverwaltung in Longhua jedenfalls wertete ihre Aktion als Erfolg. Sie bekam 35 000 Bewerbungen, aus denen sie schließlich 491 auswählte. Schon zuvor hatte der Bezirk Yantian 20 Lehrer aus Beijing mit einem Gehalt zwischen 290 000 und 330 000 Yuan nach Shenzhen gelockt.

Aber beide Lehreranwerbeaktionen waren nur ein kleiner, qualitativer Beitrag zum viel größeren, quantitativen Problem: dem Mangel an Plätzen vor allem an den Mittelschulen. Nur 35 000 von knapp 80 000 Schülern – und das sind offizielle Zahlen – bekommen einen Platz an einer Mittelschule in Shenzhen. Für viele Eltern, die ja so viel Wert auf die Bildung ihres Kindes legen, ist es eine Horrorvorstellung, dass ihr Kind keinen Mittelschulplatz ergattert.

Alice Xu zum Beispiel. Sie ist selbst Lehrerin und hat eine neunjährige Tochter. Die Aussicht, dass diese keinen Platz an einer weiterführenden Schule bekommen könnte, bereitete ihr schlaflose Nächte. Sie bekam Depressionen, musste zum Arzt gehen, verriet sie der *South China Morning Post*. Danach sagte sie: »Der Arzt sagte mir, dass ich nicht allein sei mit diesen Sorgen, und er viele Patienten mit ähnlichen Ängsten habe.« Mittlerweile schickt sie ihre Tochter in teure Nachhilfestunden, um ihre Chancen zu erhöhen. Doch das machen viele andere Eltern auch. Im vergangenen Sommer nahmen 90 Prozent der Schüler aus Shenzhen an so genannten Summer Courses teil, so etwas wie Nachhilfewochen. Ein Drittel belegte sogar gleichzeitig drei Kurse.

Und die, die es sich leisten können, schicken ihre Kinder auf die internationalen Schulen. Ihre Zahl nimmt ständig zu. Die beste – nach einem Hurun Ranking – ist das Shenzhen College of International Education (SCIE). Seit der Gründung verfolgt diese Schule »the English Policy«. Alle Lehrer und Schüler müssen auf dem Campus Englisch reden. Von den 90 Lehrern sind etwas mehr als die Hälfte Ausländer.

Doch diese privaten Schulen lösen das Problem nicht. Die Stadt muss mehr tun. Es ist nicht so, dass das Problem in der Stadtregierung nicht erkannt wird. Sie versucht, neue Schule zu bauen. Aber das Land ist knapp. Und manche Bezirke verkaufen die wertvollen Quadratmeter lieber an irgendwelche Hightechfirmen oder Immobilienhändler.

Bei den Hochschulen sieht die Stadt etwas mehr Land.

Junge Universitäten

Mit einem Golfwägelchen werde ich über den weitläufigen Campus der Sustech kutschiert. Wir fahren am Wetland Park vorbei, die Lychee Hills hoch, links und rechts sind Studentenwohnheime, Apartmenthäuser mit Ein- und Zwei-Zimmer-Wohnungen für die Lehrenden, ein Baseballfeld, Tennis- und Basketballplätze, noch viele Baustellen.

Die Southern University of Science and Technology (Sustech) ist eine sehr junge Universität. 2010 bekam sie die Genehmigung, zwei Jahre später wurde sie eröffnet. Die junge Uni ging gleich von Beginn an neue, ungewöhnliche Wege. So wurde der erste Präsident von Headhuntern gesucht und nicht etwa von irgendwelchen Parteigremien inthronisiert. Auch die Fakultätschefs werden unabhängig von der Verwaltung bestimmt.

Aktueller Präsident ist Chen Shiyi, ein Physiker. Er hat reiche Auslandserfahrung. Seine Stationen in den USA waren allererste Adressen: Los Alamos National Laboratory, IBM Research, Johns Hopkins University. Er hat große Ambitionen. Im Oktober 2018 hielt Chen Shiyi einen Vortrag über »First-Class Cities and First-Class Universities«. Darin kündigte er an, die Sustech als eine Forschungsuni der Weltklasse zu positionieren. »Wir haben das Zeug dazu, diesen Status zu erreichen.« Doch erst einmal gibt er sich mit einem bescheideneren Ziel zufrieden. Bis 2025 soll die Sustech zu den besten chinesischen Unis gehören. Derzeit liegt der Newcomer immerhin schon auf Platz neun.

Viele Lehrbücher an der Uni stammen aus Nordamerika und Europa. Viele Kurse und Seminare sind in Englisch. Das bedeutet kein (Sprach-)Problem, denn viele Lehrende waren in den USA und anderen Ländern. Präsident Chen Shiyi sagt: »Derzeit sind über 95 Prozent der Fakultätsmitglieder Rückkehrer aus dem Ausland.«

Beispiel Deng Weiwei, Anfang 40. Er lehrte an der Virginia Tech in den USA, jetzt ist er Professor am Department of Mechanics and Aerospace Engineering. Er hielt einst im Mai 2016 einen Gastvortrag an der Sustech, wo er den Präsidenten Chen Shiyi traf, der ihn dann einlud, nach China zurückzukehren und an der Sustech zu lehren. »Bevor ich die Sustech in Shenzhen besuchte, dachte ich nie daran, nach China zurückzukehren«, sagte Deng Weiwei. Wichtig für ihn war, dass seine Frau auch Shenzhen besuchte und nach ihrer Rückkehr zu ihm sagte: »Ich habe mich sehr bemüht, einen guten Grund zu finden, dich davon abzuhalten, nach China zurückzukehren, aber ich muss zugeben, dass ich keinen gefunden habe«. Am 26. Januar 2017 reichte Deng bei der Virginia Tech sein Rücktrittsschreiben ein und flog mit Frau und Tochter nach Shenzhen.

Was die Sustech so attraktiv macht: Hier dürfen Professoren – wie es zum Beispiel an der Stanford University gang und gäbe ist – Anteile an Unternehmen halten, die auf der Basis ihrer Forschung gegründet wurden. Die Sustech hat auch ein College for Innovation and Entrepreneurship. Professoren dürfen sich einen Tag pro Woche aus dem Unibetrieb ausklinken und unternehmerischen Tätigkeiten nachgehen, zum Beispiel ein Start-up gründen. Über 20 Unternehmen entstanden schon so.

Etwas älter als die Sustech ist die Shenzhen University (abgekürzt SZU), die andere der beiden führenden Hochschulen der Stadt. Sie liegt mitten in Nanshan, umgeben von Industrieparks und Techunternehmen. Symbolhaft ist die Einbettung des Unigeländes zwischen alter und neuer Konzernzentrale von Tencent: Im Norden des Unigeländes steht der Büroturm des alten Tencent-Headquarters, am südlichen Ende des Campus ragen die beiden Türme des neuen Headquarters von Tencent hervor. Tencent-Gründer Pony Ma hat Anfang der 1990er Jahre an der Shenzhen University Computerwissenschaft studiert und fühlt sich seiner Alma Mater immer noch sehr verbunden, was sich auch in dem ein oder anderen Scheck unbekannter Größe manifestiert.

Der Campus der SZU ist sicher einer der schönsten in China. Ich passiere den Nordeingang, laufe die palmenumsäumte Straße hinunter. Rechts ein großes Sportgelände. Schwimmbad, Basketballplätze, Sporthalle, Stadion. Was sofort auffällt: viel Grün, viele Blumen, viele Litschibäume und mittendrin zwei Seen. Auf dem weitläufigen Gelände fahren große Golfwagen mit der Aufschrift *SZ University Bus* – natürlich elektrisch angetrieben. Es ist Sonntag, trotzdem flanieren – besser: eilen – viele Studenten über den Campus.

Die Shenzhen University wurde 1983 gegründet. Sie hatte mit Luo Zhengqi einen charismatischen Gründungspräsidenten. Unter ihm gab es viel Selbstbestimmung, viele Freiheiten und Mitsprache der Studenten. Heute ist sie längst eine Volluniversität, an der fast alle akademischen Fächer angeboten werden. Rund 35 000 Studenten werden dabei von 3 700 Lehrkräften unterrichtet. Inzwischen ist die SZU auch unter den 20 besten chinesischen Unis.

Neben den beiden großen Universitäten gibt es noch eine ganze Anzahl kleinerer Hochschulen und Forschungsinstitute. Darunter auch eine, für die Deutschland das Vorbild war.

Platz für neue Hochschulen

Shenzhen hat vielfältige Beziehungen zu Bayern. Nürnberg ist schon seit Langem Partnerstadt. In München sitzt Yuan Xin. Sie ist dort die Vertreterin von Invest Shenzhen, die europäische Investoren nach Shenzhen locken soll. Und in Shenzhen hat Bayern als einziges Bundesland ein Verbindungsbüro.

Bei diesen zahlreichen Kontakten ist den Partnern aus Shenzhen aufgefallen, dass es in Deutschland und insbesondere in Bayern einen Hochschultypus gibt, der sehr praxisnah lehrt und deswegen sehr gut ins Bildungskonzept von Shenzhen passt: die Fachhochschule oder – wie sie neuerdings heißt – Hochschule für angewandte Wissenschaften.

Das wäre doch auch etwas für Shenzhen, dachten die Bildungspolitiker der Stadt. Und so wurde die Shenzhen Technology University gegründet, unter anderen mit freundlicher Mitarbeit der FH Würzburg-Schweinfurt. Nur drei Jahre dauerte es von der Idee bis zur Realisierung. Vergangenes Jahr kamen die ersten Studenten auf den Campus in Pingshan im Osten der Stadt.

Das Kriterium für die Einstellung von Lehrenden ist nicht mehr ein umfangreiches Publikationsverzeichnis, sondern Erfahrung im Management. Praxis statt Theorie. Mit diesem für China neuen Typus von universitärer Ausbildung ist Shenzhen mal wieder in der Vorreiterrolle.

Natürlich wird auch diese neue Uni großzügig von der Stadtverwaltung unterstützt.

Für Hochschulbildung ist in Shenzhen immer Geld und Platz da. Im Norden von Nanshan haben die städtischen Bildungsplaner schon vor Jahren einen Megacampus angelegt. Sein Name zeugt von Größe: Shenzhen University Town. Dort haben sich inzwischen die Ableger der führenden chinesischen Unis etabliert. Einträchtig liegen die Campusse der beiden Beijinger Eliteunis nebeneinander – die Tsinghua und die Peking University. Ein paar Meter weiter hat sich das Harbin Institute of Technology breit gemacht. Die Hochschule aus dem hohen Norden Chinas gilt als eine Kaderschmiede für technisches Führungspersonal.

Aber auch ausländische Eliteunis sind inzwischen in Shenzhen mit eigenen Instituten vertreten. Die US-amerikanischen Hochschulen Harvard, Berkeley und Georgia Tech waren die ersten. Die britische Cambridge University denkt gerade über ein Kooperationsprojekt nach.

Und da ist noch das Shenzhen Institutes of Advanced Technology (SIAT). Es wurde 2006 von der CAS und der Stadtregierung Shenzhen gegründet. CAS steht für Chinese Academy of Sciences, also Akademie der Wissenschaften, in etwa vergleichbar mit den deutschen Institutionen Fraunhofer-Gesellschaft oder Max-Planck-Gesellschaft. Hier wie dort wird Grundlagenforschung betrieben.

Das SIAT begann mit fünf Leuten, heute sind dort rund 2000 Akademiker tätig. Kommuniziert wird meist in Englisch, auch weil viele ausländische Wissenschaftler dort forschen. Zum Beispiel – zumindest temporär – ein deutscher Nobelpreisträger.

Nobel, nobel

Erwin Neher kam vor drei Tagen aus Deutschland nach Shenzhen. Jetzt sitzt er in der ebenso coolen wie kühlen Lobby des Sheraton Hotels in University Town. Immer wieder blickt er auf seine Uhr. Er wird bald abgeholt. Es geht zurück zum Flughafen, dann nach Beijing und Nanjing, von dort zurück nach Frankfurt.

Mehrere dieser Kurztrips nach Shenzhen macht der 75-jährige Neher jedes Jahr. Denn dort hat er The Shenzhen Neher Neural

Plasticity Laboratory mitgegründet. Es ist räumlich und organisatorisch in das SIAT integriert.

Zu Hause ist Neher in Göttingen. Dort forscht er immer noch am Max-Planck-Institut für biophysikalische Chemie. 1991 hat er den Nobelpreis in Medizin bekommen – zusammen mit dem Amerikaner Bert Sakmann. Die beiden wiesen als Erste nach, dass in der Zellhülle winzige Ionenkanäle existieren, die viele Körperfunktionen steuern.

Neher hat schon seit Beginn der 1990er Jahre Kontakte zu China, meist über Doktoranden, die bei ihm promovierten. Einer von ihnen hat Karriere gemacht, ist innerhalb der Chinesischen Akademie für Wissenschaften eine große Nummer geworden. Und dieser hat auch den Kontakt zu Shenzhen hergestellt. Im August 2018 reiste er nach Shenzhen, traf auch Parteichef Wang. Das zeigt, wie hoch das hier aufgehängt ist.

Sein Institut in Shenzhen besteht derzeit aus 30 Forschern, soll aber sukzessive auf 50 erhöht werden. Neher sieht sich in der »Rolle des Mentors«. In der Abmachung steht, dass er mindestens 30 Tage im Jahr vor Ort in Shenzhen sein muss. Meist verbindet er die Stippvisiten mit anderen Reisen nach China oder in die asiatische Region.

Neher ist einer von zehn Nobelpreisträgern, die die Stadtoberen nach Shenzhen locken wollen. Das Ziel haben sie fast erreicht. Nicht weniger als neun globale Laureaten haben sich bislang entschieden, in Shenzhen den Aufbau eines Labs unter ihrem Namen zu begleiten. Neben Neher sind das folgende acht Nobelpreisträger, fast alle sind Amerikaner (ob Donald Trump davon weiß?):

- Robert Grubbs (Nobelpreis Chemie, 2005) gründete im Mai 2016 das Shenzhen Grubbs Research Institute,
- Shuji Nakamura (Physik, 2014) im November 2016 das Shuji Nakamura Laser Lighting Laboratory,
- Arieh Warshel (Chemie, 2013) im April 2017 das Arieh Warshel Institute of Computational Biology,

- Brian Kobilka (Chemie, 2012) im April 2017 das Kobilka Institute of Innovative Drug Discovery,
- Thomas Sargent (Wirtschaft, 2011) im Juni 2017 das Sargent Institute of Quantitative Economics and Finance,
- Andre Geim (Physik, 2010) im Dezember 2017 das Shenzhen Geim Graphene Research Center,
- James Watson (Medizin, 1962) im März 2018 das International Life Science and Technology Center, und
- Randy W. Schekman (Medizin, 2013) im August 2018 das Randy Schekman International Joint Laboratory of Medicine.

Ist das jetzt nur Name-Dropping? Geben hier ein paar weltbekannte Wissenschaftler auf ihre alten Tage gegen Bares noch ihren Namen her, um den Wissenschaftsstandort Shenzhen aufzuwerten? Oder sind von diesen noch jungen Labs substanzielle, wegweisende Forschungsergebnisse zu erwarten?

Die älteren Herren verwahren sich gegen die Unterstellung, hier nur Kasse machen zu wollen. Das sei kein Window-Dressing. Schließlich hätten sie ja auch einen Ruf zu verlieren. Nein, sie sind überzeugt, dass Shenzhen ihre Forschung weiterbringt, nicht zuletzt, weil ihre Labs bestens ausgerüstet sind und auch oft die besten Köpfe Chinas haben. Andre Geim sagt: »Shenzhen ist der dynamischste und innovativste Platz in China.«

Die Nobelpreisträger sind die prominentesten wissenschaftlichen »Gastarbeiter« in Shenzhen, aber bei weitem nicht die einzigen.

Bonbons für Talente

Wer als Ausländer eine Aufenthaltsgenehmigung oder Arbeitserlaubnis in China benötigt, kennt das: viele Dokumente, viele Termine bei diversen Ämtern, viel Schlangenstehen. Das ist nun in Shenzhen vorbei. Man muss nur einmal anstehen: An einem der Schalter mit den Nummern 32 bis 35 im Civic Center, der Stadtverwaltung mitten in Futian.

Auch Chinesen haben es nicht einfach, eine Wohngenehmigung, die so genannte *hukou*, zu bekommen. Man schätzt, dass in der 20-Millionen-Stadt Shenzhen nur vier Millionen Einwohner eine *hukou* haben. Nur mit ihr bekommt man die Sozialleistungen der Stadt, und nur mit ihr haben die Kinder Zugang zu den Schulen. Seit Juni 2018 ist der Erhalt einer *hukou* zumindest für chinesische Akademiker, die nach Shenzhen umziehen wollen, wesentlicher einfacher geworden. Sie können ihre *hukou* sogar online betragen.

Aber nicht nur bei Behördengängen ist Shenzhen innovativ und wieder einmal Vorreiter für den Rest des Landes. Die Stadt weiß auch sonst, wie man Wissenschaftler – egal, ob rückkehrwillige Chinesen oder Ausländer – in ihre Stadt lockt. Es gibt dafür verschiedene Programme, nationale wie lokale. Auf nationaler Ebene lockt der Tausend-Talente-Plan, 2008 von der Zentralregierung installiert. Auch Ausländer können sich dafür bewerben. Einzige Bedingung: Man muss jünger als 55 Jahre sein.

Shenzhen legte mit dem Talent Peacock Plan noch eins drauf. Die Stadt startete das Programm 2011. Es gibt Fördergelder für internationale Spitzenleute, Akademiker oder Experten in den Hightechindustrien. Sie reichen von 800 000 bis 1,5 Millionen Yuan, darin sind Mietzuschüsse und die Sozialleistungen für die gesamte Familie enthalten.

Für Forschungsteams, die jeweils aus einem Leiter und mindestens zwei weiteren Experten bestehen müssen, gibt es als Maximum immerhin 100 Millionen Yuan. Über 3 200 Leute haben schon nach dem Peacock Plan Geld bekommen. Fast alle – nämlich exakt 96 Prozent – waren promoviert, 94 Prozent waren chinesische Rückkehrer.

Neben Geld aus diversen Fördertöpfen gibt es eine Reihe von weiteren Vergünstigungen. Zuschüsse zu Mieten zum Beispiel, da die Wohnungspreise in Shenzhen in den vergangenen Jahren geradezu explodiert sind. Außerdem wird für – so der Terminus der Behörden – »ausländische Talente« die Steuer gesenkt. Statt dem maximalen Steuersatz von 45 Prozent müssen sie seit August 2019 nur noch 15 Prozent zahlen. Die Differenz wird aus der Stadtkasse bezahlt.

Um ihre Stadt als Standort und als Arbeitsplatz zu promoten, reisen ihre Vertreter rund um die Welt – und wagen sich sogar in die Höhle des Löwen, ins Silicon Valley. Auf einer Konferenz in Santa Clara machte Parteichef Wang Weizhong höchstpersönlich Werbung für seine Stadt: »Shenzhen ist eine Stadt der Innovationen, die global wettbewerbsfähig ist. Neue Technologien werden dort in größter Geschwindigkeit in Produkte umgesetzt.«

Diesem Lockruf folgen immer mehr Chinesen, vor allem in den USA, ob aus dem Silicon Valley oder von der Ostküste. Für Professor David Zweig, Professor an der Hongkong University of Science and Technology, ist Shenzhen der größte Profiteur der chinesischen Studienprogramme im Ausland. Er sagt: »Sie bekommen verdammt viele gute Leute zurück. Und diese sind vor allem an Informationstechnologie, Life Sciences und Biotech interessiert.«

Beispiele solch erfolgreicher Rückkehrer gibt es genügend.

Good-bye USA – Hello Shenzhen

Ganz im Westen Shenzhens, in Qianhai, entsteht gerade ein völlig neues Viertel. Ein neues Messezentrum, ein neuer Bahnhof, ein neues Finanzzentrum und jede Menge Bürotürme.

In einem bin ich mit David Ge verabredet. Vor zwei Wochen hat er mit seinem kleinen Team die 18. Etage bezogen, insgesamt 1500 Quadratmeter groß. Es riecht noch alles sehr neu. Einige Möbelstücke sind noch plastikverschweißt.

David Ge ist Chef des Bioetechunternehmens Apostle. Es forscht an Diagnosegeräten zur Früherkennung von Krebs. Er hat in den USA studiert, gelehrt (Duke University) und gearbeitet. Mit Apostle machte er sich selbstständig. Erst in den USA, dann suchte er einen chinesischen Standort. Aber wohin dort?

»Ich bin bis zum Jahr 2017 noch nie in Shenzhen gewesen«, sagt er. Dann machte er Mitte 2017 eine Tour durch 15 Städte in China – von Dalian im Norden über Chongqing im Westen bis nach Xiamen und Shenzhen im Süden. Die Wahl fiel auf Shenzhen. Warum? »Die Stadt ist so jung und so voller Ambitionen«. Die jungen Leute hier seien extrem motiviert. Bis 22 Uhr zu arbeiten, sei kein Problem für sie. Und – er schaut aus dem Fenster hinaus auf das nahe Südchinesische Meer – auch von der Geografie ähneln sich Kalifornien und Shenzhen. Er liebe die Nähe zum Meer.

Er begleitet mich aus seinem Büro ein Zimmer weiter, zum Meeting Room. Er heißt Mount Everest und an der Wand hängt ein Foto desselben. »Das zeigt unsere Ambitionen«, sagt er und lächelt dabei gar nicht. Er meint es wohl ernst. Im Raum sitzt Bo Zhang, sein Mitgründer und Ex-Stanford-Forscher, vom Magazin *Forbes* als einer der 30 besten Entrepreneure Chinas geadelt. Bo Zhang sagt: »Hier ist man schneller als im Silicon Valley. Dort setzte man das nächste Meeting in ein oder gar zwei Wochen an, hier dagegen morgen.« Er sieht aber auch einen Nachteil dieser rasenden Geschwindigkeit: Man komme kaum zum Luftholen, sprich Nachdenken. Aber gerade in der Grundlagenforschung brauche man diese reflektierenden Ruhepausen.

Beide – Ge und Zhang – pendeln noch zwischen Kalifornien und Shenzhen.

Chen Ning dagegen pendelt nicht mehr. Er hat sich schon vor Jahren hier in Shenzhen niedergelassen. Er sagt: »Shenzhen ist die geeignetste Stadt in China für Rückkehrer aus Übersee.« Chen ist Mitgründer von IntelliFusion Technologies. Das ist das Unternehmen, das bei der Gesichtserkennung führend ist (siehe fünftes Kapitel).

Er hat 2012 am berühmten Georgia Institute of Technology promoviert. 2014 kehrte er nach China zurück und wählte Shenzhen als Standort für sein Start-up, das heute längst ein Einhorn mit einer Bewertung jenseits der Eine-Milliarde-Dollar-Grenze ist. »Shenzhen und das Silicon Valley sind ähnlich im

Temperament«, sagt er, »beides sind Plätze für Immigranten, und die Atmosphäre für Innovationen und Entrepreneurship ist die gleiche.«

Und doch gibt es einen Unterschied, der für Chen entscheidend war. Hier bekommt man die Hardware zu seiner Idee. Dieses Argument hat einen weiteren prominenten Rückkehrer auch überzeugt: Bill Liu.

Er ist Chairman and CEO von Royole. Seine Firma hat im November 2018 das erste faltbare Smartphone produziert. Nicht Huawei, nicht Samsung, sondern Royole. Die Idee kam Liu schon während seines Studiums zum Elektroingenieur in Stanford. Mit zwei anderen Exkommilitonen von der Stanford University – Wei Peng and Yu Xiaojun – siedelte er 2013 nach Shenzhen um, wo er auch die nötigen Investoren aus der VC-Szene fand.

Heute produziert Royole mit über 2000 Beschäftigten anspruchsvolle Bildschirme und eben diese faltbaren Smartphones. Royole ist heute über 5 Milliarden US-Dollar wert. Und als größter Anteilseigner wird Chens Vermögen inzwischen auf 2,1 Milliarden US-Dollar taxiert.

Diese Rückkehrer, die meist in den USA an den besten Universitäten studiert haben und teilweise danach noch Erfahrungen in US-amerikanischen Unternehmen gesammelt haben, sind ganz wichtige Akteure im Ecosystem Shenzhens. Anders als die Talente, die aus anderen Landesteilen Chinas nach Shenzhen kommen, bringen sie mehr und anderes Know-how mit und bereichern damit das Innovationssystem Shenzhens.

Die Patentweltmeister

Es ist ein sehr interessanter Vergleich. Er sagt viel aus, wie sich die Gewichte in der Weltwirtschaft verschoben haben. Im Jahr 2005 hatten folgende fünf Unternehmen weltweit die meisten Patentanmeldungen eingereicht: Philips, Panasonic, Siemens,

Nokia und Bosch. Also vier Europäer – darunter sogar zwei Deutsche – und ein Japaner.

2018 war keiner von diesen Konzernen mehr unter den Top Five vertreten. Die Reihenfolge lautet jetzt: Huawei, Mitsubishi Electric, Intel, Qualcomm und ZTE. Kein Europäer war mehr dabei, dafür gleich zwei Unternehmen aus Shenzhen.

Huawei ist der Patentweltmeister. Und Shenzhen die Hauptstadt der Patente. Das World Economic Forum konstatiert: »Shenzhen wird zu einem Machtzentrum für Patente.« Und Shenzhens Parteichef Wang verkündet stolz: »2018 beliefen sich die internationalen Patentanmeldungen offiziellen Angaben zufolge auf 20400. Damit führt Shenzhen 14 Jahre in Folge alle Städte landesweit an.« Die Hälfte aller internationalen chinesischen Patente kommt aus Shenzhen. Das sind mehr als in Frankreich oder Großbritannien. Eine Stadt so innovativ wie ein großes europäisches Land.

Ich weiß, jetzt werden wieder die Kritiker kommen und sagen, dass man das so nicht vergleichen könne. Die chinesischen Patente hätten doch nicht die Qualität wie die europäischen oder US-amerikanischen. Ist das noch Arroganz oder schon Ignoranz? Mit dieser Qualitätsdiskussion lässt sich wunderbar von der Tatsache ablenken, dass China in einigen zukunftsträchtigen Industrien und Technologien weiter ist als der Westen, der aber genau dieses nicht wahrhaben will und deshalb gerne verdrängt.

Zurück zur Patentstatistik: In Shenzhen kommen die Patentanmeldungen vor allem aus den Branchen Informations- und Kommunikationstechnologie sowie zunehmend aus dem Bereich Biotech. Von den Unternehmen aus Shenzhen sind Oppo, ZTE, Tencent und natürlich Huawei die fleißigsten und kreativsten.

Huawei vermeldet für Ende 2018 einen Bestand von exakt 87805 Patenten, davon waren 11152 in den USA angemeldet. Einen Schatz, den Huawei bislang mehr oder weniger verwaltet hat. Doch die Zeiten ändern sich. Huawei wird vor allem vom US-amerikanischen Präsidenten Donald Trump und seinen protektionistischen Ja-Sagern um Peter Navarro fast als Staatsfeind betrachtet, der in den USA nichts mehr verkaufen und auch nichts mehr einkaufen darf. Es herrscht Technokrieg.

Und jetzt kommen die Patente ins Spiel. »Patente entwickeln sich zunehmend als Waffen im Wirtschaftskrieg«, sagt der Patentanwalt Brad Hulbert von der Kanzlei McDonnell Boehnen Hulbert & Berghoff in Chicago. Huawei entdeckt plötzlich, dass es noch einige offene Rechnungen mit US-amerikanischen Telekomunternehmen hat, die bislang ihre Patente kostenfrei genutzt haben.

Damit sei nun Schluss. Die ersten Zahlungsaufforderungen flatterten zum Beispiel beim US-amerikanischen Mobilfunkbetreiber Verizon ein. Über 1 Milliarde US-Dollar forderte darin Huawei von Verizon für die Benutzung von 230 aufgelisteten Patenten.

Noch haben die Amerikaner nicht bezahlt und wollen das offenbar auch gar nicht tun. Sie bekommen dafür sogar Rückendeckung vom republikanischen Senator Marco Rubio, der per Gesetz verbieten will, dass Huawei die ausstehenden Patentzahlungen vor einem Gericht einklagen kann.

Know-how-Transfer mal anders herum

Sogar der damalige Airbus-Chef Tom Enders reiste extra aus Europa an, um am 21. Februar 2019 in Shenzhen ein Lab des Flugzeugbauers zu eröffnen. Lab ist bei vielen Konzernen inzwischen ein Modewort. Früher sagte man mal Forschungszentrum dazu. Lab dagegen klingt irgendwie moderner, innovativer.

Airbus nannte das Lab Airbus China Innovation Centre. Bei der Eröffnung sprach Enders: »Shenzhen ist berühmt für seine Geschwindigkeit, was sicher gut für unser Unternehmen ist. Wir müssen nämlich offener für Innovationen bei größerer Geschwindigkeit sein.«

Airbus will sich also anstecken lassen vom *entrepreneurial spirit*, der in Shenzhen herrscht. Der Großkonzern aus Europa sucht dort die Nähe zu jungen, inspirierenden Menschen und innovativen Unternehmen wie BYD, Huawei, Royole oder Tencent. Bislang hatte Airbus außerhalb Europas nur noch ein solches Lab im Silicon Valley.

Airbus ist kein Einzelfall. Es hat sich in der globalen Unternehmenswelt herumgesprochen, dass in Shenzhen viele kluge junge Leute bei sehr interessanten Unternehmen arbeiten und forschen. Und dass dort außerdem eine effiziente, dem Neuen stets aufgeschlossene Verwaltung sitzt. Dieses innovative Klima in Shenzhen zieht deshalb immer mehr ausländische Konzerne an. Sie gründen in der Stadt Forschungszentren oder Innovation Hubs oder wie immer sie diese nennen.

Streift man durch den Nanshan-Bezirk, so sieht man im Schatten der Bürotürme von Chinas Internetkonzernen Tencent und Baidu auch das ein oder andere Logo westlicher Hightechkonzerne an irgendwelchen Hochhauswänden prangen. Microsoft zum Beispiel. Der US-Software-Hersteller hat schon seit 2007 ein R&D-Center in Shenzhen. 2016 kam ein IoT Lab dazu (IoT ist die Abkürzung für Internet of Things) und im November 2017 ein Cloud and Mobile Incubator.

Auch andere US-amerikanische Giganten zapfen das Knowhow in Shenzhen an. Chiphersteller Intel plant ein South China Research Center innerhalb der nächsten drei Jahre, in dem 600 Mitarbeiter forschen werden. Intels China-Präsident Xu Yang sagt: »Shenzhen wird zunehmend zum globalen Zentrum für intelligente Geräte aller Art«. Er meint damit alles von Handys über Drohnen bis zu Robotern. Chiphersteller Qualcomm hat seit 2016 ein Innovation-Center in Shenzhen. »Shenzhen hat eine starke Innovationskraft«, erklärt Frank Meng, Chairman von Qualcomm China.

In der ersten Jahreshälfte 2019 entschieden sich auch die beiden Beratungsgesellschaften Accenture und Boston Consulting Group (BCG), Labs in Shenzhen zu eröffnen. Für Paul Daugherty, Chief Technology & Innovation Officer bei Accenture, ist Shenzhen »ein Epizentrum von Innovationen mit Talenten, Start-ups und Unternehmen, die alle Weltklasse darstellen.«

BCG startete im Oktober 2019 in Shenzhen mit seinem Digital Asia Pacific Center in Shenzhen. »Wir haben uns für Shenzhen entschieden, weil es hier viele innovative Talente gibt, die bereit sind, die Grenzen in ihren Disziplinen zu sprengen«, sagte BCG-Chairman Hans-Paul Bürkner bei der Vertragsunterzeichnung.

Und was machen die Europäer? Erkennen sie das Potenzial Shenzhens nicht? Die Lufthansa wollte dort ein Innovation Lab eröffnen, hat sich aber dann doch dagegen entschieden. Die Schweizer Giganten ABB (Technologie) und Nestlé (Nahrungsmittel) hingegen haben sich für diesen Schritt ausgesprochen. Und auch HMD. HMD ist das, was von dem finnischen Handyhersteller Nokia noch übriggeblieben ist. HMD installierte im Mai 2018 in Shenzhen sein Nokia Mobile Global Future Lab. Zur Begründung für diesen Schritt hieß es bei HMD, Shenzhen sei einer der Plätze auf der Welt, wo künftige Innovationen in der Mobilfunktechnologie geschehen.

Das gilt auch für eine ganz andere Zukunftsbranche – die Biotechnologie.

Das Wachstumsgen

Ganz weit im Osten der Stadt – rund 50 Kilometer vom Zentrum entfernt – schmiegt sich am Fuße eines Berges namens Guanyin ein seltsames Gebäude an den Hügel. Mit seinen mehrstöckigen Terrassen sieht es aus wie ein gestrandetes Kreuzfahrtschiff. Die chinesischen Medien verglichen freilich das Bauwerk mit einem anderen Schiff. Sie tauften es »Chinas Arche Noah«. Und das ist auch viel treffender.

Wie damals in biblischen Zeiten auf der Arche Noah Tiere und Menschen vor der Sintflut gerettet werden sollen, sollen in diesem Gebäude zumindest Daten aufbewahrt und gerettet werden. Biologische und genetische Daten und Proben von Pflanzen, Tieren und Menschen, die auf dem Gebiet der Volksrepublik wachsen und gedeihen.

Dieses Gebäude ist die Shenzhen National Gene Bank. Es ist die größte Genbank der Welt. Es gibt drei ähnliche Banken in anderen Teilen der Welt – das US National Center for Biotechnology Information, das European Bioinformatics Institute und die DNA Data Bank of Japan –, aber keine hat so eine umfangreiche Sammlung wie die in Shenzhen.

Früher lagerten die Chinesen diese Daten noch bei den drei eben genannten Banken. Doch 2012 beschloss Chinas Regierung, selbst eine Genbank aufzubauen. Im September 2016 wurde sie in Shenzhen eingeweiht. Ein gigantisches, komplexes Bauwerk mit 47 500 Quadratmetern. Im Endzustand sollen hier einmal 300 Millionen Proben von lebenden Organismen – ob von Pflanzen, Tieren oder Menschen – gelagert werden. Dazu jede Menge Ei- und Samenzellen.

Sie überleben in Dutzenden von Kühlschränken meist der chinesischen Marke Haier. Die Temperaturen sind den entsprechenden Organismen angepasst. Es gibt drei Abstufungen: minus 4, minus 20 und minus 80 Grad. Und wenn es extrem kalt sein soll, wird mit Flüssigstickstoff gearbeitet.

Direktor Mei Yonghong hat große Pläne: »Wir hoffen, dass wir diese Genbank zum größten biologischen Datenzentrum Chinas oder gar der Welt entwickeln können.« Und dann zieht er den Vergleich zu Google, der größten Datensammelstelle der Welt. »Wir wollen das Google für Daten der Gesundheit werden.«

Die technischen Voraussetzungen hierfür sind gegeben. In den Computern der Genbank können Daten bis zu einer Größe von 60 Petabytes lagern. Petabytes? Das sagt dem Laien nichts. Das sind Sphären weit, weit entfernt von den handelsüblichen Megabytes. Um die Dimension zu begreifen, deshalb dieser Vergleich: Alles, was seit Beginn der Menschheit auf dieser Welt in sämtlichen Sprachen geschrieben wurde, könnte mit diesen 60 Petabytes erfasst werden.

Warum aber steht diese gigantische Datensammelstelle in Shenzhen? Warum nicht in der Hauptstadt Beijing?

Weil Shenzhen zum Biotechzentrum Chinas aufgebaut werden soll. Yuan Qing, Präsident der Shenzhen Life Science and Biotechnology Association, sagt: »Derzeit ist Shenzhen noch für seine rasante Entwicklung in den Bereichen IT, Elektronik und Telekommunikation bekannt. Die Bereiche Healthcare und Life Sciences dagegen sind hier noch relativ jung. Aber alle Zutaten sind inzwischen hier, um diese auszubauen.«

Er meint mit Zutaten: die politische Unterstützung, die Genbank sowie große und kleine Biotechfirmen, die wiederum Experten aus aller Welt anziehen.

Inzwischen hat sich draußen rund um Dapeng, wo die Genbank steht, ein Cluster an Biotechfirmen und -forschungsinstituten gebildet. Es nennt sich The Shenzhen International Bio Valley.

Lu Xianping ist dort (noch) nicht. Er sitzt mit seinem Unternehmen Chipscreen Biosciences nach wie vor in Nanshan. Lu zählt zu den Pionieren der Biotechszene in Shenzhen. Er kann sich noch gut erinnern, wie er zum ersten Mal – es war im Jahr 2000 – nach Shenzhen kam. Sein Flug aus den USA hatte viele Stunden Verspätung. Trotzdem harrte der stellvertretende Parteisekretär der Stadt in der Lobby seines Hotels aus, bis Lu schließlich kam. »Das habe ich noch nie erlebt«, sagt Lu heute. Am nächsten Tag wachte Lu auf und sah einen blauen Himmel. Auch das hatte er in China selten erlebt. Der Mann, der lange Zeit im südkalifornischen San Diego lebte und forschte, war begeistert, blieb und gründete 2001 das Unternehmen Shenzhen Chipscreen Biosciences.

Er sitzt in seinem kleinen Büro auf der sechsten Etage in einem Gebäude namens BIO-Incubator. Auf seinem Schreibtisch sind drei Stapel Papier, zwischen denen er hervorlugt. Er sagt: »Chipscreen ist wahrscheinlich das einzige wirklich innovative Biopharmaunternehmen in China.« Das klingt ein bisschen überheblich. Aber Lu ist alles andere als ein Aufschneider. Er ist mehr Wissenschaftler als Unternehmer. Er forscht im Bereich *small molecules*, niedermolekulare Verbindungen. Durch ihre geringe Größe können *small molecules* in Zellen eindringen und dort ihre Wirkung entfalten.

Lu und seine Firma können erste Erfolge vorweisen. Das Krebsmedikament Chidamide ist seit 2015 auf dem (chinesischen) Markt. Die Zulassung in den USA und Japan ist beantragt. Ein neues Antidiabetesmittel ist in der Pipeline. Lu sagt: »Wir machen Gewinne, wir können uns selbst finanzieren.« Das ist keine Selbstverständlichkeit in der chronisch defizitären Biotechbranche. Und als Chipscreen im August 2019 an das neue Shanghaier Börsensegment STAR ging, kamen nochmals 150 Millionen US-Dollar in die Kasse.

Lu ist überzeugt, dass es in Chinas Biotechindustrie in den nächsten zehn Jahren einige bahnbrechende Erfindungen geben wird. Er schließt nicht aus, dass auch sein Unternehmen zu diesem Kreis zählen könnte. Aber noch ist Chipscreen ein kleines, aber feines Biotechunternehmen, das noch nicht so im Fokus der Öffentlichkeit steht. Bekannter sind zwei andere – iCarbonX und BGI.

Der entschlüsselte Mensch

In Shenzhen – so ist die Saga – gibt es drei (unternehmerische) Schätze: Huawei, Tencent und Huada. Die beiden ersten kennt man. Aber wer ist dieser dritte Unbekannte im Bunde? Da werden selbst viele China-Kenner passen müssen.

Huada ist der chinesische Name von BGI. Und BGI ist die Abkürzung vom Beijing Genomics Institute. Sein Chef ist Wang Jian, irgendwo in den Regionen zwischen Genie und Wahnsinn schwebend. Der studierte Mediziner Wang war Ende der 1980er und Anfang der 1990er Jahre in den USA, arbeitete dort an diversen Universitäten in Iowa und Texas. 1994 ging er nach China zurück, gründete eine kleine Biotechfirma namens Jubilee. Groß heraus kam er allerdings erst mit dem BGI, das er zusammen mit ein paar anderen Forschern 1999 startete.

BGI wurde damals in Beijing als ein unabhängiges Forschungsinstitut gegründet. Es sollte eigentlich »nur« chinesische

Wissenschaftler im globalen Human Genome Project (HGP) repräsentieren. Dann entwickelte sich das Unternehmen aber zu einem Spezialisten für Gensequenzierung.

In den nächsten Jahren gelangen dabei den BGI-Forschern ein paar wegweisende Durchbrüche. Im fabrikähnlichen Labor mit Tausenden Mitarbeitern entschlüsselten sie die DNA von Reis – das war 2002 eine große Sensation –, des Riesenpandas, der Gurke und von mehr als 1000 Arten von Darmbakterien.

Außerdem bot das Unternehmen günstige Gensequenzierungen für Wissenschaftler in aller Welt an. Die entsprechenden Geräte, die vor Jahren noch Hunderttausende von Dollar kosteten, sind heute dank BGI viel, viel billiger zu haben. Das Einstiegsmodell mit dem Kürzel BGISEQ-500 kostet gerade mal 600 US-Dollar. Weil BGI durch solche Geräte massenhaft zur Entschlüsselung von DNAs beigetragen hat, bekam es völlig zu Recht den Ruf einer Genome-Fabrik.

BGI residiert in einem ziemlich schmucklosen ehemaligen Fabrikgebäude in Shenzhen. Bereits 2007 ist BGI nach Shenzhen umgezogen. In Beijing wollte man Wangs Truppe in den staatlichen Forschungsverbund integrieren. Das wollten die Forscher aber nicht und gingen »so weit weg von Beijing wie möglich«, wie es eine Mitarbeiterin gegenüber der *FAZ* ausdrückte. Sie gingen ins fortschrittsgläubige Shenzhen, wo sie mit offenen Armen aufgenommen wurden.

Inzwischen arbeiten Wang und sein Team an einer strategischen Neuausrichtung des Unternehmens. Sie wollen nicht nur entschlüsseln. Sie wollen mit den Informationen, die sie dadurch gewinnen, auch diagnostizieren und therapieren. Kurzum: Sie wollen vom technischen zum medizinischen Dienstleister werden.

Mit einem Produkt ist ihnen das schon gelungen. Es heißt Nifty und ist eine Vorgeburtsuntersuchung, die nicht invasiv erfolgt. Mit fast 100-prozentiger Sicherheit kann durch Nifty bei Embryonen ein Down-Syndrom erkannt werden. Nifty ist weltweit der Renner, es macht inzwischen die Hälfte des Umsatzes von BGI aus.

Wangs Mitgründer Yang Huanming sagt: »Ich habe den Traum, jedes Lebewesen auf der Erde zu sequenzieren.« Aber was folgt daraus, wenn die DNA jedes Menschen offenliegt? Ist da nicht der Manipulation Tür und Tor geöffnet? Das sind sehr sensible, ethische Fragen.

BGI will freilich seine Analyseinstrumente nur einsetzen, um seltene Krankheiten zu entdecken. Es soll – so das Ziel des Unternehmens – eines Tages keine genbezogenen Krankheiten mehr geben. Es soll keine behinderten Menschen mehr geben. Das ist die »Zielgruppe«, die ihm besonders am Herzen liegt. Als BGI am 14. Juli 2017 an die Börse in Shenzhen ging, waren beim traditionellen Glockenschlag sechs Behinderte und deren Angehörige dabei.

Das ist Wangs Vision: Keine Behinderten mehr, und die Nichtbehinderten sollen mindestens 100 Jahre alt werden. Willkommen in *brave new world*.

Auf einer Big-Data-Konferenz Ende August 2018 verkündete Wang Jian, was er von seinen Mitarbeitern erwarte. Alle sollten mindestens 100 Jahre alt werden. Um das zu erreichen, habe er firmenintern drei ungewöhnliche Regeln aufgestellt. Erstens: Seine Mitarbeiter dürfen keine Kinder mit Geburtsfehlern haben. Zweitens: BGI muss früher als Ärzte oder Krankenhäuser möglichen Krebs entdecken. Und drittens: Herz-Bypass-Operationen sind seinen Mitarbeitern nicht gestattet. Stattdessen sollen sie sich lieber auf die Gentechnik verlassen und einem gesunden Lebensstil frönen, um Herz-Kreislauf-Krankheiten zu vermeiden. Deshalb werden die Essgewohnheiten seiner Mitarbeiter – bislang allerdings nur in den Kantinen – überwacht. Und außerdem wurden die Aufzüge abgeschafft. Treppensteigen ist angesagt.

Nach diesen – sagen wir mal – sehr grenzwertigen Vorschlägen gab es sehr kontroverse Diskussion auf Weibo, dem chinesischen Twitter.

Nicht minder »verrückt« ist einer seiner Mitgründer, der sich längst von BGI abgesetzt hat und seine eigene Firma gegründet hat, der sogar Bundeskanzlerin Angela Merkel bei ihrer Shenzhen-Stippvisite im Mai 2018 einen Besuch abgestattet hat.

Der kontrollierte Mensch

Selbst das stille Örtchen – das letzte Refugium der Menschheit – ist nicht mehr vor seinen Nachforschungen sicher. Auch dort schnüffelt er herum – immer auf der Suche nach verwertbaren Materialien und Daten.

Im iCarbonX-Hauptquartier in Shenzhen zeigt Vorstandschef Wang Jun dem Reporter der *Technology Review* die Toilette neben seinem Büro, wo er Plastiktüten mit Stuhlproben für seine tägliche Mikrobioanalyse sammelt. Wang will eine »intelligente Toilette« entwickeln, die Ausscheidungen erfasst, analysiert und in ein von der künstlichen Intelligenz generiertes persönliches Profil einspeist. »Wir haben die Technologie dafür und die Algorithmen«, sagt er.

Wang Jun möchte so viele Daten wie möglich sammeln, um Krankheiten schon im Keim zu ersticken. Es beginnt mit der DNA-Sequenz und umfasst Daten von Wearables, die Schritte, Herzfrequenz und Schlafmuster messen. Hinzu sollen regelmäßige Bluttests kommen, um verschiedene Proteine und Enzyme zu kontrollieren. Die Werte, so Wangs Idee, könnten zeigen, wie es um das Herz bestellt ist, oder sie signalisieren sehr frühe Anzeichen von Krebs. Außerdem will iCarbonX Daten über Stoffwechselprodukte, den Cholesterin- und Zuckergehalt im Blut und Details aus der medizinischen Vorgeschichte des Teilnehmers zusammentragen.

Wang Jun war einer der Mitgründer von BGI anno 1999. Im Oktober 2015 startete er in Shenzhen mit iCarbonX. Für einige Beobachter der Szene ist das Unternehmen »das nächste Google in Biotech«. Das US-Magazin *Technology Review* bezeichnet Wang als »einen smarten Geschäftsmann und einen visionären Superwissenschaftler«.

Wang hat eine völlig neue Sichtweise. Ärzte handeln reaktiv. Er dagegen will proaktiv handeln. Es geht ihm nicht darum, Krankheiten zu behandeln, sondern sie gar nicht erst entstehen zu lassen. Dazu sei – so Wangs Ziel – eine kontinuierliche Überwachung des gesunden Menschen notwendig. Nur der gläserne Mensch kann ein gesunder Mensch sein. Sollte ihm das gelingen, wäre das nichts anderes als eine Revolution des Gesundheitswesens, in dem Ärzte und Krankenhäuser fast nicht mehr gebraucht werden.

Er hat eine klare Vision für eine Welt ohne Ärzte: Wenn der Mensch genügend Daten über sich selbst hat, kann er sich mithilfe von künstlicher Intelligenz, die diese Daten auf- und verarbeitet, quasi selbst steuern. Wang schwebt eine Plattform vor, auf der alles über die Person gespeichert ist, die permanent mit Daten gefüttert wird und entsprechende Handlungsanweisungen gibt: Essen Sie weniger Zucker, schlafen Sie länger, laufen Sie mehr.

Eine erste App ist bereits seit Beginn 2017 auf dem Markt: Meum. Das ist lateinisch und heißt mein. Geld für den Start kam hauptsächlich von Tencent, aber auch Huawei mischte mit. Wieder so ein Beispiel, wie Unternehmen aus Shenzhen sich gegenseitig helfen, mit Geld, aber auch mit Know-how.

Der User von Meum füttert die App mit Daten, die App antwortet mit Ratschlägen, was er zu essen hat, wann er zu schlafen hat und welche sportlichen Aktivitäten er noch unternehmen muss.

Die beiden Wangs – der eine bei BGI, der andere bei iCarbonX – sind sicher sehr gute und außergewöhnliche Wissenschaftler. Aber sie gehen an die Grenzen des ethisch Machbaren und des Datenschutzes, obwohl diese Grenzen in China im Vergleich zu Europa schon weiter verschoben sind.

Ein Kollege – ebenfalls aus Shenzhen – hat selbst diese Grenzen überschritten und einen globalen Skandal ausgelöst.

Der Fall He Jiankui

Der Aufschrei war groß. Und er ging um die ganze Welt. Im November 2018 hatte sich in Shenzhen etwas Revolutionäres und gleichzeitig Ungeheuerliches zugetragen. Zum ersten Mal auf dieser Welt wurden genetisch veränderte Babys geboren: die Zwillinge Lulu und Nana.

Ihr geistiger Vater war He Jiankui, ein Wissenschaftler aus Shenzhen. Er kam 2012 dorthin, war der erste Professor an der Biologiefakultät der Sustech. Vorher studierte He, der in ärmlichen Verhältnissen in der Provinz Hunan aufgewachsen ist, an der Rice University in den USA. Danach machte er seinen Doktor an der Stanford University, mitten im Silicon Valley. Als er in Shenzhen ankam, sagte er: »Ich bin kein Professor im traditionellen Sinne. Ich ziehe es vor, ein forschender Unternehmer zu sein.« Folgerichtig gründete er 2012 das Unternehmen Direct Genomics, um den Upstream-Bereich der DNA-Sequenzierindustrie zu erschließen.

Damit schaffte es He nur in Fachkreisen zur Bekanntheit. Weltberühmt wurde er erst später. Wie es dazu kam, schildert Jon Cohen, Redakteur des US-Wissenschaftsmagazins *Science*, sehr detailliert in seinem Report »The untold story of the ›circle of trust‹ behind the world's first gene-edited babies«.

Am 10. Juni 2017 traf sich He mit zwei Ehepaaren an der Southern University of Science and Technology. Beide Paare wollten Kinder, aber beide Väter waren HIV-positiv. He fragte sie in dem 50-minütigen Gespräch, ob sie an einem bislang einmaligen Experiment teilnehmen wollten. Nach einer Bedenkzeit sagten sie ja.

Das Experiment wurde durchgeführt. Mithilfe der so genannten CRISPR-Technologie veränderte He die DNA der Embryos im Mutterleib. Hes hehre Absicht war, die Kinder dadurch gegen HIV widerstandsfähig zu machen. Mögliche Nebenwirkungen, unvorhersehbare Langzeitfolgen oder andere gravierende Risiken hat He dabei offenbar nicht sehen wollen oder bewusst in Kauf genommen.

Als Ende November 2018 die *MIT Technology Review* mit der sensationellen Story über die gen-manipulierten Zwillinge herauskam, saß He in einem Hotel in Hongkong und bereitete sich auf einen Vortrag am übernächsten Tag vor. Jennifer Doudna, Wissenschaftlerin der UC Berkeley, sah ihn an diesem Morgen. Sie sagt, er verstand die ganze Aufregung nicht. Doudna weiter: »Es war bizarr, er schien so naiv zu sein.«

Als er dann am 28. November in der Grand Hall des Hongkonger Science Parks seinen 20-minütigen Vortrag hielt, war die Weltpresse vertreten. Über eine Million Menschen waren via Webcast zugeschaltet. Brav stellte er sich noch 40 Minuten den kritischen Fragen.

Wissenschaftler und Öffentlichkeit fielen danach über ihn her, nannten sein Vorgehen unverantwortlich. Er bekam den wenig schmeichelhaften Titel »Chinas Frankenstein«.

Auch Chinas Wissenschaftscommunity verurteilte die Arbeit von He. Mehr als 120 chinesische Forscher unterschrieben einen öffentlichen Brief, in dem sie He wegen seiner »verrückten und unethischen« Arbeit kritisierten. Chinesische Biotechforscher meldeten sich und sagten, sie seien völlig geschockt gewesen. He sei ein Einzelgänger gewesen, der nicht aktiv in der Gene-Editing Community in China gewesen sei.

Nach seiner Hongkong-Rede fuhr He unmittelbar nach Shenzhen zurück – und trat nie mehr öffentlich auf. Es gab deshalb wilde Gerüchte: Er galt zwischenzeitlich als verschollen, inhaftiert, ihm sollte die Todesstrafe drohen. Nach dem, was man heute weiß, stimmte nichts davon. Obwohl von der Sustech gefeuert, wohnte er weiterhin in einem – allerdings bewachten – Apartment der Uni und konnte sich auf dem Campus frei bewegen. He soll gegenüber Kollegen gesagt haben, er werde respektvoll behandelt und es gehe ihm gut. Anfang Januar 2019 veröffentlichte das Wissenschaftsportal Stat eine E-Mail, die belegte, dass He Zugang zu westlichen Nachrichten hatte und in Kontakt mit ausländischen Wissenschaftlern stand. Das bestätigte auch der britische Entwicklungsbiologe Robin Lovell-Badge vom Londoner Francis Crick Institute. Der Bioethiker William Hurlbut von der kalifornischen Stanford University hat laut Stat mehrfach mit dem Chinesen telefoniert oder gemailt. Ende 2019 schließlich berichtete die staatliche Nachrichtenagentur Xinhua, dass He zu drei Jahren Haft und einer hohen Geldstrafe verurteilt worden sei.

Einsichtig zeigt er sich aber offenbar nicht. Nach Aussage von Hurlbut bereut He lediglich, dass er seinen Versuch nicht früher intensiv mit anderen Forschern diskutiert habe.

Achtes Kapitel

KUNST AM BAU – Architekten, Künstler und Designer kreieren eine Stadt

»Wenn du die Zukunft städtischen Designs sehen willst, musst du nach Shenzhen Bay gehen.«

Claude Godefroy,
Partner des Architekturbüros Henning Larsen

Shenzhen – das ist eine Retortenstadt, die auf dem Reißbrett entstanden ist. Sie habe keine Geschichte, keine Kultur und deshalb auch keine Seele. Diesen Vorwurf hört man oft. Vor allem in den neidischen Großstädten Chinas, in Shanghai zum Beispiel, von Beijing erst gar nicht zu reden. Aber auch in Hongkong, das allerdings auch nur auf eine 170-jährige Geschichte zurückblicken kann. Stararchitekt Meng Yan, der aus Beijing stammt, aber in Shenzhen arbeitet, sagt: »Viele Leute betrachten Shenzhen als kulturelle Wüste.«

Diese Vorwürfe – oder sind es nur Vorurteile? – wiederum wurmen die Stadtväter in Shenzhen. Die Stadt will weg vom Image der seelenlosen Retortenstadt und Metropole der kopierten Produkte, die nichts Eigenständiges und Kreatives zustande bringt.

Deshalb hat sie schon 2003 die Strategie einer Kulturstadt entwickelt. Die Stadt gibt seitdem sehr viel Geld für Kultur aus. Im *Shenzhen Public Cultural Service Guide 2019* wird – auf Englisch und auf Chinesisch – akribisch aufgelistet, was die Stadt inzwischen kulturell zu bieten hat: 638 öffentliche Bibliotheken, 295 rund um die Uhr geöffnete Selbstbedienungsbibliotheken, 71 Kulturzentren, 51 Museen und 12 öffentliche Kunstgalerien. Insbesondere die Büchereiszene in der selbst ernannten Stadt der Bücher ist beeindruckend ebenso das Künstlerdorf Dafen, das mit der Massenproduktion von abgekupferten Ölgemälden weltberühmt wurde, aber nun zunehmend seinen eigenen Stil zu finden versucht und – wie die ganze Stadt – der Devise folgt: Original statt Kopie.

Doch es spielen zwei andere Bereiche eine ganz wichtige Rolle, wenn es darum geht, der Stadt ein kreatives Flair zu geben: Architektur und Design. In Shenzhen sind alle großen Architekturbüros dieser Welt vertreten. Wer in der Szene Rang und Namen hat, mischt hier mit – vom Niederländer Rem Koolhaas bis zum Deutschen Meinhard von Gerkan. Sie alle dürfen sich hier austoben. Geld spielt keine – allzu große – Rolle. Für sie gilt im wahrsten Sinne des Wortes: *Only the sky is the limit.* In keiner Stadt werden mehr Wolkenkratzer gebaut.

Vor allem seit 2008, als Shenzhen durch die Unesco zur City of Design ernannt wurde, hat sich in der Stadt auch eine Designszene entwickelt, die aber im Gegensatz zur Architektenszene sehr chinesisch geprägt ist. Tausende von überwiegend kleinen Designstudios sind entstanden, sehr stark spezialisiert auf industrielles Design, aber auch zunehmend Modedesign. Sie suchen noch nach einem eigenen Designstil, der vielleicht in einem Mix aus Ost und West liegen könnte.

Nicht nur die Designer, jeder Künstler in Shenzhen steht vor der Frage: Wie viel Kreativität lässt dieses System zu? Immerhin liegt die Stadt auf dem Territorium der Volksrepublik China, wo Meinungsvielfalt und Widerspruch – Basisvoraussetzungen von Kreativität – nicht gerade erwünscht sind, um es mal milde auszudrücken.

Stößt also auch ein Shenzhen an Systemgrenzen? Ja, aber die Grenzen sind ein Stück weit verschoben.

Hier in Shenzhen wie eigentlich in der gesamten Guangdong-Provinz war man immer ein Stück freier, offener und liberaler als in anderen Teilen des Landes, hier waren und sind die Bürokraten experimentier- und meinungsfreudiger. Im Shenzhen

Museum zum Beispiel wird Maos Kulturrevolution unverblümt als Katastrophe bezeichnet und die Politik der 1960er und frühen 1970er Jahren offen kritisiert. So weit ist man in anderen Landesteilen noch nicht.

In diesem 1988 eröffneten Museum – direkt neben dem avantgardistischen Gebäude der Stadtverwaltung gelegen – will man übrigens die Stadt als nicht ganz so geschichts- und kulturlos präsentieren. Mit viel Aufwand und etwas Fantasie wird versucht zu beweisen, dass es ein Leben in Shenzhen auch vor 1979, sogar weit vor 1979 gegeben hat.

Ein Museum klärt auf

In Zickzackschlangen reihen sich die Schüler ein. Sie tragen alle die gleiche Kleidung: gelbe T-Shirts, orange Mützen. Schulklassen und chinesische Touristen bilden an diesem Morgen den Großteil der Besucher. Nur vereinzelt mischen sich ein paar Ausländer unter die Wartenden. Der Einlass folgt zügig. Der Eintritt ist frei.

Willkommen im Shenzhen Museum.

Die Botschaft, die allen – egal ob Chinesen oder Ausländern – auf zwei Etagen vermittelt werden soll, ist klar: Shenzhens Geschichte ist nicht nur 40 Jahre alt. Es hat ein Shenzhen vor dem Beginn der Reformen gegeben, auch wenn der Ort, der damals auf dem heutigen Stadtgebiet von Shenzhen lag, noch nicht Shenzhen hieß, sondern Bao'an. Shenzhen, das übersetzt tiefer Kanal bedeutet, gibt es als Stadt erst seit 1979, also seit Beginn der Reformpolitik.

Der Besucher wird durch vier Ausstellungen geführt: Shenzhen Folk Culture, Ancient Shenzhen, Modern Shenzhen sind auf dem ersten Stockwerk zu besichtigen, Shenzhen's Reform and Opening-up History auf der zweiten Etage. Die Erklärungen sind auf Chinesisch und Englisch.

Dass Shenzhen keine Erfindung der Neuzeit ist, sondern eine lange Geschichte hat, wird einem gleich zu Beginn erklärt:

»Shenzhen has a history of over 7000 years of human development and marine economy, over 1700 years of urban history and over 600 years of history of coastal defence.« 1700 Jahre – das ist eine sozusagen offizielle Zahl, die man immer wieder hört. 1700 Jahre – so alt sei Shenzhen. Und eben nicht läppische 40 Jahre, wie die ignoranten Ausländer stets schreiben und behaupten.

Und wie heute war auch damals Shenzhen eine Stadt der Immigranten. Die Ureinwohner Shenzhens waren im Westen Kantonesen, im Osten Hakkas. Sie waren im Salzhandel tätig, waren Fischer, gingen zur See und trieben allerlei Handel. Günstig an der Mündung des Perlflusses gelegen war Shenzhens Vorläufer eine geschäftige Hafenstadt, deshalb auch das »Tor nach Kanton« genannt.

Nachdem man den Opiumkrieg verloren hatte, der 1839 bis 1842 um die Ecke von Shenzhen tobte, kamen die Ausländer ins Land und – noch schlimmer – böses Gedankengut. »Nach der Niederlage im Opiumkrieg drang die Kultur des westlichen Kapitalismus nach Shenzhen ein«, steht auf einer Tafel geschrieben. Und diese Kultur ist bis heute geblieben.

Die Erfolge des Kapitalismus – der hier sozialistische Marktwirtschaft heißt – sind dann eine Etage höher in der Abteilung Shenzhen's Reform and Opening-up History zu bewundern. Vor allem Deng Xiaoping und seiner berühmten Reise anno 1992 wird viel Raum gewidmet. Wichtige Relikte und Stationen seines damaligen Besuches werden aus- und nachgestellt: der Bus, mit dem er fuhr; die Hotelsuite, in der er nächtigte; das Bäumchen, das er pflanzte.

Staunend bleibe ich aber vor vier Fotos in einem der letzten Ausstellungsräume stehen. Oben sind in Querformat Fotos zu sehen, wie die Stadtteile Nanshan und Luohu 1984 ausgesehen haben. Darunter aus gleicher Perspektive Fotos aus dem Jahre 2017. Oben ist viel Grün mit ein paar wenigen Häuserblocks zu sehen. Darunter dagegen fast spiegelbildlich Häusermeere mit etwas Grün dazwischen.

Diese vier Fotos sagen mehr über die Entwicklung Shenzhens aus als tausend Worte. In 33 Jahren von einem – Verzeihung! – Kaff zur Weltstadt. War das geplant? Kann man das überhaupt planen?

Wie man eine Stadt plant

Huang Weiwen ist einer der zentralen Figuren in der Stadtplanung von Shenzhen. Er war dort lange Zeit an führender Stelle tätig. Um genau zu sein: Er war rund 15 Jahre Vizechef in der Urban Planning and Land Resource Commission der Stadtregierung. Seit 2011 ist er Direktor des Shenzhen Center of Design, das der Stadt gehört.

Auf seinem aufgeräumten Schreibtisch liegen nur ein leeres Blatt Papier und ein paar Stifte. Immer wieder greift er zu einem der Stifte, zeichnet zur Veranschaulichung das, was er gerade gesagt hat, auf das Blatt Papier.

Zuerst zieht er drei dicke Striche von rechts nach links oder – wenn man das Blatt als Stadtplan von Shenzhen betrachten will – von West nach Ost. Die drei Linien sind die großen Straßen, die Shenzhen durchziehen. Der erste, größte und wichtigste Boulevard war die Shennan Avenue. 120 Meter breit. »Die Stadtplaner waren beeindruckt von Singapur«, sagt Huang. Vor allem die Prachtstraße vom dortigen Flughafen Changi in die Innenstadt hat ihnen gefallen.

Entlang dieser Ost-West-Achsen planten sie die Stadt. Cluster für Cluster. Huang nennt es Cluster. Man könnte auch Stadtteil oder Stadtbezirk sagen. Es fing im Osten an mit Luohu. Dort war früher mal das Zentrum, weil dort der einzige Grenzübergang zu Hongkong war und dort die aus Hongkong kommende Metro endete.

Dann folgte Mitte der 1990er Jahre die Entwicklung Futians als neues Cluster. Heute kaum vorstellbar: »Das war damals gutes Reisland«, sagt Huang. Inzwischen ist Futian der Sitz der Stadtverwaltung, der Börse, der größten Metrostation Chinas und so weiter. Und Futian war grüner als Luohu. »Wir haben gelernt«, sagt Huang.

Und so entwickelte sich die Stadt weiter nach Westen. Nach Futian kam Nanshan. Huang greift wieder zu einem Stift, diesmal zu einem grünen. Zwischen jedes Cluster malt er dicke grüne Linien. Sie sollen die grünen Gürtel zwischen den Clustern symbolisieren. Dieser Gürtel darf nicht bebaut werden.

Wer hier durchläuft, wähnt sich fast wie in einem subtropischen Garten. Dichter Pflanzenwuchs, exotische Vögel zwitschern. Huang konzediert: »Die Koexistenz von Natur und einer Metropole ist ein sehr herausfordernder Balanceakt.« Bislang – so scheint es – hat ihn Shenzhen gemeistert. Fast jeder, der hier zum ersten Mal herkommt, staunt und sagt: So eine grüne Großstadt habe ich noch nie gesehen.

Fast parallel zur Ost-West-Ausdehnung planten Huang und seine Truppe die Ausdehnung der Cluster von Süd nach Nord. Huang malt ein paar senkrechte Schritte quer durch die Cluster.

Natürlich sieht das alles sehr einfach aus. Als ob man mit ein paar Federstrichen eine Stadt kreieren kann. Es war in Wirklichkeit viel, viel schwieriger. Aber: »Wir glaubten an die Möglichkeiten der Stadtplanung«, sagt Huang. Aber nicht an eine autoritäre Stadtplanung, wie sie in vielen chinesischen Städten praktiziert wird. »Wir haben die jungen Leute in den Planungsprozess einbezogen und mit ihnen die Zukunft der Stadt diskutiert.«

Und sie haben schon in den 1990er Jahren Stadtplaner und Architekten aus dem Ausland eingeladen, um mit ihnen ihre Pläne zu diskutieren. Diese Kooperation mündete 2005 in die Gründung der Bi-City Biennale of Urbanism/Architecture, einer alle zwei Jahre stattfindenden, weltweit einmaligen Ausstellung, die übrigens von Huang initiiert und geleitet wird.

Shenzhen ist eine geplante Stadt. Drei Masterpläne wurden aufgelegt: 1986, 1996 und 2007. Derzeit aktuell ist die *Shenzhen 2040 Development Strategy*. Doch all diese Pläne hinkten schnell der Realität hinterher. Im ersten Masterplan glaubten die Planer, dass die Bevölkerung bis zum Jahr 2000 von 300 000 auf 800 000 steigen würde. Es wurden aber 4 Millionen. Und auch in den folgenden Masterplänen verschätzten sie sich jeweils um mehrere Millionen.

Trotzdem sieht das Huang nicht als Fehlschlag der Stadtplanung. Im Gegenteil: »Es ist doch interessant, dass trotz der Geschwindigkeit und rapiden Entwicklung es in Shenzhen keine Verslumung, keine Wohnungsnot und keine ernsthaften Infrastrukturprobleme gegeben hat.«

Aber Huang weiß auch, dass Shenzhen jetzt in eine schwierige Phase kommt: »Das Problem ist, dass das Wachstum in der nahen Zukunft nicht nachlassen wird.« Das Bauland wird knapp, die Wohnungen immer teurer.

Vom Luxus des Wohnens

Gerade war das baufällige Wohngebäude in einem Stadtteil von Shenzhen zusammengebrochen und die Trümmer noch nicht weggeräumt, da standen schon die ersten Immobilienhändler wie die Aasgeier vor der Ruine und boten Spitzenpreise für das Land, weil sie zu Recht darauf spekulierten, dass dort bald neue, teure Wohnungen entstehen werden.

Das ist ein krasses, aber durchaus symptomatisches Beispiel, wie kaputt der Wohnungsmarkt in Shenzhen ist. Die Preise für Immobilien explodieren, weil immer mehr Menschen in die Stadt strömen und weil zu wenig gebaut wird. Ein deutscher Manager erzählt mir von der unglaublichen Wertsteigerung seiner Wohnung im Expat-Viertel Shekous. Vor neun Jahren hätte diese umgerechnet 84 000 Euro gekostet. Jetzt sei sie 2,5 Millionen Euro wert.

Shenzhen erreicht in manchen Gegenden das Preisniveau von New York. Im Durchschnitt kostet in der Stadt der Quadratfuß 5 100 Yuan (etwas mehr als 700 US-Dollar), aber in gesuchten Gegenden mit guten Schulen in der Nähe kann er auf bis zu 14 000 Yuan (knapp 2 000 US-Dollar) steigen. Zum Vergleich: In

Manhattan liegt der Durchschnittspreis für den Quadratfuß bei 1770 US-Dollar (ein Quadratfuß ist knapp ein Zehntel eines Quadratmeters).

In keiner Stadt der Welt müssen die Einwohner so viel für Mieten oder die Begleichung von Immobilienkrediten aufwenden wie in Shenzhen. Zhang Siping, der ehemalige Vizebürgermeister der Stadt, beklagte kürzlich, dass viele junge Menschen zu Sklaven ihres Wohnungsdarlehens geworden seien. Sie arbeiten, um zu wohnen.

Für Shenzhen ist das eine gefährliche Entwicklung. Die Stadt ist auf den Zuzug junger, gut ausgebildeter Menschen angewiesen, will sie ihren Status als Hightechmetropole nicht verlieren. Hohe Mieten und Immobilienpreise wirken aber auf diese Zielgruppe zunehmend abschreckend.

Die Stadtverwaltung hat das Problem erkannt und versucht seit dem Jahr 2017 gegenzusteuern. Sie droht, Immobiliengesellschaften die Lizenz zu entziehen, wenn sie überhöhte Preise verlangen. Außerdem dürfen nur noch zwei Wohnungen pro Person gekauft werden, und die zweite Wohnung wurde zudem mit höheren Darlehenskosten belastet. Es wurden Preisobergrenzen eingeführt. Und für Start-up-Unternehmer und – genau definierte – Talente gab es bis zu 40-prozentige Zuschüsse für Miete oder Wohnungskauf.

Das ist alles nett gemeint, aber letztendlich ziemlich wirkungslos. Mit solchen Maßnahmchen konnte der Preisanstieg nicht gestoppt werden. Das Problem liegt auf der Angebotsseite, wo die Immobiliengesellschaften dominieren.

Um deren Einfluss einzudämmen, versucht es die Stadt nun mit einem radikalen Kurswechsel. Bislang verkaufte die Stadt – wie jede andere Kommune in China – den wertvollen Boden in Auktionen. Der Meistbietende bekam den Zuschlag. Doch diese Auktionen trieben in den vergangenen Monaten und Jahren die Preise in die eben beschriebenen astronomischen Höhen.

Nun will die Stadt selbst als Bauherr auftreten und Wohnungen anbieten. Shenzhen orientiert sich damit als erste Stadt in

China an dem erfolgreichen Singapur-Modell. Dort baut und bietet der staatliche Housing and Development Board (HDB) Wohnungen an. 80 Prozent der Wohnungen im Stadtstaat stehen unter Verwaltung des Boards. Zum Vergleich: In den großen Städten Chinas sind nur 10 Prozent der Wohnungen in öffentlicher Hand. Das ist etwas wenig für ein Land, dessen herrschende Partei das Wörtchen »kommunistisch« im Namen führt.

Aber immerhin, Shenzhen will nun den sozialen Wohnungsbau auf Chinesisch einführen. Laut Plänen des Housing and Construction Bureau sollen in der Stadt bis 2035 rund 1,7 Millionen neue Wohnungen entstehen. 40 Prozent gehen in den freien Verkauf. Bei den restlichen 60 Prozent soll es sich um staatlich geförderte Wohnungen handeln.

Die Wohnungsnot soll dadurch etwas gemildert werden. Aber ein Problem wird dadurch nicht gelöst: Es gibt einfach zu wenig Land, auf dem gebaut werden kann. Da gibt es nur einen Ausweg: in die Höhe bauen.

Erst horizontal, dann vertikal

Shenzhen ist eine Stadt, die in die Breite gegangen ist. Von West nach Ost sind es rund 40 Kilometer. Nach Süden gibt es keinen Platz mehr, denn da ist Hongkong und das Südchinesische Meer. Nach Norden auch nicht, denn da stößt Shenzhen bereits an die ebenfalls wuchernde Nachbarstadt und Millionenmetropole Dongguan.

Aber Shenzhen ist weiterhin für viele Chinesen attraktiv, die hierherziehen, um Arbeitsplätze zu finden, Firmen zu gründen und ihre Träume zu verwirklichen. Also muss man in die Höhe bauen – sowohl für Arbeitsstätten als auch für Wohnplätze.

In dem Streben nach Höherem entstehen interessante, avantgardistische Projekte. Zum Beispiel in Upper Hills. Von außen und von unten betrachtet ist es eine ganz normale Mall mit den üblichen Marken in ihren üblichen Shops. Doch geht man eine Etage höher und verlässt die Mall auf der Rückseite, betritt man eine völlig andere Welt. Links ein Muji Hotel (übrigens das weltweite erste Designhotel der japanischen Kette) und rechts übereinander gestapelte Townhouses, ein vertikales Village sozusagen. Auch über Metrostationen werden zunehmend Wohnhäuser gebaut.

Doch die sichtbarsten Zeichen, dass Shenzhen vertikal wächst, sind die vielen Wolkenkratzer. In keiner Stadt der Welt wurden und werden mehr Wolkenkratzer gebaut als in Shenzhen. Insgesamt sollen dort bereits 70 Gebäude stehen, die höher als 200 Meter sind. Der höchste ist derzeit der Ping An Tower, konzipiert von dem New Yorker Architekturbüro Kohn Pedersen Fox. 599 Meter misst das Gebäude der größten Versicherung der Welt. In Shenzhen geht die Geschichte um, dass er eigentlich ein paar Meter höher hätte werden sollen, aber er sollte – so angeblich der Wunsch der Zentralregierung im fernen Beijing – nicht den Shanghai Tower mit seinen 632 Meter übertreffen. Man wollte dem Streber aus dem Süden nicht noch einen weiteren Superlativ gönnen. So bleibt dem Ping An Tower China-weit nur der zweite Platz.

Auf den weiteren Rängen in Shenzhen: Kingkey 100 (442 Meter), China Resources Headquarters (392 Meter) und Shun Hing Square (300 Meter). Aber es kommen jedes Jahr neue hinzu. Und bald – so gegen 2024 – hat Shenzhen dann doch den höchsten. Denn derzeit entsteht mit dem Shimao Shenzhen-Hongkong International Centre ein Wolkenkratzer über 668 Meter. Das wäre dann Chinas höchstes Gebäude.

Die Türme bieten spektakuläre Aussichten. Zum Beispiel auf der 94. Etage des Kingkey 100. Dort ist die Sky Garden Lobby des St. Regis Hotel. Oder auf der 118. Etage des Ping An Centers. Dort ist eine Aussichtsplattform, die viele Besucher hat, aber auch eine Bar und ein Restaurant, die nur wenige kennen und besuchen. Den Aufzug dorthin zu finden, ist freilich auch kein einfaches Unterfangen. Keine Wegweiser zeigen dorthin. Man muss sich durchfragen, bis man endlich den Aufzug gefunden hat. Während der rasanten Fahrt nach oben – vier Meter pro Sekunde –

läuft auf dem Monitor im Aufzug ein Werbefilmchen des chinesischen Elektroautobauers Nio. Es wird die Weltrekordfahrt des Nio EP9 auf dem Nürburgring gezeigt. Irgendwie bezeichnend für diese Stadt: Überall Rekorde, Superlative. Als ob das olympische Motto – schneller, höher, weiter – hier erfunden wurde.

Ganz oben auf dem Ping An Tower bietet sich einem ein fantastischer Rundumblick auf die Stadt. Richtung Süden jenseits der Shenzhen Bay das bergige Hinterland von Hongkong. Richtung Westen direkt unter uns ein Golfplatz. Ein Golfplatz mitten in der Stadt! Wo gibt es denn sowas! Richtung Westen und Norden Häusermeere, aber zwischen ihnen immer wieder grüne Inseln.

Es ist kein monotones Nebeneinander von Betonklötzen, die alle gleich aussehen und sich nur in ihrer Höhe unterscheiden. Nein, in dieser Stadt herrscht architektonische Vielfalt, hier darf experimentiert werden – sehr zur Freude von Architekten aus aller Welt.

Paradies für Architekten

Stephan Schütz ist Partner bei gmp – Gerkan, Marg und Partner, dem renommiertesten deutschen Architekturbüro. Seit 1994 arbeitet er dort, seit 2002 ist er für gmp in China unterwegs, leitete phasenweise dort die Büros in Beijing und Shenzhen.

Jetzt sitzen er und sein Kollege Nicolas Pomränke, auch ein alter China-Hase, im gmp-Büro an der Berliner Hardenbergstraße. Und wir reden über China, über Shenzhen, in der sie viele Projekte hochgezogen haben. Zum Beispiel Stadien für die Universiade, die 2011 in Shenzhen stattfand. Oder Gebäude auf dem Campus von Huawei. Gerade bauen sie einen 160 Meter hohen Büroturm in Qianhai, dem neuen Viertel im Westen der Stadt.

Schütz sagt: »Shenzhen ist ein Experimentierfeld für Architekten.« Hier in Shenzhen dürfen sich Architekten noch austoben. Das heißt freilich nicht, dass sie freie Hand haben. Es gibt schon noch die lenkende Hand der Bürokraten in der Stadtverwaltung. Aber diese Bürokraten erlauben vieles, sie sind – und das unterscheidet sie von Kollegen in anderen chinesischen Städten – experimentierfreudig. Immer bereit, Neues zu probieren.

Das sichtbare Ergebnis: Nirgendwo sieht man so viele avantgardistische Gebäude, Hochhäuser und Wolkenkratzer wie in Shenzhen. Es fängt beim futuristischen Flughafen an, dessen rochenförmiges Gebäude von dem italienisches Architekturbüro Fuksas konzipiert wurde. Dann die Börse – ein Kunstwerk der Truppe um den niederländischen Stararchitekten Rem Koolhaas.

Selbst die Müllverbrennungsanlage ist ein architektonisches Kunstwerk, das von dem dänischen Büro Schmidt Hammer Lassen entwickelt wurde. Die Shenzhen East Waste-to-Energy Plant – übrigens die größte der Welt – steht in einem Landschaftspark und dient auch als Bildungseinrichtung. Auf einem Rundweg können sich die Besucher über die einzelnen Prozesse der Stromgewinnung informieren und sie in Echtzeit mitverfolgen.

Hinzu kommen die vielen Headquarters der Shenzhener Konzerne. Fast jedes große Unternehmen stellte sich in den vergangenen Jahren ein neues Headquarter hin. Blickfang sind die beiden Türme des Internetriesen Tencent – kreiert von dem New Yorker Büro NBBJ. Oder das Hochhaus von China Resources, einem staatlichen Mischkonzern. Das von Kohn Pedersen Fox (KPF) entwickelte, knapp 400 Meter hohe Gebäude sieht aus wie ein Bambusspross.

Weitere neue Bürotürme sind gerade im Entstehen. Der Drohnenhersteller DJI leistet sich eine neue Hauptverwaltung, ebenso der Telekomkonzern ZTE. Ein ganz verrücktes neues Headquarter stellt sich der Damenmodekonzern Marisfrolg hin.

Diese Stadt leistet sich keinen Stillstand. Diese Stadt ist ständig am Wachsen und Experimentieren. Die ganze Stadt ist ein urbanes Labor. Claude Godefroy, Partner beim dänischen Architekturbüro Henning Larsen und dort Leiter des Büros in Hongkong, empfiehlt: »Wenn du die Zukunft städtischen Designs sehen willst, musst du nach Shenzhen Bay gehen.« Viel sieht man dort – im südlichen Nanshan direkt am Meer gelegen – in Wirklichkeit noch nicht, aber auf dem Plan ist erkennbar, wie das Viertel mal aussehen könnte.

Das Projekt heißt The Shenzhen Bay Super Headquarters City. Es soll ein neuartiger Central Business District (CBD) werden und viel futuristischer als die europäischen CBDs wie Canary Wharf in London oder La Défense in Paris. Autos werden konsequent in den Untergrund verbannt, stattdessen werden ebenerdig mehr als 10 000 Bäume gepflanzt. Ganz oben auf den Spitzen der Hochhäuser und Wolkenkratzer entstehen 12 *sky gardens*, zugänglich für jedermann. Dort sollen auch kulturelle Events stattfinden. Godefroy spricht von einer *skyline of art*. Die Regierung hat vorgeschrieben, dass in jedem Tower 5 bis 8 Prozent der Flächen für Kunst und Kultur reserviert sein müssen. Außerdem – wir sind ja in der Stadt der Drohnen – mussten schon mal Landeflächen für Passagierdrohnen eingeplant werden.

Henning Larsen hat den Wettbewerb für dieses neue Areal gewonnen, immerhin zusammen mit zwei chinesischen Büros. Aber es stellt sich schon die Frage, warum die meisten der bislang beschriebenen Projekte nur ausländische Architekten hatten. Gibt es denn keine chinesischen Toparchitekten?

Doch. Einer von ihnen ist Meng Yan. Er ist einer der drei Gründer von Urbanus, einem landesweit renommierten Architekturbüro in Shenzhen. Sie alle drei stammen aus Beijing und kamen Ende der 1990er Jahre ganz bewusst nach Shenzhen. Meng, ausgebildet an der Tsinghua in Beijing und der Miami University, gilt als eine der wichtigsten Stimmen der Architekturszene in China.

Ich treffe ihn im Büro von Urbanus. Sie residieren standesgemäß auf der zweiten Etage in einem hippen, alten Fabrikgebäude im Szeneviertel OCT-Loft. An der Wand hängen Auszeichnungen und eine Titelseite der *New York Times*, wo im Aufmacher Urbanus erwähnt wird.

Meng, in schwarzen Jeans und dunklem Hemd gekleidet, ist eher der Typus Intellektueller. Er sagt: »Die Architektur muss für die Stadt da sein, sie muss ein Werkzeug sein für eine bessere Stadt und ein besseres Leben in dieser Stadt.« Architekten müssten längerfristige Lösungen für die Probleme einer Stadt anbieten. Das sei ein anderer Ansatz als der vieler ausländischer Architekturbüros, die sich hier mit ihren avantgardistischen Bauwerken ein Denkmal setzen wollen.

Er spricht dann ausführlich über ihr Projekt Upper Hills (siehe voriges Unterkapitel). Das sei so ein architektonischer Problemlöser für eine Stadt mit Platzmangel. Die Vertreter der Stadt seien sehr offen für solche innovativen Lösungen. Seine Ansprechpartner in den städtischen Baubehörden seien sehr gut ausgebildet. Sie nehmen nur Absolventen von Topuniversitäten.

Meng lobt die kreative Atmosphäre, die in Shenzhen herrsche. Und die sich auch in einer anderen kreativen Sphäre zeige – in der Designszene.

Können Chinesen kreativ sein?

Wir treffen uns im kleinen Café auf der Dachterrasse der Design Society. Eine leichte Brise weht von der Shenzhen Bay her und gestaltet die spätnachmittägliche Hitze etwas angenehmer. Ole Bouman – schon wieder ein Niederländer! – ist der Hausherr. Er ist der Direktor der Design Society.

Äußerlich betrachtet ist die Design Society ein verschachteltes avantgardistisches Gebäude, direkt an der Shenzhen Bay im westlichen Stadtteil Shekou gelegen. Im Dezember 2017 wurde der von dem japanischen Pritzker-Preisträger Fumihiko Maki entworfene Bau eingeweiht.

Aber was verbirgt sich hinter der futuristischen Fassade, was ist die Design Society? Ein Museum? Ja, auch. Das renommierte Londoner Victoria and Albert (V&A) Museum hat eine Dependance in der Design Society. Aber die Design Society ist weit mehr als nur ein Museum. Es gibt Läden chinesischer und ausländischer Designer. Bouman nennt es eine »kulturelle Mall«, die offen für alle ist, viel freien Platz bietet, auf dem am Wochenende Events und Workshops stattfinden. Gerade auch für Kinder und Jugendliche. Bouman sagt: »Eine unserer ersten Aufgaben ist es hier, junge Leute in Design zu unterrichten.«

Bouman war Direktor des Netherlands Architecture Institute (NAI) und ist schon seit langem in verschiedenen Funktionen in China und speziell Shenzhen unterwegs. Er kennt das Land, die Design- und Kunstszene. Deshalb die Jahrhundertfrage an den Experten: Können Chinesen kreativ sein? Da wird er leicht böse. Allein diese Frage! Diese westliche Frage, die ihm zu arrogant daherkommt. Zur Beantwortung holt er weit aus, wird fast philosophisch. Dann sagt er: »Kreativität ist urmenschlich, sie steckt in jedem Menschen, in jeder Gesellschaft – auch in der chinesischen.«

Die Design Society ist ein Ort, wo der Gedanke und die Idee des Designs propagiert werden sollen. Shenzhen hat da – wie ganz China – Nachhilfe nötig. Aber anders als in manch anderer Metropole Chinas haben die Verantwortlichen in Shenzhen schon länger eingesehen, dass Design wichtig ist, dass man nicht nur Produkte herstellen kann, egal – um es etwas überspitzt zu sagen – wie sie aussehen.

Luisa Elena Mengoni hat drei Jahre lang die V&A Gallery in der Design Society Shenzhen aufgebaut. Jetzt ist sie wieder zurück in London. Sie sagt: »Es gibt starke Ambitionen an der Spitze der Stadt, Shenzhen zu einem *global player* im Design zu machen.« Der Ehrgeiz hat sich schon früh in Aktivitäten ausgedrückt.

Bereits 2004 hat die Stadtverwaltung angekündigt, dass Shenzhen eine *capital of creative design* werden solle. Es wurde ein Fond für Kulturindustrien, worunter auch das Design fällt, aufgelegt. In den Fünf-Jahres-Plänen – auch das gibt es noch in Shenzhen – wurde die Kreativindustrie als vierter Pfeiler eingeschlagen, neben dem Hightech-, Verkehrs- und Finanzbereich.

2008 wurde Shenzhen als erste chinesische Stadt in das Creative Cities Network der Unesco aufgenommen und von der Unesco als City of Design geadelt. In einem Papier der UN-Bildungs- und Kulturorganisation wird ein Loblied auf das designorientierte Shenzhen gesungen. In Shenzhen herrsche eine Kultur der Offenheit, Toleranz und Kreativität. Die Stadt sei ein Designzentrum. Viele führende chinesische Designer hätten ihre Wurzeln in Shenzhen.

Die Stadt unterstützt die Szene. Sie installierte ein Design Promotion Office und veranstaltet seit 2017 die alljährlich im April stattfindende Shenzhen Design Week mit, wo sich die kreativen lokalen Unternehmen der Branche präsentieren. Vor allem in den Bereichen Grafik-, Industrie- und Verpackungsdesign sind Firmen aus der Stadt inzwischen stark.

Luise Elena Mengoni urteilt: »Einst die Fabrik der Welt ist Shenzhen nun eine Metropolis mit Tausenden von Designfirmen, die alle die Ambitionen teilen, vom bisherigen *Made in China* zum so genannten *Created in China* zu gelangen.«

Eine dieser ambitiösen Firmen ist Innozen.

Neue kreative Klasse

Michael Zheng ist einer der Gründer von Innozen. Er studierte und arbeitete erst in London. 2008 kam er nach Shenzhen, entwarf Produkte für eine kleine chinesische Designfirma, dann für eine kanadische. 2012 gründete er mit Tony Lee Innozen, eine Firma für industrielles Design. Tony Lee ist eine bekannte Figur in der Shenzhener Designszene.

Ich treffe Michael Zheng im Konferenzraum seines Unternehmens. Weißer Tisch, schwarze Stühle. An der Wand ein Regal mit Produkten, die er und seine Designer für diverse Kunden entworfen haben. Zum Beispiel einen Smart Speaker des Elektronikherstellers Skyworth.

Zur Einführung zeigt er ein kurzes Video mit dem Titel «Made in Shenzhen, Designed for the World.« Das ist auch die Botschaft, die er vermitteln will: Wir können hier nicht nur billige Produkte herstellen, sondern auch ästhetisch schöne. Das würde auch zunehmend im Ausland realisiert, sagt er, und verweist auf seine internationalen Kunden, zum Bespiel LG aus Südkorea oder Denso aus Japan.

Michael Zheng ist ein Repräsentant der neuen kreativen Klasse, von denen es vor allem in Shenzhen immer mehr gibt. Er verbindet schon aufgrund seines Lebenslaufs westliche Designsprache mit chinesischer Kultur. Dieses *West meets East* spiegelt sich auch in der Firmenphilosophie wider. »Wir wollten anders sein als die anderen Designfirmen«, sagt Zheng. Das heißt: Sie engagierten vor allem international ausgebildete Leute. Sie schnappten sich Chinesen, die in den USA oder Großbritannien Design studiert haben. Außerdem scharten sie eine Gruppe von erfahrenen Beratern um sich, zum Beispiel Xiao Yanlin, der das industrielle Design bei Xiaomi leitete, einem Handyhersteller, der aber zunehmend auch andere Haushaltsprodukte in schlichtem funktionalen Design herstellt beziehungsweise herstellen lässt.

Shenzhen sieht Zheng, der aus Zhejiang – der Nachbarprovinz von Shanghai – stammt, als Standortvorteil für sein Business. »Shenzhen hat die größte Design Community in China«, sagt er. Es gebe rund 6000 Designfirmen hier in Shenzhen und über 100000 professionelle Designer.

Warum diese Konzentration? Er hat zwei Antworten parat. Erstens, weil hier 90 Prozent der Hardware hergestellt würde. Durch diese Nähe zum Produkt würden sich inzwischen viele Unternehmen intensiver mit dessen Aussehen auseinandersetzen. Zweitens seien vor allem die Start-up-Firmen viel offener für Designideen. Sie hätten alle die Apple-Story verinnerlicht, die ja vor allem eine Designstory sei. Schmunzelnd sagt er: »Thank you, Steve Jobs.«

Industriedesignboutiquen wie Innozen sind die neuesten Akteure in der Shenzhener Design Community. Zuvor dominierten Grafikdesigner, die hier eine lange Tradition haben, aber auch Designer verschiedener Konsumartikel, wie Spielzeuge, Schmuckwaren – und vor allem Bekleidung.

Es soll rund 800 chinesische Modemarken in Shenzhen geben. Die Stadt ist inzwischen das Zentrum in China für Damenmode. Die dort kreierten Brands sind außerhalb des Landes noch wenig bekannt, aber eine gewisse Aufmerksamkeit unter den globalen Modejournalisten haben Namen wie Ellassay, Marisfrolg, Haiping Xie, Ming Yue He, Odbo oder La Pargay schon gefunden.

Die bekannteste und schillerndste Designerin ist sicher Zhu Chongyun, der die Firma Marisfrolg gehört. Die Frau mit der dunklen Brille und dem strengen Blick besitzt sechs Labels unter dem Dach von Marisfrolg und Hunderte von Shops in China, und seit kurzem auch welche in Singapur und Südkorea. Ihre Marken profitieren davon, dass immer mehr chinesische Frauen ganz bewusst chinesische Labels kaufen. Zhu ist inzwischen Milliardärin, kaufte vor ein paar Jahren das italienische Designerlabel Krizia in Mailand.

In Shenzhen lässt sie seit 2008 (!) eine neue Hauptverwaltung bauen, sicher eines der verrücktesten und futuristischsten Gebäude der Stadt. Eine Fabrik, Showroom, Hotel, Spa – alles unter einem Dach. Das heißt: Ein Dach gibt es gar nicht, sondern mehrere Dächer, die die geschwungene Form eines Blattes haben. Die neuseeländischen Stararchitekten Van Brandenburg hatten zeitweise 300 Leute vor Ort, um die vielen, zum Teil auch sehr extravaganten Wünsche der Bauherrin zu erfüllen. 2020 soll das Bauwerk endlich fertig sein.

Leselust und Bildungshunger

Es ist schon paradox: In der Metro Shenzhens sitzen und stehen die meisten Chinesen und stieren auf ihr Handy. Sie chatten, lesen oder spielen. Abgesehen von den lästigen Dauerdurchsagen mit den Sicherheitshinweisen herrscht in den Metrozügen fast gespenstische Ruhe. In Restaurants sitzen sich Paare gegenüber, die nicht miteinander reden, sondern nur auf ihre Smartphones starren. Es entsteht leicht der Eindruck, dass das gedruckte Wort hier nichts mehr gilt, dass Zeitungen, Zeitschriften oder gar Bücher Relikte aus einem anderen, vergangenen Jahrhundert seien.

Und dann das: Mitten in der Stadt ein gigantischer länglicher Komplex über zwei Etagen (hier zählt das Erdgeschoss mit), der sich Book City nennte. Eine Mall, wo es fast nur Bücher und andere Kunstwerke gibt. Darin viele kleine, themenbezogene Buchläden, aber auch größere mit umfangreichem Angebot. Daneben natürlich Cafés und Restaurants, aber auch ein großer Musikladen, wo Tonträger aller Art angeboten werden.

Am Wochenende ist hier Spektakel. Es finden Lesungen und Vorträge statt – für jung und alt. Es werden Kurse in Kalligrafie und Malen angeboten – und auch besucht. Die Handygeneration hat offenbar für ein paar Stunden zumindest die Aus-Taste gefunden.

Schmuckstück ist die Shang Shu Bar. Ein paar Sammler alter Bücher haben sich hier zusammengetan, um dieses Kleinod herzurichten. Mit seinen schweren Holzstühlen und Seidenvorhängen wähnt man sich in längst untergegangenen Zeiten. Es gibt sogar Bücher bis weit zurück aus der Song-Dynastie. Serviert werden Kaffee, Tee und Wein – und das bis zwei Uhr nachts. Wer rund um die Uhr lesen will, für den gibt es den 24 Hours Bookstore. Bei Kaffee, Säften und Käsekuchen mit Grünteegeschmack können hier bibliophile Geister auch zu nächtlicher Stunde ihrem Hobby frönen. Der Zeit angemessen gibt es auch Sofas.

Gleich neben der Book City ein weiterer Kulturtempel – die Shenzhen Library. Da kann man schon mal morgens eine Menschenschlange sehen, die auf den Einlass um 9 Uhr wartet. Eine Schlange vor einer Bücherei! Wann habe ich das zuletzt in Deutschland gesehen? Hier herrscht Bildungshunger. Und hier weiß man, dass man nicht alles Wissen im Internet findet, sondern auf mit schwarzen Schriftzeichen gedruckten weißen Seiten. Vier Millionen Bücher gibt es in der Shenzhen Library auf sechs Etagen. 2 500 Leseplätze stehen für jedermann zur Verfügung.

Shenzhen nennt sich stolz die Stadt der Bücher und tut sehr viel für diesen Ruf. Jeder Bezirk hat eine zentrale Bücherei. Alles supermoderne, architektonisch wertvolle Bauten. So sehen hierzulande Museen aus. Interessant und gar nicht so ins Weltbild der Internetgeneration passend: Die jungen Erwachsenen zwischen 19 und 35 Jahren stellen die größte Kundengruppe der Büchereien in Shenzhen.

Wer Schwellenangst hat oder keine Zeit, kann sich Bücher aus den Büchereien auch nach Hause liefern lassen – oder er kann sich an so genannten Selbstbedienungsbibliotheken Geistesnahrung ziehen. Das sind blau-weiße Kästen, die aussehen wie ein großer Getränkeautomat.

Kunst auf Knopfdruck. Kunst auf Bestellung. Die gab es schon lange in Dafen.

Dafen – Künstler oder Kopierer?

Zhao Xiaoyong war früher Reisbauer, dann schulte er 1996 um und wurde Ölmaler. Sein großes Vorbild: Der niederländische Impressionist Vincent van Gogh. Vor allem dessen Werke »Sonnenblumen« und »Mandelblüten« hatten es ihm angetan. 1999 verkaufte er seine ersten 20 Van-Gogh-Gemälde an einen Amerikaner. Danach wurde es ein richtiges Geschäft, eine Massenproduktion.

So wie Fabrikarbeiter am Fließband nur eine bestimmte Tätigkeit ausüben, so gibt es hier Experten, die nur ganz bestimmte Motive malen, zum Beispiel Bäume oder Augen. Danach reichen sie das Werk weiter zum nächsten Experten. Zhao und sein Team arbeiteten in der Regel von 13 Uhr bis 3 Uhr nachts. Zusammen schafften sie acht Van Goghs in einer Schicht. Über 100 000 Repliken von van Gogh haben Zhao und seine Malergesellen inzwischen produziert oder man kann auch sagen abgekupfert.

In China nennt man Zhao deshalb Chinas Van Gogh. Sogar ein Dokumentarfilm wurde über ihn gedreht. Sein großer Traum war, einmal ein Original von seinem imaginären Lehrmeister zu sehen. 2014 erfüllte er sich diesen Traum und reiste nach Amsterdam, besuchte dort das Van-Gogh-Museum. Ehrfürchtig stand der Plagiator vor seinem Meister und wurde nachdenklich. Von nun an malte er nur noch eigene Kompositionen.

Zhao ist einer von rund 300 Ölmalern in Dafen Village. Die Ortsbezeichnung klingt nach Dorf, ist es aber nicht mehr. Im Nordosten Shenzhens gelegen, war es früher mal ein Dorf, aber durch die gewaltige Ausbreitung der Stadt ist Dafen längst im Häusermeer Shenzhens versunken.

Obwohl: Einen dörflichen Charakter hat es immer noch. Rund 8 000 Menschen wohnen hier. Eine breite Hauptstraße führt durch Dafen, von ihr gehen kleine Gassen ab. Alles ist sehr verwinkelt. Fast in jedem Haus gibt es Ölgemälde zu kaufen. In vielen kann man den Meistern beim Entstehen ihrer Werke zuschauen. Die Front zur Straße ist bei vielen offen. Man kann sehen, dass sich das Leben in einem großen Raum abspielt. Es gibt keine räumliche Trennung zwischen Atelier und Wohnraum.

Fast jeder Maler ist auf eine Technik oder ein Motiv spezialisiert. Die Bandbreite der Motive ist riesig. Gerade schaute einem noch Michael Jackson in Öl ins Auge, ein Haus weiter dann schon Karl Marx. Es gibt Geschäfte für Farben, Pinsel und Rahmen. Und es werden Kurse angeboten, zum Beispiel den Beautiful Chinese Landscape Painting & Calligraphy Workshop.

Wenn Shenzen und Umgebung die Fabrik der Welt sind, dann ist Dafen die weltgrößte Fabrik für Ölgemälde. Hier findet handwerkliche Massenfertigung statt, obwohl dies eigentlich ein Widerspruch in sich ist.

Angefangen hat es 1989. Der Hongkonger Künstler und Geschäftsmann Huang Jiang suchte eine Alternative zum teuren Hongkong. Er fand sie ihn Dafen, damals noch ein Dorf von Reisbauern. Von denen griffen immer mehr zum Pinsel und malten in Öl. Mit großem weltweitem Erfolg. In den besten Zeiten – und die lagen vor der globalen Finanzkrise 2008 – kamen rund 60 Prozent aller in der Welt verkauften Ölbilder aus Dafen. Der Umsatz hat danach nachgelassen. 2017 betrug er aber immerhin noch 4,15 Milliarden Yuan.

Viel wichtiger als diese Zahl ist freilich eine andere: 20 bis 30 Prozent der verkauften Bilder sind inzwischen keine nachgemachten Van Goghs, Rembrandts oder Da Vincis mehr, sondern Originale der Dafen-Meister der Neuzeit. Viele von ihnen versuchen, ihren eigenen Stil zu kreieren.

Und das ist ganz im Sinne der Regierungen, ob in Beijing oder in Shenzhen. Die Zentralregierung will ja schon seit Jahren weg vom Copycat-Image. Da passt ein Dorf, das nur – auch wenn sie das sehr gut machen – kopiert, nicht mehr so richtig ins Konzept. Genauso sieht es die Shenzhener Stadtregierung. Sie fördert deshalb Dafen und ihre Künstler auf deren Weg zu mehr Kreativität und Originalität. Sie initiierte die Art Industry Association of Dafen Oil Painting Village, eine Organisation, die auf vielfältige Weise den Malern bei ihrem Upgrading Unterstützung anbietet.

Und sie spendierte Dafen und seinen kreativen Einwohnern eine neue Kunsthalle, das Dafen Museum. Schon das Museum, am östlichen Rand des Dorfes gelegen, ist künstlerisch wertvoll. Gebaut wurde es nach Plänen der chinesischen Architekten von Urbanus. Auf zwei geräumigen und weitläufigen Etagen sind Bilder, aber auch Skulpturen moderner und zeitgenössischer chinesischer Kunst zu bestaunen.

Shenzhen preist Dafen stolz als neues Modell für eine kreative Industrie, als Beweis, dass Shenzhen eben nicht nur aus Firmen der Elektronik- und Internetindustrie besteht. Das Dorf wurde deshalb in den vergangenen Jahren mit städtischer Hilfe herausgeputzt. Straßen und Gassen wurden renoviert. Eine Metrostation gebaut. Die in Berkeley lehrende Kunsthistorikerin Winnie Wong sagt: »Shenzhens Offizielle sahen im Dafen Village eine seltene Gelegenheit, um die Stadt auf die kulturelle Landkarte zu setzen.«

Das ist ihnen gelungen. Dafen zieht Aufmerksamkeit auf sich. Das chinesische Staatsfernsehen CCTV sendete eine umfangreiche Dokumentation über Dafen. Die *New York Times* widmete dem Künstlerdorf eine Titelstory. Winnie Wong sieht Dafen bereits in einer Reihe mit den Bohéme-Viertel in London (Soho), New York (Greenwich Village) oder Paris (Montmartre).

Das mag zwar noch etwas übertrieben sein, aber eine touristische Attraktion ist das Dorf allemal.

Touristische Attraktionen

Die Macher des *Lonely Planet*, dem weltberühmten australischen Reiseführer-Imperium, sind so etwas wie die Spürhunde touristischer Trends. Jedes Jahr geben sie eine Liste der *Top 10 Cities to Visit* heraus, die man unbedingt besuchen sollte. Im 2019er Ranking lag Dänemarks Hauptstadt Kopenhagen ganz oben. Diese Wahl kann man nachvollziehen. Aber auf Platz zwei tauchte eine Stadt auf, die selbst für die meisten Globetrotter ein unbeschriebenes Blatt sein dürfte: Shenzhen.

Shenzhen – ein touristischer Hotspot? Das müssen die Lonely-Planet-Macher begründen. Shenzhen sei »Chinas innovativste Stadt«. Okay, das weiß man, wenn man dieses Buch bis hierher gelesen hat. Doch die weitere Begründung mag den Leser überraschen: »Einer der entscheidenden Faktoren für die Wahl Shenzhens ist das immer reichhaltiger werdende Nachtleben in der Stadt.« Und dann zählen sie auf, was sie damit meinen: Eine boomende Musikszene, Craftbeer-Bars, coole Cafés. Immer mehr Bars eröffnen in der Stadt, sodass manche Shenzhen schon als die neue Cocktailhauptstadt Chinas bezeichnen.

Doch jenseits der Trinkkultur hat die Stadt auch »richtige« Kultur zu bieten. Die Lonely-Planet-Autoren verweisen auf das ziemlich neue Museum of Contemporary Art & Planning Exhibition (MOCAPE) und das – für Shenzhener Verhältnisse – ziemlich alte OCT-Loft.

Ortsbesichtigung OCT-Loft: Le Patisserie – ein kleines Café. Man könnte sich in Frankreich wähnen. Es gibt Kaffee in allen modernen Variationen, dazu Croissants, Macarons und andere kleine Süßigkeiten. Es ist idyllisch gelegen, Bäume spenden Schatten, ein kleiner Brunnen plätschert.

Und doch: Das Café liegt nicht an der Cote d'Azur oder in der Provence. Es liegt mitten in Shenzhen, im OCT-Loft, einem alten Industriepark. Künstlerateliers, Designerläden, Galerien, Jazzkneipen, Cafés und Restaurants säumen die autofreien Wege. Man kann dem Lärm der Stadt entkommen und ist trotzdem mitten in der Stadt. Das OCT-Loft (OCT steht für Overseas Chinese Town) ist das kulturelle Vorzeigeprojekt der Stadt. Die US-amerikanische Ethnografin Mary Ann O'Donnell, die seit rund 25 Jahren in Shenzhen lebt, sagt: »Das OCT symbolisiert Shenzhens Aufstieg zu einer kreativen Stadt.«

Das OCT-Loft zeigt auch die ganze pflanzliche Pracht, die nur in einem solchen subtropischen Klima gedeihen kann. Überhaupt gilt: Shenzhen ist eine grüne Stadt. Litschi und Mangroven sind die offiziellen Bäume der Stadt. Der Lianhuashan Park (wo die Deng-Statue steht) erinnert an den New Yorker Central Park. Junge Leute sitzen und picknicken auf dem grünen Rasen, andere lassen Drachen steigen. Shenzhen soll mehr als 1000 Parks haben.

Zum Grün am Boden kommt das häufige Blau des Himmels, ungewöhnlich für eine chinesische Metropole. Und außer in den schwülen Sommermonaten bietet die Stadt angenehme Temperaturen. Shenzhen ist eine Stadt ohne Winter. Sie hat rund 260 Kilometer Küste. Im Osten gibt es mit Dameisha und Xichong zwei öffentliche Sandstrände. Öffentlich heißt allerdings in China voll, sehr voll – vor allem am Wochenende. Wer es ruhiger haben will, muss ins teure Sheraton Dameisha Resort gehen. Dort gibt es private Strände.

Im Westen führt eine kilometerlange Uferpromenade an der Shenzhen Bay entlang. Es herrscht mediterranes Flair. Die Promenade startet in Shekou, wo die meisten Ausländer – die Expats – wohnen. Hier ist die populäre Sea World, das trotz des Namens kein Aquarium ist, sondern ein bei Chinesen und Expats beliebtes Ausgehviertel mit vielen Restaurants und Bars sowie der deutschen Bäckerei Thomas. Zentraler Punkt in Sea World ist das Schiff Minghua, in dem einst Deng Xiaoping nächtigte und das heute ein Hotel ist. Durch die vielen Aufschüttungen liegt das Schiff aber längst nicht mehr an der Shenzhen Bay, sondern an einem künstlichen See.

Während Sea World eher etwas für Familien und Menschen ist, die es gerne etwas ruhiger haben (wobei ruhig in China anders definiert wird als hierzulande), so ist der mehr im Zentrum, in Futian gelegene Coco Park die Alternative. Dort ist es schick, laut und teuer. Dort frönen die meisten Besucher dem Konsumentendreikampf Shopping, Wining, Dining. Bars und Restaurants gibt es hier jede Menge. In einer kleinen Querstraße, wo sich Bar an Bar befindet, dröhnt es so laut, dass jede Konversation sinnlos ist.

Welche Oase der Ruhe dagegen ist nördlich von Shenzhen, in Mission Hills. Dort gibt es mehrere Golfplätze. Nicht zwei, nicht drei, sondern zwölf. Klar, das ist Weltrekord. Mission Hills ist das weltweit größte Golfresort. Dieser Sport wird zwar von der Beijinger Regierung als kapitalistisch-dekadent eingestuft, in Shenzhen dagegen lebt man ganz gut mit und von diesem Sport für Betuchte. Jährlich 16 Millionen Besucher schwingen auf den Plätzen von Mission Hills den Schläger.

Tourismus ist von der Stadtregierung als einer der Wachstumssektoren auserkoren. 2017 kamen immerhin 12 Millionen Touristen in die Stadt, aber davon waren – und das relativiert die Zahl etwas – 9,6 Millionen aus den benachbarten Metropolen Hongkong und Macau. Sie machten Ein-Tages-Trips über die Grenzen, weil die Malls hier größer sind und die Preise günstiger.

So kommen sich Hongkong und Shenzhen näher.

Neuntes Kapitel

ZWEI SCHWIERIGE NACHBARN – Wie Shenzhen vom Niedergang Hongkongs profitiert

»Die zwei Städte sind inzwischen Wettbewerber geworden.«

Joe Chau, Präsident der Hong Kong General Chamber of Small and Medium Business

Wenn man nach wochenlangem Aufenthalt in Shenzhen nach Hongkong kommt, fallen einem dort Dinge auf, die man früher gar nicht bemerkt hat. Die stinkenden, klapprigen rot-weißen Toyota-Taxis, die engen Straßen, der Lärm, die antiquierten Hochhäuser, die vielen alten Menschen, das Bezahlen mit Münzen und Scheinen.

Ja, Hongkong sieht plötzlich alt aus. Irgendwie museal. Mit den betagten Star Ferries, die zwischen Kowloon und Hongkong Island hin und her schippern. Mit der Doppeldeckerstraßenbahn, die quietschend quer über Hongkong Island ihre Bahnen zieht; mit der schrägen Zahnradbahn, die Besucher hoch zum Peak transportiert.

Altes Hongkong – modernes Shenzhen.

Wie sich die Zeiten ändern: Vor ein paar Jahren noch haben sie in Hongkong verächtlich auf den nördlichen Nachbarn jenseits der Grenze, auf Shenzhen heruntergeschaut. Die ehemals britische Kronkolonie strotzte vor Selbstbewusstsein. Wir sind für die Chinesen das Tor zur westlichen Welt und für die Ausländer das Tor nach China; wir sind die Glitzermetropole mit der weltberühmten Skyline, die jedes Jahr Millionen von Touristen aus aller Welt anlockt; wir sind der Finanzplatz in Asien mit einer der erfolgreichsten Börsen Asiens; wir sind der kreative Schmelztiegel zwischen Ost und West.

Heute ist es fast umgekehrt. Shenzhen schaut zwar nicht auf Hongkong herunter, aber auf Augenhöhe begegnen sie sich schon. Chen Yafei, Finanzmakler in Hongkong, wird im *Spiegel* zitiert: »Hongkong erscheint mir heute klein, altmodisch und teuer. Shenzhen dagegen fühlt sich an wie Shanghai.« Die wenigsten Hongkonger haben diesen Wandel mitbekommen, denn viele von ihnen – und das hat mich doch sehr überrascht und verwundert – fahren fast nie in die Nachbarstadt. Sie kennen sie nicht, sie wissen nicht, was drüben passiert, und sie wollen es vielleicht auch nicht wissen.

»Vor 1997 glaubten die Hongkonger, dass sie viel weiter entwickelt wären und China sich uns anpassen muss«, sagt Ray Yep, Politikprofessor an der City University of Hong Kong, »aber niemand hat erwartetet, dass China so stark wachsen würde. Jetzt müssen wir uns anpassen.«

Wirtschaftlich hat Shenzhen die Nachbarstadt inzwischen überholt. 2018 war das Sozialprodukt Shenzhens mit 2,42 Trillionen Yuan erstmals höher als das von Hongkong. Nur so zum Vergleich: 1980 betrug Shenzhens Sozialprodukt gerade mal 0,2 Prozent von dem Hongkongs.

Und Hongkongs wirtschaftliche Bedeutung innerhalb Chinas schrumpft weiter. Zum Zeitpunkt der Übergabe 1997 trug Hongkongs Wirtschaft noch 18,4 Prozent zum chinesischen BSP bei, derzeit sind es nur noch magere 2,7 Prozent.

Hongkong – eine Stadt als Opfer ihres Erfolgs und auch ihrer Arroganz. Noch 1997 schrieb der niederländische Journalist Willem van Kemenade in seinem Buch *China, Hong Kong, Taiwan Inc.*: »Hongkong ist einer der erfolgreichsten Stadtstaaten in der Weltgeschichte. Nicht einmal Venedig hat es geschafft, in einer so kurzen Zeit einen solchen immensen Reichtum anzuhäufen.« Das mag ja stimmen, nur: Der Reichtum liegt in den Händen von ein paar wenigen Tycoons, die durch den Handel mit Immobilien steinreich geworden sind und die Wirtschaft Hongkongs beherrschen.

Die ständig steigenden Immobilienpreise, die absurde Höhen erreicht haben, und die boomende Börse haben Hongkong fett und träge werden lassen. Der *entrepreneurial spirit*, der die Stadt mal auszeichnete, ist verloren gegangen. Die Wirtschaft ist wenig diversifiziert, die Start-up-Kultur ist – im Verhältnis zu Shenzhen – nicht besonders ausgeprägt. Hongkong hat aber eine gute wissenschaftliche Infrastruktur mit anerkannten Universitäten, und der Finanzplatz gehört zu den besten der Welt. Das sind Pfunde, die Hongkong in eine Liaison mit Shenzhen einbringen kann. Die beiden Städte werden künftig enger zusammenarbeiten. Sie müssen es, weil Beijing es so will.

Es ist deshalb nicht ein Hongkong gegen Shenzhen, es ist vielmehr ein Hongkong mit Shenzhen, Doch Hongkong – und das müssen viele Hongkonger erst noch realisieren – ist in dieser Verbindung dann eher der Juniorpartner.

Das war mal anders.

Eine poröse Grenze

Hongkong wurde 1841 infolge der Opiumkriege von den Briten besetzt, 1843 wurde es durch den Vertrag von Nanjing britische Kolonie. Von diesem Zeitpunkt an gab es eine Grenze zwischen der britischen Kronkolonie und China, das seitdem mehrmals seinen politischen Status änderte – vom Kaiserreich über die Republik bis schließlich zur Volksrepublik. Eine ähnliche wechselvolle Geschichte erlebte die Grenze. Mal war sie relativ offen, mal ziemlich dicht, meist jedoch irgendwie porös.

Die Grenze zwischen der Kolonie und China war nie eine total abgeschottete. Während des Zweiten Weltkrieges flohen viele Chinesen nach Hongkong. Nach der Gründung der Volksrepublik 1949 setzte dann ein weiterer Exodus ein. Es kamen die Kapitalisten, die unter den Kommunisten kein Auskommen und keine Zukunft mehr sahen. In den Jahren danach war die Grenze keineswegs vergleichbar mit dem Eisernen Vorhang zu Zeiten des Kalten Krieges in Europa. Sie wurde auch Bamboo Curtain, also Bambusvorhang, genannt. Bambus schwankt und bietet Schlupflöcher.

Bauern und Bauarbeiter überquerten häufig die Grenze zwischen der Volksrepublik und Hongkong. Und zwar legal. 1961 erließ die Regierung der benachbarten Provinz Guangdong die *three fives policy*: Bis zu fünfmal im Monat konnte jeder Bürger aus Bao'an (dem Vorläufer von Shenzhen) nach Hongkong gehen; der Wert der Waren, die er in Hongkong verkaufte, durfte nicht mehr als 5 Yuan betragen; und die Waren, die er zurückbrachte, durften nicht mehr als 5 *jin* (2,5 Kilogramm) wiegen oder 5 Yuan wert sein.

Doch kurze Zeit später, 1962, wurde die Grenze dicht gemacht. Hongkong konnte den Flüchtlingsstrom nicht mehr verkraften. In kurzer Zeit hatten rund 200 000 Festlandchinesen Zuflucht in der Kronkolonie gesucht. Danach gab es noch vereinzelte Fluchtversuche. Doch vielen gelang die Flucht nicht mehr, denn es wurde scharf geschossen.

In die andere Richtung war die Grenze freilich viel offener. Das nutzten vor allem viele Hongkonger Unternehmer. Sie investierten schon früh in den 1980er Jahren in die Infrastruktur Shenzhens und seiner Umgebung. Vor allem die Hongkonger Tycoons bauten in weiser Voraussicht, dass zusammenwächst, was zusammengehört, Brücken, Häfen, Straßen und Kraftwerke jenseits der Grenze. Später, als der Standort Hongkong zu teuer wurde, errichteten sie drüben Fabriken.

Aber auf privater Ebene gab es wenig Austausch. Die Chinesen konnten nicht, die Hongkonger wollten nicht. Doch mit der Übergabe Hongkongs an die Volksrepublik 1997 ergab sich eine völlig neue Situation. Nach 2000 wurde auf Anraten der Beijinger Zentralregierung die Grenze wieder offener. 2003 erfolgte dann eine weitere, weitreichende Lockerung. Nun durften auch Einzelreisende aus der Volksrepublik nach Hongkong reisen, vorher war es nur in Gruppen gestattet. Für Bürger aus Shenzhen gab es ohnehin Ausnahmegenehmigungen. Sie konnten und können locker hin- und herwechseln, auch wenn es immer noch gewisse Restriktionen gibt.

Mit der Zahl der Grenzgänger ist auch die Zahl der Grenzübergänge gestiegen. Heute kann man an sechs Posten nach Shenzhen einreisen. Früher gab es nur eine Grenzstation: Lo Wu. Bis dorthin fuhr die Metro aus Hongkong. Lo Wu war das Nadelöhr. Hier musste jeder durch, der von Hongkong aus nach China wollte. Hier rauschte auch die Kowloon-Canton Railway (KCR) durch. Die Strecke wurde am 1. Oktober 1910 eröffnet und war die erste Eisenbahn, die Hongkong mit China verband.

Heute ist die Bahnreise viel einfacher. Man steigt in der supermodernen Station in West Kowloon ein und ist mit dem Hochgeschwindigkeitszug der chinesischen Staatsbahn in 14 Minuten in der Station Futian in Shenzhen. Man kann auch mit dem Auto über die Shenzhen Bay Bridge einreisen. Oder mit der Fähre entweder von der Innenstadt oder dem Flughafen Hongkongs. Oder ganz neu mit dem Hubschrauber in 15 Minuten – eine Minute länger als die Bahn benötigt.

So nah waren sich Hongkong und Shenzhen noch nie. Aber verstehen sie sich deswegen besser?

Zweifel sind erlaubt, wenn man die jüngsten Auseinandersetzungen betrachtet.

Mit Fäusten gegen Festländer

Tung Chung ist eine relativ kleine Stadt auf der Insel Lantau, die zu Hongkong gehört und auf der auch der Flughafen der Stadt, Chep Lap Kok, liegt. Knapp 50 000 Menschen wohnen in Tung Chung. Fremde haben sich hierher eher selten verirrt. Es war die Ruhe vor dem Ansturm. Denn die Idylle änderte sich von heute auf morgen, als im Oktober 2018 die neue gigantische Brücke zwischen Macau/Zhuhai und Hongkong eröffnet wurde. Der erste Ort auf Hongkonger Seite war Tung Chung.

Plötzlich überfielen – man kann es nicht anders sagen – Horden von chinesischen Ein-Tages-Touristen den bis dato beschaulichen Ort. Sie kauften vor allem Milchpulver, Arzneimittel und Tampons. Milchpulver konnten die Hongkong-Chinesen ja noch verstehen, denn aufgrund der diversen Lebensmittelskandale trauten die Festlandchinesen ihren eigenen Produkten nicht mehr. Aber Tampons?! »Haben die denn keine Tampons?«, erzürnte sich ein Aktivist, der gegen den legalen Überfall protestierte. Immer wieder kam es zu handgreiflichen Auseinandersetzungen.

Aber nicht nur in Tung Chung wurde protestiert, sondern auch in der Grenzstadt Sheung Shui im Norden Hongkongs. Dort werden regelmäßig friedliche Märsche unter dem Motto »Reclaim Sheung Shi« (Wir fordern Sheung Shi zurück). Auch hier sind Apotheken und Drogeriemärkte begehrte Ziele panikkaufender Chinesen von jenseits der Grenze.

Hongkonger und Festlandchinesen – ein schwieriges Verhältnis. Ein Verhältnis, das sich seit Beginn der Unruhen im Juni 2019 rapide verschlechtert hat, ja geradezu feindselig geworden ist. Beijing ist der Feind, der den Hongkongern die wenigen im Übergabevertrag von 1997 garantierten Freiheiten rauben will. Von Demokratie ist darin freilich nicht die Rede. Eine Demokratie war Hongkong nie, auch nicht unter britischer Kolonialherrschaft. Das Mutterland der Demokratie hätte genug Zeit gehabt, eine solche in Hongkong einzuführen. Das aber haben die Briten nicht gemacht.

Trotzdem führt jetzt eine Gruppe Hongkonger, die zum Teil – diese kleine Ironie sei gestattet – die britische Flagge mit sich führen, einen Freiheitskampf gegen Beijing. Ihr Gegner ist natürlich die autoritäre Führung unter Xi Jinping, aber alle Bewohner der Volksrepublik werden in Sippenhaft genommen. Wer in Hongkong als Festlandchinese unterwegs ist, wird relativ schnell enttarnt. Man erkennt ihn an seiner Sprache, seiner Kleidung, seinem rudelhaften Verhalten, seiner Lautstärke. Wer Mandarin spricht, ist schon verdächtig. Wenn er Pech hat, wird er angepöbelt: »Geh zurück nach Festland-China«, schallt es ihm entgegen. Festland-Studenten der Chinese University of Hong Kong (CUHK) haben das getan. Sie »flüchteten« nach Shenzhen, wo die CUHK ja auch einen Campus hat.

Viele *Mainland Chinese*, die sich in Hongkong bewegen oder gar niedergelassen haben – es sollen 1,2 Millionen sein –, sind vorsichtig geworden. Manche reden in der Öffentlichkeit lieber Englisch als Mandarin. Vor allem ihre Kinder weisen sie an, ja nicht Mandarin zu sprechen.

Der Hass – so muss man es fast sagen – auf die Chinesen von drüben ist wirtschaftlich ein zweischneidiges Schwert. Hongkong ist in vielerlei Hinsicht auf die Volksrepublik und ihre Einwohner angewiesen. Am deutlichsten auf die Touristen, die hier viel Geld in den Hotels, Restaurants und vor allem in den Geschäften lassen.

Ortstermin Russell Street in Causeway Bay, einem Stadtteil auf Hongkong Island. Eigentlich keine besonders attraktive Straße. An deren Beginn steht ein großer Gucci-Einkaufstempel, gegenüber ein Rolex-Laden. Im weiteren Verlauf reiht sich Shop an Shop fast aller Luxusmarken dieser Welt. Die Russell Street gilt als teuerste Einkaufsmeile der Welt – vor New Yorks Fifth Avenue und Londons Oxford Street. Hier werden die höchsten Mieten verlangt und bezahlt. Noch.

Die Kunden bleiben aus, es waren meist welche aus Festland-China. Dasselbe Trauerspiel in den Hotels. Viele Hoteliers klagen über mangelnde Auslastung, weil sie von drüben nicht mehr in Scharen kommen.

Hongkong sägt sich also den Ast ab, auf dem es sitzt.

Hätten die Hongkonger Alternativen, könnten sie die Ausfälle im Einzelhandel und Tourismus kompensieren. Die hat Hongkong aber nicht, weil es versäumte, seine Wirtschaft zu diversifizieren, weil sich sein Unternehmergeist verflüchtigt hat.

Verwöhnte Muttersöhnchen

Enzio von Pfeil sitzt fast jeden Tag im feinen Mandarin Hotel. Erste Etage, Clipper Lounge. Hier hat er seinen Stammplatz. Die Bedienung weiß, was er will. Tee, dazu etwas Gebäck. Auf seiner Visitenkarte steht Wealth Architect. Früher hätte man dazu Investmentberater gesagt.

Von Pfeil legt die *Financial Times* aus der Hand und legt los. Er nimmt kein Blatt vor den Mund. Der in Hamburg aufgewachsene von Pfeil, der seit 30 Jahren in Hongkong lebt und arbeitet, kann sich wunderschön in Rage reden. »Muttersöhnchen« seien sie, die Kinder der reichen Hongkonger. Sie fragen ihre Eltern, ob sie einen Porsche bekommen. Und die Mutter fragt: In welcher Farbe? Das sei doch die völlig falsche Antwort, echauffiert sich von Pfeil. Die richtige wäre gewesen: Warum willst du überhaupt einen Porsche? Er sagt, diese Muttersöhnchen sollen erst einmal etwas leisten. Verwöhnt seien sie und satt.

Sie studieren oft im Ausland, am liebsten Jura oder irgendetwas mit Wirtschaft, um dann später einen lukrativen Job in der Finanzszene zu bekommen, wo in Hongkong nach wie vor lukrative Gehälter gezahlt werden. Was Produktives, zum Beispiel ein Unternehmen gründen, fällt den »Muttersöhnchen« nicht ein.

Regine Ip, eine bekannte Parlamentarierin und Politikerin in Hongkong, analysiert völlig richtig: »Das schnelle Wachstum des Immobilien- und Finanzsektors hat andere wirtschaftliche Aktivitäten verdrängt.« Den Sprung von lowtech zu hightech hat Hongkong verpasst, anders als Shenzhen. »Unsere Nachbarstadt Shenzhen hat sich in den vergangenen Jahren zu einem Hotspot für technologie-basierte Jungunternehmen entwickelt«, sagt etwas neidisch Regine Ip.

In Hongkong – das muss man fairerweise sagen – hat sich in den vergangenen Jahren zumindest ein bisschen was getan. Die Regierung fördert Entrepreneurship, viele Co-Working-Plätze sind entstanden, ausländische Jungunternehmen strömen in die

Stadt und kreieren eine überschaubare Start-up-Szene. Aber alles kein Vergleich zu Shenzhen, wo fast jeder junge Mensch ein Gründergen eingepflanzt bekommen hat.

In ihrem Report *China's Greater Bay Area* kritisiert die Bank HSBC »den vorherrschenden Zweifel in der Gesellschaft gegenüber Technologie-Start-ups« und bemängelt »die schwach ausgeprägte Business-Angel-Kultur in der Stadt«. Lieber bauen die Milliardäre noch einen Wolkenkratzer als einem Jungunternehmer in seiner Startphase finanziell unter die Arme zu greifen.

»Zwanzig Jahre redete Hongkong nur über Lowtech«, sagt Albert Wong, Chef der Hong Kong Science and Technology Parks Corporation (HKSTP), die den erst 2001 etablierten Hong Kong Science Park managt. »Die Leute in Hongkong sagten, dass Hightech nur Probleme verursachen würden, nur Lowtech hingegen profitabel sei. Ich denke, wir haben 20 Jahre verloren.«

Dabei waren die Tycoons von heute selbst einmal Entrepreneure. Nochmals Regine Ip: »Hongkong war lange Zeit auf seinen *entrepreneurial spirit* stolz. In der Nachkriegszeit spielten die Entrepreneure die Schlüsselrolle bei der Industrialisierung Hongkongs. Dieser Geist hat seit den 1980er Jahren ständig nachgelassen.« Die Entrepreneure von damals haben das Unternehmertum verlernt. Das perverse Hongkonger Immobiliengeschäft, bei dem sie nur die Hand aufhalten müssen, um die scheinbar vom Himmel fallenden Dollarscheine aufzufangen, hat sie satt und träge gemacht – aber allerdings auch sehr reich.

Steinreiche Tycoons

Die Tellerwäschergeschichte des inzwischen über 90-jährigen Li Ka-shing kennt fast jeder in Hongkong. Li stammt aus Chaozhou, einer Stadt aus der östlichen Guangdong-Provinz. Sie ist berühmt-berüchtigt für ihre geschäftstüchtigen Unternehmer (Tencent-Gründer Pony Ma stammt übrigens auch aus Chaozhou). Schon in den 1940er Jahren floh der junge Li vor den japanischen

Besatzern nach Hongkong. Dort jobbte er als Junge in einer Plastikfabrik, 16 Stunden am Tag.

1950 gründete er dann seine eigene Fabrik namens Cheung Kong Industries und produzierte Plastikblumen. Er hatte oft den richtigen Riecher zum richtigen Zeitpunkt. So stieg er 1967, als in Hongkong Unruhen herrschten und die Wohnungspreise im Keller waren, in das Immobiliengeschäft ein, weil er glaubte, dass die Preise wieder anziehen würden. Und er stieg frühzeitig mit Orange in das Mobilfunkgeschäft ein, um nachher für sagenhafte 15 Milliarden Euro Orange an Mannesmann zu verkaufen. Man nennt ihn wegen solcher Deals nicht umsonst den Warren Buffett Asiens.

Inzwischen ist seine CK Holding ein nur noch schwer zu überblickendes Konglomerat mit Dutzenden von Engagements im Einzelhandel (es ist auch indirekt an der deutschen Drogeriemarktkette Rossmann beteiligt), in der Telekommunikation, in Häfen und natürlich Immobilien. Im März 2018 stieg der damals knapp 90-Jährige aus dem Tagesgeschäft aus und übergab seinem Sohn Victor Li die Geschäfte.

Li Ka-shings Vermögen wird auf knapp 30 Milliarden US-Dollar geschätzt. Er ist damit der reichste unter den Hongkonger Tycoons.

Aber es gibt noch einige andere Tycoons. Sie heißen Lee Shau Kee (Henderson Land), Peter Woo (Wheelock), Cheng Yu-tung (New World), Vincent Lo (Shui On), Robert Kuok (Kerry Group) oder Henry Keswick (Jardine Matheson), um nur ein paar dieser Dutzend Multimilliardäre zu nennen. Ihr Vermögen ist weit jenseits der Milliardengrenze.

Diese wenigen Familienclans beherrschen Hongkong. Sie dominieren den Lebensmitteleinzelhandel, in dem das Duopol Wellcome (Jardine Matheson) und ParknShop (Hutchison) Angebot und Preise bestimmt; ihnen gehört teilweise die Fluglinie Cathay Pacific; und sie haben Telekom-, Strom- und Gasfirmen. Sie monopolisieren viele Wirtschaftszweige dieser Stadt.

Ihr größtes Asset sind freilich die Immobilien. Mit denen sind sie groß und steinreich geworden. Dabei paktieren sie seit Jahrzehnten mit den Regierenden, früher mit den britischen Kolonialherren, jetzt mit den Herrschern von Beijings Gnaden. Das System funktioniert so: Die Administration verkauft und versteigert für teures Geld das kostbare Land in Hongkong immer an die gleichen Tycoons. Diese bauen auf dem teuer erworbenen Land Wohnblocks und Bürotürme und kassieren dafür horrende Mieten oder reichen sie für viel Geld an Betreibergesellschaften weiter. Ein System, das beiden nutzt: Die Stadt kann so den größten Teil ihres Haushaltes finanzieren, und die Clans werden immer reicher und mächtiger.

Leidtragender ist die Bevölkerung. Die Bewohner Hongkongs müssen die absurd teuren Mieten bezahlen. Die Preise für Mieten und Immobilien sind deshalb hier das beherrschende Thema. Bei jeder Konversation landet man relativ bald bei den Wohnungspreisen. Was nützt da ein Steuersatz von 15 Prozent, wenn die Bevölkerung über horrende Mieten geschröpft wird. Viele müssen deshalb in kleinen Wohnungen hausen. In Hongkong lebt eine Person im Schnitt auf 15,7 Quadratmetern, im benachbarten Shenzhen dagegen auf 27,9. Quadratmetern. Auch vielen Hongkonger Akademikern droht dieses Schicksal. Sie können sich nach ihrem Abschluss keine eigene Bude – von mehr reden wir hier nicht – leisten, sie müssen weiter beengt bei den Eltern wohnen.

Der Frust darüber war und ist auch ein Motiv der demonstrierenden Studenten und jungen Leuten. Das war vor Jahren bei der so genannten Regenschirm-Bewegung so, als die Protestierer wochenlang Hongkongs wichtigste Straßen blockierten. Und das ist auch bei den aktuellen Ausschreitungen ein wichtiges Protestmotiv. Es wird zwar hierzulande immer nur über die Forderungen nach mehr Demokratie berichtet, aber das ist nicht der einzige und für viele nicht mal der wichtigste Grund, auf die Straße zu gehen. Es ist das brutale soziale Gefälle, das sich vor allem in den aberwitzigen Wohnungspreisen manifestiert und das die überwiegende Mehrheit der Hongkonger Bevölkerung so frustriert.

Finanzplatz unter Druck

In zwei Türmen, dem One ifc und dem Two ifc, befindet sich der finanzindustrielle Komplex Hongkongs. Beide stehen nebeneinander, der eine überragt freilich mit 415 Meter den kleineren mit seinen 210 Metern. Die großen ausländischen Kreditinstitute haben hier ihre Büros, die Zentralbank – die Hong Kong Monetary Authority – belegt im Two ifc mehrere Flure, darunter auch den höchsten, die 88. Etage.

Einen Katzensprung – oder muss man hier sagen: ein paar Drachenlängen – entfernt befindet sich die Hongkonger Börse. Sie ist die fünftgrößte der Welt. Der Versuch, durch die Übernahme der Londoner Börse noch größer zu werden, scheiterte aber im Herbst 2019 etwas kläglich.

Trotzdem: Die Hong Kong Stock Exchange ist eine Institution. Ihr Hang Seng Index (Namensgeber war übrigens die Hang Seng Bank) ist ein Seismograf und fast so berühmt wie der New Yorker Dow Jones, der Londoner Footsie oder der Tokioter Nikkei. Die Börse wurde schon 1891 gegründet. Heute sind bei ihr rund 2 000 Unternehmen gelistet, die Hälfte davon vom Festland. Man nennt sie die Red Chips. Darunter ist fast alles, was in der Volksrepublik Rang und Namen hat. Die großen privaten Internetkonzerne Alibaba und Tencent ebenso wie die staatlichen Giganten – von der Bank of China über China Mobile bis zum Ölkonzern Sinopec. In Hongkong kommen sie an internationale Anleger ran, die es in Shanghai oder Shenzhen nicht gibt, weil für Ausländer dort große Restriktionen gelten. Auch die chinesischen Jungunternehmer schätzen Hongkong. Planen sie eine IPO (*initial public offering*, Erstplatzierung), geht die eine Hälfte dorthin, die andere nach Shanghai und Shenzhen.

Lange Zeit gingen viele Experten von einer aufkommenden Rivalität zwischen den Finanzplätzen Hongkong und Shanghai aus. Aber beide Seiten beschwichtigten stets: China sei so groß, das Land könne deshalb locker zwei Finanzplätze von globalem Rang vertragen.

Vom Finanzplatz Shenzhen sprach lange Zeit niemand. Doch Shenzhen holt auf. Im *Global Financial Centres Index 25* (herausgegeben vom China Development Institute und dem Londoner Thinktank Z/Yen Partners) rangiert Hongkong hinter New York und London zwar noch auf Platz drei, aber Shenzhen ist schon auf Platz neun. In einem Jahr haben sie fünf Plätze gut gemacht.

Es ist durchaus möglich, dass Shenzhen noch weiter aufholt. Weil die permanenten Unruhen in Hongkong dem Image der Stadt, der Börse und dem Finanzplatz schweren Schaden zufügen, ist die Regierung in Beijing offenbar gewillt, Shenzhen als Finanzplatz stärker zu fördern und zu promoten.

So gibt es in Shenzhen Spekulationen, dass die Stadt das finanzielle Zentrum Hongkong ablösen soll. »Die zwei Städte sind Wettbewerber geworden«, sagt auch Joe Chau, Präsident der Hong Kong General Chamber of Small and Medium Business, aber er glaube nicht, dass eine Wachablösung Hongkongs bevorstehe, weil seine Stadt doch einige Vorteile habe – zum Beispiel das Rechtssystem oder die Bedeutung als dominierendes Zentrum für Offshore-Yuan.

Wenn er sich da nicht mal täuscht und sich nicht zu sicher fühlt. Ende August 2019 trafen sich jedenfalls Shenzhens Parteichef Wang Weizhong und der chinesische Zentralbank-Chef Gang Yi in Shenzhen. Eine Woche später kündigte Zhu Jiang, Leiter des Finanzbüros des Futian-Bezirks, an, dass es einen neuen Plan für die Rolle Futians im Rahmen der Neuausrichtung Shenzhens gäbe. In Futian werde zum Jahresbeginn 2020 eine neue Task Force der Provinzregierung eingesetzt. Ihr Ziel: Shenzhen zu einer »neuen Art von internationalem Finanzzentrum« zu machen. Der etwas umständliche Name des Konstrukts: International Finance Technology Gathering Demonstration Area.

Zhu argumentiert so: Das globale Wachstum in der Finanzwirtschaft findet in der nächsten Dekade in Fintech statt. Und in dem Bereich sei Shenzhen stark und könne da durchaus mit den Finanzplätzen in New York, London und Hongkong mithalten.

Im Bereich Fintech ist Shenzhen in der Tat Hongkong weit voraus. Während in Shenzhen fast alle Bewohner nur noch mit dem Handy bezahlen, zücken viele Hongkonger immer noch in Restaurants und Shops ihr Portemonnaie oder zahlen per Kreditkarte. Aber immerhin gibt es dort die Octopus-Karte, eine aufladbare Chipkarte, mit der man Metrotickets und Einkäufe in den omnipräsenten Kiosken bezahlen kann.

Und Shenzhen hat die moderneren Finanzinstitute, die bezeichnenderweise nicht mehr aus dem Bankensektor stammen. Ping An und Tencent haben ihren Ursprung in der Online-Welt. In Hongkong dagegen dominieren alte Banken wie HSBC (1865 gegründet), Standard Chartered (1859) oder Bank of East Asia (1918), die alle ihre Meriten im traditionellen Bankgeschäft haben.

Aber vielleicht liegt in der Kombination von alter und neuer Finanzwelt die große Chance für beide – Hongkong und Shenzhen. Der Hongkonger Finanzexperte Tony Verb schwärmt: »Wenn sich Hongkong und Shenzhen verbünden, entsteht das mit Abstand größte Finanzzentrum der Welt.«

Qianhai könnte ein Teil davon sein.

Qianhai – das neue Hongkong

Es ist eine gigantische kilometerlange Brücke, die ins Meer hineingebaut wurde, um den Flughafen Shenzhens zu umfahren. Weiter südlich überquert diese eine Bucht. Schaut man links aus dem Fenster, entdeckt man am Ufer der Bucht erste Hochhäuser, die dicht an dicht stehen, aber auch noch viele Baukräne, die weitere Hochhäuser hochziehen. Vergleiche mit der Südspitze Manhattans drängen sich auf. Taucht man in das Häusermeer ein, so begegnen einem nur zwei Typen von Menschen: entweder Geschäftsleute in Anzügen und Kostümen oder Bauarbeiter in ihren Blaumännern.

Hier entsteht gerade The Qianhai Shenzhen-Hong Kong Modern Service Industry Cooperation Zone oder in Kurzfassung:

Qianhai Special Economic Zone. Noch eine Sonderwirtschaftszone, wird jetzt mancher seufzen und sich fragen: Hat denn die Region nicht genug dieser Zonen? Ja, das stimmt, aber diese ist eine besondere und verdient eine nähere Betrachtung.

Qianhai – ich nehme mal die kürzeste der Kurzformen – hat den höchsten Segen aus Beijing. Schon 2009 wurde dort die Idee einer solchen Pilotzone ventiliert. Doch es dauerte etwas, bis die Idee schließlich in den vergangenen Jahren realisiert wurde. Man stritt sich über die erlaubte Höhe der Bürotürme. Erst als sie von 150 auf 350 Meter erhöht wurde, kamen die Bauherren, weil sich nun durch die größere zu vermietende Fläche die Investments rechneten.

Hier in Qianhai sollen Dinge probiert werden dürfen, die im restlichen China noch nicht möglich oder erlaubt sind. Zwar ist ganz Shenzhen ein Labor für Experimente, aber hier in Qianhai darf und soll noch mehr experimentiert werden dürfen. Es ist sozusagen ein Labor im Labor. Hilfe aus Hongkong ist dabei ausdrücklich erwünscht, deshalb auch Hongkongs Name in der Langfassung des Namens. Man versucht Freiheiten, die es in Hongkong schon lange gibt, hier sukzessive einzuführen.

Qianhai ist der Ort, wo sich Hongkong und Shenzhen am nächsten sind. Hier wird schon mal geprobt, wie es sich anfühlt, wenn es keine Grenze mehr zwischen den beiden Städten gibt, was ja spätestens 2047 der Fall sein wird.

Zu den Fakten: Die Qianhai-Zone ist 26 Quadratkilometer groß. Sie wird auf überwiegend aufgeschüttetem Land errichtet. Nach Manhattan, Tokio und London sei es der viertgrößte Central Business District (CBD) in der Welt, erklären die Macher des Projekts. Hier geht es nur ums Business und vor allem um drei Bereiche: Finanzen, Informationstechnologie sowie Logistik. Firmen aus diesen Branchen sollen sich hier ansiedeln. Gerne auch aus Hongkong. Angeblich haben sich schon 8000 Firmen aus der Kronkolonie hier registrieren lassen, darunter so große Namen wie die HSBC und die Bank of East Asia. Noch mehr Unternehmen haben sich aus der Volksrepublik registrieren lassen.

Die Betreiber der Zone sprechen von unglaublichen 100 000 angemeldeten Unternehmen.

Geködert werden sie mit Steuersätzen, die zum Teil unter den ohnehin schon günstigen Hongkonger Sätzen liegen. Aber auch mit Erleichterungen im Devisenverkehr. Ausländische Währungen sind zum Beispiel hier leichter transferierbar und einsetzbar. Sukzessive wird in Qianhai die Konvertibilität des Yuan geprobt.

Aber am interessantesten für in- wie ausländische Unternehmen könnte Qianhai werden, wenn dort eine Idee realisiert wird, über die bislang nur hinter vorgehaltener Hand diskutiert wird. Die Einführung unabhängiger – oder sagen wir mal etwas weniger euphorisch: unabhängigerer – Gerichte, die es ja in China nicht gibt. China hat zwar viele gute Gesetze, aber ist trotzdem kein Rechtsstaat, weil die Richter in ihren Urteilen in der Regel nicht den Buchstaben der Gesetzestexte folgen, sondern den Anweisungen von Partei und Politik. Eine Abkehr von dieser politischen Justiz – auch wenn es nur auf einem überschaubaren Flecken wie Qianhai ist – wäre eine Sensation.

Nachhilfe könnte Hongkong mit seinem bewährten britischen Rechtssystem liefern. So wie es die Universitäten bereits tun.

Universitäten – Hongkongs Trumpf

Tang Xiao'ou ist ein stiller Star in Hongkong. Er ist Professor an der Chinese University of Hong Kong. Und er ist Unternehmer. Er ist Gründer eines der erfolgreichsten Unicorns der Welt.

Das Unternehmen von Tang heißt SenseTime und sein Wert liegt inzwischen bei stolzen 7,5 Milliarden US-Dollar. SenseTime gilt damit als das wertvollste Start-up im Bereich Künstliche Intelligenz. Und zwar weltweit. Die Spezialität des Jungunternehmens ist Gesichtserkennung. Da sind sie – sagen Experten – besser als Google und Facebook, die beide auch fieberhaft an dieser Technologie arbeiten. Auf der Kundenliste von SenseTime stehen Banken, Handelsunternehmen, Gefängnisse, Flughäfen und die Polizei. Ebenso der Mobilfunkbetreiber China Mobile, der seit dem 1. Dezember 2019 seine rund 300 Millionen Kunden per Gesichtserkennung registrieren muss.

Im Oktober 2019 haben die USA das Unternehmen zusammen mit 27 anderen chinesischen Firmen auf eine schwarze Liste gesetzt. Sie dürfen nichts mehr in den USA einkaufen und mit keinen US-amerikanischen Institutionen kooperieren. Angeblicher Grund: SenseTime helfe mit seiner Technologie bei der Überwachung der uigurischen Minderheit in der Provinz Xinjiang. SenseTime dementiert das, was aber die US-Behörden nicht sonderlich beeindruckt.

Wie im Falle Huawei darf spekuliert werden, was die wahren Motive der Amerikaner sind. Geht es ihnen wirklich um Spionage (wie im Falle Huawei) und um ihre Solidarität für die Uiguren (wie im Falle SenseTime) oder wollen sie einfach nur unliebsame Konkurrenten ihrer heimischen Unternehmen abstrafen und schädigen? Wer jedenfalls auf den schwarzen Listen der USA steht, muss – etwas zynisch gesprochen – verdammt gut sein, denn sonst würden einen die Amerikaner nicht fürchten und bannen. Und SenseTime ist verdammt gut.

Tang und sein Mitgründer Li Xu (heute CEO des Unternehmens) haben 2014 das Unternehmen mit einer Gruppe von Akademikern und Ingenieuren der Chinese University of Hongkong gestartet. Ihr Erfolg ist auch ein Ausweis für die Leistungsfähigkeit der Hongkonger Universitäten, die durchweg einen guten Ruf haben.

Im Ranking der *Times Higher Education 2018* landeten fünf Universitäten aus Hongkong unter den Top 200. Sie erreichten zwar keine absoluten Spitzenplätze, aber sehr solide Plätze im vorderen Mittelfeld. Die University of Hong Kong landete auf Platz 40 (ein Platz vor der TU München), Hong Kong University of Science and Technology auf 44 (ein Platz vor Heidelberg), die Chinese University of Hong Kong auf 58 (vier Plätze vor der Berliner Humboldt-Universität), die City University of Hong Kong auf 119 (sechs Plätze vor Mannheim) und schließlich die Hong Kong Polytechnic University auf Platz 182.

Shenzhens Hochschulen schafften es nicht in diese höheren Regionen. Hongkongs Universitäten haben denen in Shenzhen einiges voraus. Das Alter, die Reputation und die Freiheit der Forschung. Die älteste der Hongkonger Hochschulen, The University of Hongkong, wurde bereits 1911 gegründet, die anderen folgten erst nach dem Zweiten Weltkrieg.

Die drei am besten platziertesten Hongkonger Unis sind auch die forschungsintensivsten. Aber trotz des Erfolges von Professor Tang mit SenseTime haben sie ein Manko. »Hongkongs Universitäten sind bei der Entwicklung von Technologien führend«, konstatiert die HSBC in ihrem Report *China's Greater Bay Area*, »aber sie haben keine Erfahrung in der Kommerzialisierung ihrer Innovationen.« Eine Erklärung, warum das so ist, liefern die Autoren gleich mit: Der Heimatmarkt sei zu klein. Eine gute Idee lasse sich in einer Sieben-Millionen-Stadt eben nicht skalieren. Der Ausweg: Zusammenarbeit mit Shenzhens Entrepreneuren. Die haben einen Riesenmarkt vor ihrer Haustür.

Hongkongs intellektuelles Know-how und Shenzhens *entrepreneurial spirit* sind eine nahezu ideale Kombination. Es gibt auch schon eine Idee, wo sich die beiden treffen könnten.

Annäherung im Sumpf

Das Stückchen Land an der Grenze zwischen Hongkong und Shenzhen war lange umstritten. Früher gehörte die Lok-Ma-Chau-Schleife mal zu Shenzhen. Dann wurde der Grenzfluss, der Shenzhen River, begradigt und plötzlich meldeten die Hongkonger Anspruch auf dieses unwirtliche Sumpfland an, in dem sich seltene Vögel tummelten, denen egal war, ob sie kapitalistische oder sozialistische Würmer fraßen.

Anfang Januar 2017 einigte man sich schließlich. Das Gebiet gehört zu Hongkong. Und man einigte sich gleichzeitig auch, dass dieses Biotop nicht den Vögeln, Ottern und sonstigem Getier überlassen werden soll. Nein, auf 87 Hektar soll ein Park entstehen, der Hong Kong Shenzhen Innovation and Technology Park. Ein bislang einmaliges Projekt. Lästige Grenzkontrollen auf chinesischer Seite sollen wegfallen, da spezielle Korridore zu diesem Industriepark führen.

Dort will man das Beste beider Welten verbinden: die Innovationskraft und Produktionspower Shenzhens mit dem Rechtssystem und dem freien Internetzugang Hongkongs. In einer Studie der Chinese University of Hong Kong wurden die Vor- und Nachteile beider Standorte analysiert. Den Schwächen Shenzhens (hohe Steuern, steigende Mieten, ungenügender Schutz geistigen Eigentums) stellen die Forscher die Stärken Hongkongs gegenüber: Rechtssicherheit und staatlich geförderte Grundlagenforschung. Ihre Schlussfolgerung deshalb: Hongkong und Shenzhen ergänzen sich gegenseitig beim Aufbau eines gemeinsamen Raumes für Entrepreneure.

Hongkongs Regierung will so auch verhindern, dass es zu einem Exodus von Forschern nach Shenzhen kommt. Denn sie hat ein Trauma. Und das Trauma hat einen Namen: Frank Wang, der Gründer von DJI. Er studierte einst in Hongkong und wechselte unmittelbar nach seinem Examen die Seite und baute in Shenzhen seinen Weltkonzern auf. Dieser Fehler soll sich nie mehr wiederholen, sagte die frustrierte Regierungschefin Carrie Lam bei einem Techevent im Sommer 2018. Deshalb auch das Engagement in Lok Ma Chau.

Gemanagt wird der Park von der Hong Kong Science and Technology Parks Corporation. Dieser staatlichen Instanz gehört bereits der Hong Kong Science Park. Doch dieser hier ist viermal größer. 20 Milliarden Hongkong-Dollar hat die Hongkonger Regierung schon mal in einer ersten Phase genehmigt. Es gilt, die Gegend erstmal zu erschließen. Wasser, Strom, Straßen – nichts ist vorhanden. Alles muss gelegt und gebaut werden. Sieben Jahre Entwicklungszeit haben die Hongkonger Bauherren angesetzt.

»Warum soll Hongkong dafür bezahlen, wenn Shenzhen der große Nutznießer ist?«, regt sich Jake van der Kamp, einflussreicher Kolumnist der *South China Morning Post*, auf. In Hongkong beäugt man den Park eher skeptisch. Zu weit weg von Hongkong, zu nah an Shenzhen. Vor allem die dortigen Entrepreneure würden deshalb von dem Park profitieren. Da ist es wieder, das alte Denken. Wir gegen die. Gegeneinander statt miteinander.

In Shenzhen hingegen bemängelt man das behäbige Vorgehen der Hongkonger. Ihnen, die *Shenzen speed* gewohnt sind, geht es nicht schnell genug. Sieben Jahre! In der Zeit bauen sie in Shenzhen ein neues Metrosystem. So wird es wohl dauern, bis das Projekt realisiert wird.

So lange nutzen die Entrepreneure und andere den kleinen Grenzverkehr.

Kleiner Grenzverkehr

Ich treffe den hageren Hongkong-Chinesen zufällig im Aufzug. Er trägt T-Shirt, Sieben-Achtel-Hose, Rucksack. Hektisch betritt er den Aufzug, schaut auf die Uhr. Er müsse schnell rüber nach West Kowloon, wo die Schnellzüge nach China abfahren. Er will nämlich nach Shenzhen, kurz etwas abholen.

Was er abholen soll, hat mir vor ein paar Minuten sein Chef Florian Simmerdinger erzählt. Simmerdinger ist Deutscher, Schwabe aus Killer, um genauer zu sein. Er kommt aus einer Musikerfamilie. Der Vater spielte in einer Band, der Bruder beherrscht sechs Instrumente. Florian fing mit sechs Jahren mit dem Klavierspielen an.

Trotz der musikalischen Ader dachte er immer Richtung Unternehmertum, wollte sich selbstständig zu machen. Bei einem Start-up-Weekend in Berlin gewann er den ersten Preis mit seiner Idee, einem Metronom für Musiker. Es gibt per Vibration den Takt vor. Man trägt es wie eine Uhr. Damit wollten die Gründer – auch Julian Vogels gehört dazu – ein Problem vieler Musiker lösen. Um im Takt zu bleiben, sind sie aufs Metronom angewiesen – doch bei den meisten Geräten wird das Tempo über

Klack-Geräusche vorgegeben, die viele als nervig empfinden. Mit dem Gerät der Berliner Gründer konnten die Musiker den Takt dagegen erfühlen.

Eine gute Idee also, aber wie realisieren? »Wir haben relativ schnell gemerkt, dass der Zugang zu den Bauteilen ein Problem ist«, sagt Simmerdinger. Er und Vogels klapperten alle Elektronikläden in Berlin ab, sie suchten online. Ergebnis null. Irgendjemand sagte dann: »Geht doch mal nach Shenzhen«. Und sie gingen nach Shenzhen und fanden dort all die Teile, die sie für ihren Prototyp brauchten.

Weil sie das nahezu paradiesisch fanden, entschieden sie, dort ihre Firma zu gründen, aber nicht in Shenzhen, sondern in Hongkong. »Hier ist es freier, der Zoll ist besser, die Steuern sind niedrig, und man kann auch hier besser internationale Teams aufbauen«, erklärt Simmerdinger. Inzwischen hat er 22 Mitarbeiter aus 15 Ländern. Alle seine Zulieferer – vom Armband bis zu den Ohrenstöpseln – sitzen drüben in Shenzhen. Wenn er etwas braucht, weiß er, wo er anrufen muss. »Gestern Abend merkten wir, dass wir ein kleines Rädchen für den Motor brauchen«, sagt Simmerdinger, »heute Morgen holen wir es ab.« Das war der Auftrag des Mannes im Aufzug.

Florian Simmerdinger und sein Team sind typische Grenzgänger zwischen Hongkong und Shenzhen. Er nutzt die Vorteile der beiden Nachbarstädte. Gerade in der Start-up-Szene gibt es viele, die so ticken. In Hongkong haben sie ihr Büro, zahlen Steuern und haben vor allem – das ist ja für viele international tätige Unternehmer überlebenswichtig – freien Zugang zum Internet. In Hongkong ist nichts gesperrt wie drüben in Shenzhen und Rest-China.

Diese Jungunternehmer sind aber nicht die einzigen Pendler zwischen Hongkong und Shenzhen. Jeden Tag strömen Zehntausende hin und her. Schätzungen gehen von 250 000 täglichen Pendlern zwischen den zwei Welten aus. Allein knapp 30 000 junge Shenzhener passieren jeden Tag die Grenze, um in Hongkong zur Schule zu gehen. Morgens kurz nach 6.30 Uhr – der

Grenzübergang hat soeben geöffnet – stehen sie schon an der Grenzstation in Futian, um nach drüben zu laufen, um dort einen Schulbus zu nehmen, der sie über die Shenzhen Bay Bridge zu ihrer Schule bringt.

Umgekehrt habe ich viele Leute getroffen, die in Hongkong wohnen, aber in Shenzhen arbeiten. Kevin On, der Kommunikationschef von DJI, zum Beispiel. Oder Abraham Lam, der in den New Territories im nördlichen Hongkong wohnt und jeden Tag jeweils eine Stunde hin und zurück von und nach Shenzhen braucht, um dort an den Arbeitsplatz in seinem IT-Start-up zu gelangen.

All die kleinen und großen Pendler sind Vorreiter einer Entwicklung, die in den kommenden Jahren zunehmen wird. Shenzhen und sein Umland werden künftig für junge Hongkonger aufgrund ihrer wirtschaftlichen Dynamik mehr Chancen bieten als ihre Heimatstadt. Nicht alle in Hongkong wollen das, ergaben Umfragen. Weil sie zum Beispiel politische Ressentiments gegen das autoritäre Regime drüben haben. Aber vielleicht bleibt ihnen oft keine andere Wahl mehr.

Hongkong und Shenzhen werden zusammenwachsen – früher oder später.

Hongkongs schwindende Rolle

Hongkong kann und wird allein nicht überleben. Dagegen sprechen Fakten und Verträge. Zum einen gilt die *Sino-British Joint Declaration*, im Dezember 1984 von den beiden Premiers Zhao Ziyang und Margaret Thatcher unterschrieben. Und zum anderen *The Hongkong Basic Law*, das seit dem 1. Juli 1997 – dem Tag der Übergabe – die gültige Hongkonger Verfassung ist.

Beiden Rechtstexten ist eines gemeinsam: Es gilt das Prinzip *one country – two systems*. Hongkong darf kapitalistisch – so steht es in den Texten – bleiben, und die Volksrepublik China selbstverständlich sozialistisch oder kommunistisch. Doch dieses Prinzip gilt nur 50 Jahre. Also ist am 30. Mai 2047 Schluss. Dann gilt *one country – one system*. Die Frage ist nur, welches System.

Und was passiert bis dahin?

Die Regierung in Beijing hat da so eine Idee. Sie heißt GBA – Greater Bay Area. Elf Städte im Süden Chinas – darunter auch Hongkong – sollen bis 2035 zu einem einheitlichen Wirtschaftsraum zusammenwachsen, dem größten, innovativsten, wachstumsstärksten der Welt (siehe dazu ausführlich das nächste Kapitel).

Die Idee wurde am 19. Februar 2019 in Beijing verkündet. Hongkongs Regierungschefin Carrie Lam war mit von der Partie und nickte zustimmend.

Termin im Hongkonger Regierungsgebäude. Ein großer, viel zu großer *drawing room* für ein Gespräch zu zweit. Vier Sofas, vier Sessel, alles in weißem Leder. In einem versinkt Maisie Chan, Deputy Secretary for Constitutional and Mainland Affairs. Sie klappt ihren Fujitsu-Laptop auf und zeigt eine PowerPoint-Präsentation. Sie präsentiert Seite für Seite, die Texte wiederholt sie wortgetreu.

Die GBA sei eine große Chance für Hongkong, sagt sie. Es würde eine internationale Bay Area allererster Klasse entstehen, ein weltweites Zentrum der Informations- und Kommunikationstechnologie, ebenso im Bereich Fintech. Für junge Leute aus Hongkong würden sich neue Beschäftigungsmöglichkeiten ergeben, für Unternehmen neue Kooperationen. Und immer wieder betont sie, dass *one country – two systems* weiterhin gilt.

Die Wirtschaft sieht auch Chancen, weil sich für sie plötzlich ein neuer Markt vor der Haustüre auftut. Im Hopewell Centre, 30. Etage, Raum 3001. Ich treffe mich mit Billie Wong, Deputy Director Research beim Trade Development Council (TDC), die offizielle Vermarktungsorganisation von Hongkongs Wirtschaft. Fast alles ist in orange, der Corporate-Identity-Farbe des TDC.

Wong sitzt auf einem orangen Stuhl und sagt: Hongkong sei eine Dienstleistungswirtschaft, 92 Prozent des Sozialprodukts kämen aus dem Servicesektor. »Wir sind stark in Finanzen und

Logistik. Das sind unsere komparativen Vorteile.« Drüben sei das anders, dort dominiere die produzierende Wirtschaft. Also sei man komplementär.

»Wir erhoffen uns durch die GBA mehr Möglichkeiten.« Auch weil Waren, Kapital und Menschen leichter die Grenzen passieren könnten. Und weil drüben in Guangdong dank einer kaufkräftigen Mittelschicht ein neuer lukrative Markt entstanden sei.

Wirtschaft und Administration sind also Befürworter der GBA. Kritik kommt von politischen Oppositionellen und den Anführern der Protestbewegung. Sie fürchten durch das GBA einen versteckten Angriff auf das Prinzip *one country – two systems.* Sie sehen in der Propagierung der Ideen von der Greater Bay Area eine schleichende Vereinnahmung durch Beijing. Und manche sehen gar einen Ausverkauf Hongkongs, denn durch die GBA würde viel Know-how abgesaugt.

Kritik kommt vor allem von denjenigen, die immer noch glauben, dass Hongkong in den glorreichen Zeiten von einst lebt. Dennis Ng Wang-pun, Präsident der Chinese Manufacturers' Association, eines wichtigen Wirtschaftsverbandes, ist da realistischer. Er sagt: »Ich glaube, dass Hongkong nicht mehr der wichtigste Akteur in dem Plan für die GBA ist.«

Er hat recht. Das werden andere Städte sein. Shenzhen und seine Nachbarn.

Zehntes Kapitel

BUCHT MIT WUCHT – Warum die Greater Bay Area ein neues Machtzentrum der Welt wird

»Die Greater Bay Area wird das Zentrum der globalen Wirtschaft werden«

Michael Enright, US-amerikanischer Ökonom

Ein neues Kürzel werden wir uns merken müssen. Drei Buchstaben, die in Zukunft eine wichtige Rolle spielen werden: GBA. Greater Bay Area. Der US-amerikanische Ökonom Michael Enright, der seit 1996 in Hongkong lehrt und auch als Berater arbeitet, sagt ziemlich selbstbewusst: »Die GBA wird das Zentrum der globalen Wirtschaft werden.«

GBA? Nie gehört, werden jetzt viele sagen. Es ist auch ein ziemlich neues Konstrukt. Es tauchte 2015 erstmals in einem Dokument auf und begann dann langsam immer bekannter und bedeutender zu werden. Ehe dann im Februar 2019 das entscheidende Papier veröffentlicht wurde: Outline Development Plan for the Guangdong – Hong Kong – Macao Greater Bay Area, in dem die Zentralregierung in Beijing die GBA quasi anordnete.

Was ist nun die GBA? Der Zusammenschluss der beiden Sonderverwaltungszonen und ehemaligen Kolonien Hongkong und Macau mit neun Städten in der Provinz Guangdong. Zwei der neun Städte kennt man: Shenzhen und die Provinzhauptstadt Guangzhou (früher Kanton genannt). Aber bei den anderen sieben müssen selbst viele Hongkonger passen. Wir werden uns aber diese noch unbekannten Städtenamen merken müssen. Deshalb hier schon mal ihre Namen: Zhuhai, Zhongshan, Jiangmen, Foshan, Zhaoqing, Dongguan und Huizhou. Es sind übrigens alles Millionenstädte, und jede von ihnen ist größer als Berlin.

Rund 70 Millionen Einwohner umfasst diese entstehende neue Metropolregion, die auch wirtschaftlich eine enorme Schlagkraft hat. Der *Spiegel* zieht einen interessanten Vergleich: »Wäre das Perlflussdelta ein eigener Staat – er müsste in die Gruppe der 20 größten Volkswirtschaften aufgenommen werden.«

Vor gar nicht allzu langer Zeit hieß die Gegend noch schlicht Perlflussdelta. Jetzt eben GBA. Ähnlichkeiten mit anderen Bay Areas dieser Welt sind nicht zufällig, sondern beabsichtigt. Man misst sich mit den prosperierenden Metropolregionen in Amerika und Asien. In nahezu jeder Übersicht und Statistik wird die Greater Bay Area mit drei anderen Regionen verglichen: der New York Area, der Tokyo Bay Area und der Bay Area rund um San Francisco.

Aber eigentlich fühlt man sich allen anderen Buchten überlegen. In einer Studie der Hongkong and Shanghai Banking Corporation (HSBC) heißt es: »Die GBA hat das Potenzial, ein wirtschaftliches Powerhouse zu werden, das mit den anderen Bay Areas in Tokio, San Francisco oder New York mithalten kann, ja sie sogar übertreffen kann.«

Jetzt schon kommen 86 Unternehmen aus der Fortune-500er-Liste aus der GBA Region – vom Internetriesen Tencent über die Elektrogiganten Gree, Midea oder TCL bis zu den Finanzhäusern Ping An und China Merchants. Fast 40 Prozent der chinesischen Exporte stammen aus dieser Region. Vier der zehn größten chinesischen Handelsplätze befinden sich hier: Shenzhen, Dongguan, Zhuhai und Guangzhou.

Hier entsteht in der Tat etwas Gigantisches, etwas Unvergleichbares. Hier entsteht der dichteste Ballungsraum der Welt, verbunden durch ein hypermodernes Verkehrsnetz mit Dutzenden von Metrolinien und Hochgeschwindigkeitsstrecken, die alle im Takt aufeinander abgestimmt sind. Die kurzen Wege sind ein gravierender Wettbewerbsvorteil.

Greater Bay Area
Die Greater Bay Area (»GBA«) ist eine politische Initiative, die auf eine engere Zusammenarbeit und Koordination zwischen elf Städten des Perlflussdeltas abzielt. Quelle: Enright, M.J. & Scott, E.E. (2007)

Helen Wong, bis 2019 Head of Greater China bei der HSBC, zieht einen interessanten Vergleich: In den USA ist New York das Finanz-, San Francisco das Tech-, der Mittlere Westen das Produktions- und Las Vegas das Vergnügungszentrum. Aber all diese Zentren würden weit auseinanderliegen, und zwar Tausende von Kilometern. Anders dagegen in der entstehenden GBA: Das Finanzzentrum Hongkong, der Hightechstandort Shenzhen, die Spielhölle Macau und die vielen Produktionsstandorte sind alle innerhalb einer Stunde erreichbar.

Das ist ein weiterer Wettbewerbsvorteil der Region: Diese Vielfalt an Fähigkeiten auf engstem Raum. Jede der elf Städte hat einen komparativen Vorteil. Venture Capitalist Tony Verb aus Hongkong sagt: »Diese Region ist das diversifizierteste Cluster der Welt. Hier kann man jedes Produkt in Weltklassequalität zu einem extrem wettbewerbsfähigen Preis herstellen lassen.«

Es war ein langer Weg – vom einstigen Handelsplatz zum neuen wirtschaftlichen Machtzentrum der Welt.

Geschichte eines Deltas

Das Delta, wo der Perlfluss mit seinen Nebenarmen in das Südchinesische Meer mündet, ist schon seit langem ein wichtiger Handelsplatz Chinas. Schon zu Zeiten der Song-Dynastie (960–1279) war die Region ein Zentrum für Handel und Landwirtschaft.

Vor allem Guangzhou hat eine lange Geschichte als Handelsdrehscheibe. Nach 1699 war die Stadt das Zentrum des China-Handels für die ausländischen Händler aus aller Herren Länder. Von 1760 bis 1842 war Kanton sogar der einzige Hafen, den ausländische Schiffe anlaufen durften. Oft verweilten sie zu Monsunzeiten in Macau, um nach dem Ende der Regenzeit den Perlfluss hochzufahren nach Kanton.

Dann kam der erste Opiumkrieg, in dem sich China und England gegenüberstanden. Als Folge der chinesischen Niederlage und kodifiziert im Vertrag von Nanjing mussten auch andere Häfen in China für ausländische Schiffe geöffnet werden. Kanton verlor sein Privileg als einziger Auslandshafen. Häfen in Xiamen und Fuzhou in der benachbarten Provinz Fujian, aber auch Ningbo und Shanghai weiter nördlich holten auf und wurden bedeutender.

Weil die Kantonesen überwiegend Handel betrieben, war die Region lange Zeit etwas rückständig: »Historisch gesehen waren die Provinz Guangdong und das Perlflussdelta wirtschaftliche Nachzügler, die bezüglich der industriellen Entwicklung und dem Einkommensniveau hinter den anderen Teilen Chinas zurückgeblieben waren«, schreibt Michael Enright.

Die Provinz war eher agrarisch geprägt. Die meisten Menschen waren relativ arm und schlecht ausgebildet. Nur ein kleiner Teil lebte in Städten, und wenn, dann meist in Guangzhou. Viele flohen deshalb zwischen dem 16. und 19. Jahrhundert nach Südostasien oder später auch nach Hongkong. Die meisten Chinesen in Malaysia, Singapur oder Indonesien stammen aus Städten oder Dörfern rund ums Perlflussdelta. Von den so genannten Übersee- oder Auslandschinesen sind die meisten aus der Guangdong-Provinz.

So spielte Guangdong vor 1979 wirtschaftlich keine allzu große Rolle. Außer dass seit 1957 zweimal im Jahr anlässlich der Kanton-Messe Einkäufer aus aller Welt in die Provinzhauptstadt pilgerten. In Guangdong kultivierte man sein Eigenleben. Man hatte seine eigene Küche, aß Dinge, die man in anderen Landesteilen nie mit den Stäbchen anrühren würde, zum Beispiel Affenhirn, Hunde und Schlangen. Es gilt das in verschiedenen Variationen kursierende Sprichwort: Kantonesen essen alles, was fliegt außer Flugzeuge, alles, was vier Beine hat außer Tische und Stühle, und alles, was schwimmt außer Boote und Schiffe.

Man hatte seinen eigenen Dialekt – Kantonesisch –, der neun Töne kennt statt nur vier wie im Mandarin, der chinesischen Hochsprache.

Nein, die Kantonesen waren oder fühlten sich schon immer als etwas Besonderes. Hier war man weit von Beijing, dem Machtzentrum, entfernt. Die Berge sind hoch, und der Kaiser ist weit.

Doch beim aktuellen Großprojekt, der GBA, redet der moderne Kaiser – Xi Jinping – mit. Er propagiert es sogar.

Eine Idee wird Realität

Ideen, Papiere und Reports, wie diese Städte rund um das Delta zusammenwachsen könnten, gibt es schon länger. Schon 1992 entstand der Begriff »Greater Hong Kong« – kreiert durch einen Report des Nomura Research Instituts (*Hong Kong: Entering a*

New Phase). Darin beschreiben die japanischen Ökonomen die ideale Ergänzung von Hongkongs und Guangdongs jeweiligen Vorteilen: Hongkong bietet sein Management- und Finanz-Know-how an, China billiges Land und Arbeitskräfte.

Andere Ökonomen und Manager zogen den Kreis der möglichen Kooperationspartner noch weiter. Sie sprachen von einer »South China Economic Zone« mit Hongkong als Zentrum plus Guangdong, deren Nachbarprovinz Fujian, die Tropeninsel Hainan und die »abtrünnige Provinz« – so der offizielle Beijinger Terminus – Taiwan. Das waren allerdings eher intellektuelle Sandkastenspiele, die nie auch nur annähernd einen Status der Realisierung erreichten.

Das erste konkrete Projekt war dann das CEPA – Closer Economic Partnership Arrangement, das Ende Juni 2003 abgeschlossen wurde. Es war das erste Freihandelsabkommen zwischen Hongkong und Festland-China. Es brachte für Hongkong mehrere Vorteile: Waren aus Hongkong durften zollfrei in die Volksrepublik eingeführt werden. Viele Berufsqualifikationen wurden gegenseitig anerkannt. Und Investoren aus Hongkong wurden auf dem Festland bevorzugt behandelt.

Das CEPA hatte die Zusammenarbeit mit ganz China zum Gegenstand. Kooperationen nur innerhalb des Perlflussdeltas wurden erst später angedacht und mit entsprechenden Papieren flankiert. So erschien im Dezember 2008 *The Outline of the Plan for the Reform and Development of the PRD*. Immerhin ein Papier der National Development and Reform Commission (NDRC), dem wichtigsten wirtschaftlichen Organ des chinesischen Staates. Früher war das mal die Staatliche Planungskommission.

Doch es dauerte nochmals neun Jahre, bis die NDRC und die Regierungen von Guangdong, Hongkong und Macau das *Framework Agreement on Deepening Guangdong – Hong Kong – Macao Cooperation in the Development of the Greater Bay Area* verabschiedeten.

Doch das entscheidende Papier wurde Mitte Februar 2019 veröffentlicht. Es kam vom Staatsrat, also der Regierung, in Beijing.

Der Titel lautete: *Outline Development Plan for the Guangdong – Hong Kong – Macao Greater Bay Area.* Eigentlich war die Veröffentlichung des Planes schon früher erwartet worden. Insider sagen, dass sie verzögert wurde, weil man die US-amerikanische Regierung nicht mit einem neuen ambitiösen Plan provozieren wollte. Schließlich hatte die Trump-Administration schon negativ auf den Masterplan »Made in China 2025« reagiert, in dem die chinesische Regierung zehn Industrien beziehungsweise Technologiefelder auflistete, in denen sie angreifen wollen.

Der Plan wurde zunächst nur auf Chinesisch veröffentlicht. Eine inoffizielle englische Version kursierte aber bald in Hongkong. Der Plan besteht aus elf Kapiteln, die in der englischen Version 57 Seiten umfassten.

Im ersten Kapitel wird gleich die Ausgangslage der Region genannt: »Die Greater Bay Area besitzt die fundamentalen Voraussetzungen für eine internationale First-Class Bay Area und ein World-Class City Cluster.«

Vier Städte sollen den Kern bilden: Hongkong, Shenzhen, Macau und Guangzhou. Erbsenzähler in Hongkong registrierten penibel, wie oft jede dieser Städte in dem Dokument genannt wurden. Hongkong brachte es auf 102 Nennungen, Macau, Guangzhou und Shenzhen dagegen nur auf 90, 41 und 39. Aus diesen Zahlen freilich Rückschlüsse auf die Bedeutung der einzelnen Städte abzuleiten, ist etwas gewagt, um nicht zu sagen Unsinn.

»Die Städte ergänzen sich«, steht in dem Papier. Hongkong sei »das internationale Finanz-, Transport- und Handelszentrum, Macau ein Tourismus- und Freizeitzentrum der Weltklasse, Guangzhou ein internationales Handels- und Industriezentrum«. Shenzhen schließlich sei »eine Stadt der Innovationen und Kreativität mit globalem Einfluss«. Den anderen sieben Städten ordnet der Plan eine produzierende Rolle zu. Dabei sollen sie sich auf gewisse Branchen spezialisieren. Ganz grob gesagt: Der westliche Teil des Perlflusses (Zhuhai und Foshan) soll sich auf Maschinenbau konzentrieren, der östliche Teil (Dongguan) hingegen auf Elektronik und Telekommunikation.

Ganz wichtig für das Zusammenwachsen sei der Austausch von Personen. Deshalb ist vorgesehen »junge Menschen aus Hongkong und Macau zu ermutigen, auf dem Festland in die Schule zu gehen oder zu studieren«. Außerdem sollen »sister schools« und »sister kindergartens« gegründet werden. Bürger aus Hongkong und Macau, die in Guangdong leben und arbeiten, sollen bei Fragen der Bildung, medizinischer Versorgung und Altersversorgung gleich behandelt werden wie die Einheimischen.

Da chinesische Pläne selten ohne zeitliche Zielsetzungen auskommen, sind auch in diesem Plan Deadlines gesetzt. Ein nahes Ziel wurde für 2022 gesetzt. Bis dahin sollte »die kombinierte Stärke der Greater Bay Area substanziell genutzt« werden und »die Zusammenarbeit zwischen Guangdong, Hongkong und Macau vertieft und verbreitert« werden. Was immer das heißt. Aber konkreter wurde das Papier nicht.

Als Fernziel wurde 2035 ausgegeben. Spätestens dann soll die GBA »eine international erstklassige Bay Area zum Leben, Arbeiten und Reisen« werden.

Eine wichtige Rolle bei der Realisierung des gigantischen Projekts wird Guangzhou, die Hauptstadt der Provinz, spielen. Sie ist ja neben Shenzhen, Hongkong und Macau die vierte zentrale Stadt in der GBA.

Guangzhou – das politische Zentrum

The City which never sleeps? Genau, das ist doch der Slogan von New York, der Rund-um-die Uhr-Metropole. Doch seid wachsam, ihr New Yorker Marketingstrategen. Im fernen China wollen ein paar Bürokraten eine Stadt, die viel größer ist als New York, zur schlaflosen Stadt deklarieren. Sie haben für ihre Stadt eine »nighttime economy map« entwickelt, auf der 15 Plätze verzeichnet sind, wo man rund um die Uhr einkaufen, essen, trinken und feiern kann.

Der Rivale heißt Guangzhou, in New York vielleicht besser bekannt unter Canton, und hierzulande unter Kanton. Hauptstadt der Provinz Guangdong, die früher ebenfalls mal Kanton hieß. Sie hat 15 Millionen Einwohner und ist in der chinesischen Hierarchie ganz oben angesiedelt. Sie ist eine so genannte *First-Tier-City* neben Beijing, Shanghai und Shenzhen.

Guangzhou leidet etwas darunter, dass viele ausländische Handlungsreisende – ob aus Politik oder Wirtschaft – meist nur Beijing und Shanghai ihre Aufwartung machen und Guangzhou unten links – wenn man auf die chinesische Karte schaut – liegen lassen.

Dabei ist Guangzhou wirtschaftlich allemal eine Größe. Sie ist Sitz der größten Airline der Welt mit über 600 Flugzeugen. Aber wer weiß das schon? Sie heißt übrigens China Southern. Die Stadt ist – gut, das weiß man – ein wichtiger Messeplatz. Seit 1957 findet dort zweimal im Jahr die Kanton-Messe statt. Außerdem hat sie eine traditionelle (GAC) und eine neue Autofirma (Xpeng), sie hat mit Netease ein veritables Internetunternehmen und mit pony.ai ein Unicorn-Unternehmen, das im Bereich autonomes Fahren unterwegs ist. Kurzum: Guangzhous Wirtschaft ist ziemlich gut ausbalanciert. Es hat nicht so viele Giganten wie Shenzhen, es hat auch keine so ausgeprägte Start-up-Kultur, aber es hat einen guten Mix. Und es ist die Hauptstadt der Provinz. Guangzhou ist eindeutig das politische Machtzentrum in der GBA.

Guangzhou gilt als attraktive Stadt – für Studenten, für Arbeits- und Standortsuchende und für Urlaubmachende. Es herrscht gutes Klima – sowohl was das Wetter als auch was die Bedingungen für Industrieansiedlungen anbetrifft. Und die Wohnungspreise sind noch nicht ganz so verdorben wie in anderen chinesischen Großstädten. Die Stadt will zwei Millionen neue Wohnungen bauen. So steht es im Masterplan, nach dem Guangzhou bis 2035 eine internationale Metropole mit dann 20 Millionen Einwohner sein will.

Wie jede Stadt in der Greater Bay Area rüstet auch Guangzhou auf. Vor allem der Stadtbezirk Nansha im Süden wurde auserkoren, dabei eine führende Rolle zu spielen. Er ist der am schnellsten wachsende Stadtteil Guangzhous. Gerade wurde der Nansha Cruise Terminal eröffnet. Vier Riesenschiffe können dort anlegen. Der neue, gerade im Bau befindliche Bahnhof Nansha Station wird zu einer Drehscheibe in der GBA.

Ebenfalls in Nansha geplant ist ein Innovation Valley. Besonders Firmen, die sich mit Künstlicher Intelligenz beschäftigen, sollen sich dort ansiedeln. Über 100 KI-Firmen sind dem Ruf schon gefolgt. Kai-fu Lee ist nach seiner »Flucht« aus dem Silicon Valley mit seinem Unternehmen Sinovation Ventures dort gelandet. Und auch das in Beijing gegründete Start-up pony.ai – einer der Pioniere im autonomen Fahren – hat sich im Oktober 2017 in Nansha angesiedelt. Dort dürfen auf einer Straßenlänge von 50 Kilometern bereits mit PonyPilot ausgerüstete Fahrzeuge durch die Gegend kurven. Und mitten in Nansha entsteht auf einer Insel namens Hengli auch ein neues Finanzzentrum, World Financial Island genannt.

Guangzhou liegt geografisch in der Mitte – zwischen östlichem und westlichem Teil des Perlflussdeltas.

Der Westen holt auf

Der Westen war lange Zeit so etwas wie das Stiefkind des Perlflussdeltas. Während es im Osten, vor allem in Shenzhen und Dongguan, nahezu ohne Ende boomte, hinkte die Entwicklung im Westen hinterher. Der wichtigste Grund: Er war nicht an die Boomtowns des Ostens und auch nicht an Hongkong angeschlossen. Wer zum Beispiel von Shenzhen nach Zhuhai fahren wollte, musste einen riesigen Umweg fahren, auf der östlichen Seite des Perlflussdeltas erst hoch und dann auf der westlichen Seite wieder runter.

Das ändert sich aber derzeit drastisch. Durch die neue Brücke zwischen Zhuhai/Macau und Hongkong rückt der Westen viel näher an Hongkong heran. Eine weitere Brücke zwischen

Dongguan und dem südlichen Guangzhou ist im April 2019 eingeweiht worden. Und 2024 ist dann der Tunnel zwischen Shenzhen und Zhongshan fertig.

Durch diese drei Bauwerke rücken die Städte des Westens näher an das andere Ufer heran. Sie werden von dieser Anbindung wirtschaftlich enorm profitieren. Im Folgenden ein kurzer Überblick über die GBA-Städte im Westen des Perlflussdeltas. Die imaginäre Reise beginnt im Süden, in Macau und führt dann weiter Richtung Norden über Zhuhai und Zhongshan nach Foshan, ehe ein Abstecher in die noch weiter westlich gelegenen Städte Jiangmen und Zhaoqing erfolgt.

Macau – die Spielhölle

Eine Stunde pflügt das Schnellboot durch das Südchinesische Meer. Abfahrt am Macau Terminal in Hongkong. Alle 15 Minuten legt eines ab. Es geht auch schneller (und teurer) im Hubschrauber. Alle 30 Minuten hebt einer ganz in der Nähe des Fährterminals ab. Für 4300 Hongkong-Dollar landet man kurze Zeit später in Macau.

Kommt man allerdings im Fährhafen von Macau an, erwarten einen im Terminal schon junge Frauen in engen Kleidern. Sie halten Schilder hoch mit dem Namen ihres Casinos. Dann lotsen sie die Ankömmlinge zu den Bussen, die sie zu den Spielhöllen der Insel bringen. Alles ist schön farblich aufeinander abgestimmt: die Kostüme der Frauen, die Busse, die Logos. Pink für The Parisian, Beige für The Sand, Hellbraun für Galaxy und so weiter.

Spätestens dann ist jedem klar, womit Macau reich geworden ist. Mit seinen Casinos. Für die einen ist es Spielgeld, für die anderen sind es Einnahmen. Macau ist das Las Vegas Asiens. Doch hat Macau dem Vorbild in der Wüste Nevadas längst den Rang abgelaufen. Schon 2006 hat Macau in seinen Spielhallen mehr umgesetzt als die Spielhöllen auf dem berühmten Strip von Las Vegas. Vor allem die Festlandchinesen, von denen viele notorische Glücksspieler sind, stürmen in die Kasinos und lassen dort viel Geld liegen. Für manche – das sei ebenfalls vermerkt – ist Macau auch ein idealer Platz zum Geldwaschen. Welche Motive sie auch immer haben, zwei Drittel der Besucher stammen aus der Volksrepublik.

Hier in Macau stehen die umsatzstärksten Casinos der Welt. Sie sind auch mit Abstand die größten Steuerzahler der Stadt. Rund 80 Prozent der Steuereinnahmen stammen aus dem Glücksspiel. Das ist Fluch und Segen gleichzeitig.

Segen, weil der stete Fluss des Spielgeldes Macau zu einem der reichsten Flecken dieser Erde macht. Das Pro-Kopf-Einkommen betrug 86 355 US-Dollar im Jahr 2018. In nur drei Ländern ist es höher. Jedes Jahr spendiert die Stadt zudem jedem Bürger 10 000 Macau-Pataca (rund 1 240 US-Dollar) einfach so, weil es der Stadt gut geht. Ein Fluch ist es, weil die Stadt von diesen Casinos abhängig ist. Ihr geht es nur gut, wenn die Spielsüchtigen vor allem aus China nach Macau kommen.

Macau ist neben Hongkong die andere Sonderverwaltungszone, oder auf Englisch Special Administrative Zone, kurz SAR. Zwei Jahre später als Hongkong, nämlich 1999, wurde der Vertrag zwischen der ehemaligen Kolonialmacht Portugal und der Volksrepublik unterzeichnet. Wie im Vertrag mit Hongkong gilt auch hier: In 50 Jahren fällt die ehemalige Kolonie an die Volksrepublik, in der Zwischenzeit gilt die Regel »Ein Land, zwei Systeme«.

Wie in Hongkong regiert auch in Macau ein Regierungschef von Beijings Gnaden. Offiziell zwar von einem »Parlament« gewählt, einem handverlesenen 400-köpfigen Komitee, aber natürlich nur mit Zustimmung Beijings inthronisiert. Im August 2019 wurde der einzige Kandidat Ho lat-seng mit 392 Stimmen »gewählt«, immerhin bekam er sieben Gegenstimmen, eine Stimme war ungültig.

Der bis dato sich in der Öffentlichkeit zurückhaltende Ho ist der Sohn des Tycoons Ho Tin. Dieser hat enge Beziehungen zu China. Er stammt aus der Provinz Zhejiang und gründete 1956 in Macau Ho Tin Industries, das elektrische Haushaltsgeräte produzierte. Sohn Ho stieg nach seinem Studium der Elektrotechnik in das väterliche Unternehmen ein. Parallel pflegte er seine Beziehungen zur KP Chinas, war sogar Mitglied des Ständigen Komitees des Nationalen Volkskongresses.

Kein Wunder also, dass er kurze Zeit nach seiner Wahl zum Regierungschef von Macau nach Beijing eilte, wo ihn Parteichef und Staatschef Xi Jinping lobte und Macaus Stabilität und Harmonie pries. Anders als das widerspenstige Hongkong bereitet Macau den Herren in Beijing keine Sorgen. In ihren Augen ist Macau der Musterknabe, der zwar auch schon mal zu Demonstrationen auf die Straße ging, aber nicht gegen die Machthaber in Beijing protestierte, sondern gegen die grassierende Korruption und die wachsende Ungleichheit zu Hause.

Macaus Verwaltung war ein gelehriger Schüler. An allen Schulen wurde schon frühzeitig die chinesische Flagge gezeigt. Und viele Schulen nutzen Lehrbücher vom Festland. Schon zu kolonialen Zeiten war Macau – anders als Hongkong – stark von China beeinflusst, auch weil sich die Herrscher in Lissabon wenig um diesen fernen Posten kümmerten. »Viele Einwohner Macaus betrachteten die Kolonialherren als korrupt. Sie begrüßten deshalb die neuen chinesischen Herrscher, die ihnen wieder ein Stück Hoffnung auf eine bessere Zukunft gaben,« sagt Antony Wong Dong, ein politischer Analyst in Macau.

Der neue Regierungschef Ho steht gleich vor wichtigen Aufgaben. Mitte 2022 laufen die Lizenzen für die sechs Casinobetreiber aus, und er muss sie erneuern – oder auch nicht. Früher, das heißt bis 2002, war die Glücksspielszene in Macau überschaubar. Denn nur einer, der Hongkonger Milliardär Stanley Ho, hatte mit seiner Sociedade de Turismo e Diversões de Macau (STDM) die Lizenz zum Spielen und damit – im übertragenen Sinne – auch zum Gelddrucken.

Doch nach und nach öffnete sich der monopolisierte Markt. Ausländische Giganten wie Wynn Resorts, MGM und Las Vegas Sands kamen nach Macau. Sie bauten nach Las-Vegas-Muster riesige – in unseren Augen kitschige – Paläste, unter deren Dach sie vieles kombinierten: Casinos, Hotels, Shopping Malls und Bühnen für Shows wie zum Beispiel den Cirque du Soleil. Aber der Chinese will nur spielen. Shows interessieren ihn nicht besonders. Er bleibt im Schnitt nur 1,2 Tage in der Stadt, dann verlässt er sie – ärmer oder reicher – wieder.

Trotzdem hat der Markteintritt ausländischer Unterhaltungskonzerne der Wirtschaft Macaus zu einem Boom verholfen. Die Schattenseite: Die Immobilienpreise sind deutlich gestiegen, ja geradezu explodiert. Zwischen 2009 und 2019 haben sie sich vervierfacht. Für viele Macauer ist das nicht mehr bezahlbar. Sie suchen deshalb eine naheliegende Lösung – Zhuhai.

Zhuhai – der Nachzügler

Zhuhai ist die unmittelbare Nachbarstadt von Macau, allerdings schon in der Volksrepublik gelegen. Sie hatte lange Zeit einen eher verschlafenen Charakter. Zhuhai – auch ein ehemaliges Fischerdorf – wurde zwar gleichzeitig mit Shenzhen 1979 eine Sonderwirtschaftszone, aber anders als Shenzhen entwickelte sich Zhuhai nicht zur Boomtown. Die Einwohnerzahl stieg »nur« auf drei Millionen und als einziges großes Wirtschaftsunternehmen ist Gree angesiedelt, der Weltmarktführer bei Klimaanlagen.

Aber Zhuhai mit seinen Parks, Uferpromenaden und Stränden war und ist eine sehr beliebte Stadt, sei es zum Kurzbesuch oder als Wohnort – und zwar für Chinesen wie für Ausländer. Die Beratungsfirma PricewaterhouseCoopers (PwC) setzte Zhuhai unter 26 chinesischen Städten an die erste Stelle, was Kultur und Lebensqualität anbetrifft. In einem Bericht der Europäischen Handelskammer wird Zhuhai als ein »großartiger Ort zum Besuchen und zum Leben« gewürdigt.

Zhuhais Nachteil war seine Randlage. Doch mit der Brücke nach Hongkong, der Anbindung an das Netz der Hochgeschwindigkeitszüge, der Aussicht auf einen Tunnel nach Shenzhen ändert sich Zhuhais Position deutlich und schlagartig. Zhuhai kann nun in der GBA mitspielen und liegt nicht mehr im Abseits.

Die Stadtregierung hat deshalb einen aggressiven Entwicklungsplan aufgelegt. Sie verpasste im Sommer 2019 der Stadt ein neues Logo und produzierte neue Imagefilmchen. »Keine Stadt in der Region hat solch große Ambitionen«, kommentiert der Hongkonger Branchendienst Greater Bay Insight. Sie hat ein ambivalentes Ziel: Einerseits will sie Technologiefirmen anlocken und andererseits noch mehr Touristen. Zusammen mit Macau soll ein Tourismus-Hub der Weltklasse entstehen.

Eine ganz enorme Bedeutung hat dabei eine Insel im Süden Zhuhais: Hengqin. Sie liegt direkt gegenüber Macaus Cotai Strip. Bis vor 20 Jahren war die Insel kaum bevölkert, denn sie war lange Zeit nur mit dem Boot erreichbar. Dann wurde 1999 eine sechsspurige Brücke gebaut und die Insel belebte sich.

Nun hat die Stadtverwaltung ganz große Pläne mit dem Archipel. Dort soll »das Orlando des Ostens« entstehen. Das heißt vor allem viele Themenparks. Die US-Firma Lionsgate Entertainment World hat bereits einen Themenpark eröffnet. Weitere sollen folgen. Hengqin wird als ideale Ergänzung zum »Las Vegas des Ostens« gesehen. Der Vater verjubelt (oder vermehrt) in Macau das Geld, die Restfamilie amüsiert sich derweil drüben in Hengqing. Hilfreich ist dabei, dass sich Chinesen wie Ausländer ohne Visum zwischen den beiden Spielplätzen hin und her bewegen dürfen. Und noch ein Novum gilt es zu vermelden: Auf Hengqin kann ohne irgendwelche Beschränkungen im Internet gesurft werden.

Aber Hengqin soll nicht nur zum Vergnügen da sein. Geplant ist dort auch ein Hightechstandort. Die Giganten Tencent, Alibaba und Huawei haben schon zugesagt, dort ein Forschungszentrum für Künstliche Intelligenz zu bauen. Foxconn will für 9 Milliarden US-Dollar eine Mikrochipfertigung hochziehen.

Doch das vielleicht wichtigste Bauwerk in Zhuhai ist ein neuer Bahnhof. Die Hengqin Railway Station wurde im November 2019 eröffnet. Zhuhai ist damit an das Hochgeschwindigkeitsnetz angeschlossen. Shenzhen ist nun in 20 Minuten erreichbar, die nördliche Nachbarstadt Zhongshan in ein paar Minuten.

Zhongshan – das Mauerblümchen

Wer an Neujahr Punkt Null Uhr am New Yorker Times Square Werbespots schaltet, muss viel Geld haben oder größenwahnsinnig sein. Oder er ist beides.

Die Stadt Zhongshan ist beides. Mit dem berühmten Glockenschlag erschien dort an den Fassaden ein Werbefilmchen mit dem Titel *New Era, New City*. Darin gab es eine Reihe von Postkartenmotiven zu sehen. Chrysanthemen, die Blume der Stadt. Das Wohnhaus von Sun Yat-sen, dem Gründer der Republik China, der Vorläuferin der Volksrepublik. Und im Abschnitt »Zukunft« präsentierte das Video einen tanzenden Bildungsroboter.

Zhongshan (3,3 Millionen Einwohner) hat Reklame nötig, ob das allerdings in New York sein muss, ist eine andere Frage. Zhongshan war und ist eine durchschnittliche Stadt mit durchschnittlichen Firmen, die allerlei Konsumgüter herstellen: Möbel, Bekleidung, Elektroartikel – und vor allem Lampen. Guzhen, ein Stadtteil von Zhongshan, ist das Lampenzentrum Chinas, ja der ganzen Welt. Rund 7000 Firmen produzieren dort Lampen aller Art.

Ansonsten hat Zhongshan zu bieten: Kultur, Geschichte, gutes Essen, günstige Wohnungen (im Vergleich zu Zhuhai und erst recht zu Shenzhen) – und einen 248 Meter hohen Turm auf dem Werksgelände von ThyssenKrupp. Dort macht der deutsche Aufzugbauer Hochgeschwindigkeitstests und experimentiert, ob seillose Aufzugssysteme möglich sind.

Das war es. Das benachbarte Foshan hat mehr zu bieten.

Foshan – die Clusterstadt

Foshan hat den Spitznamen »Guangzhous kleiner Bruder«. Die Sieben-Millionen-Stadt ist nur eine halbe Stunde von Guangzhou entfernt. Aber was heißt schon entfernt: Die beiden Städte – nur durch eine kleinen Fluss getrennt – sind fast zusammengewachsen. Ihre Metrosysteme sind schon miteinander verbunden. Die

Behörden planen zusammen. Das Kürzel »GuangFo« wird immer häufiger verwendet.

Foshan ist eine traditionelle Industriestadt, die kurz nach der Öffnung Chinas 1978 mit Yu Fei einen sehr reformfreudigen Bürgermeister hatte. Unternehmen koppelten schon früh die Löhne an die Gewinne. Bekannte Marken aus Foshan sind Midea (spätestens nach der Übernahme des Augsburger Roboterherstellers Kuka auch hierzulande bekannt) sowie die beiden Weiße-Waren-Hersteller Galanz und Kelon.

Eine Spezialität von Foshan ist die Clusterbildung. In vielen Stadtteilen scharen sich Firmen, die alle dasselbe produzieren. Experten zählten 41 solcher Cluster. Hier nur zwei Beispiele, weil sie so gigantisch sind. Im Stadtbezirk Dali konzentriert sich die Aluminiumproduktion. Rund 250 Firmen in diesem Cluster produzieren so viel Aluminium wie Russland, Kanada und Indien zusammen.

Noch krasser, noch verrückter ist es in Lecong, der Möbelmetropole Chinas – oder gar der Welt. In den Seitenstraßen ballen sich rund 6000 Möbelfabriken. Links und rechts der Hauptstraße paradieren über 20 Kilometer nur Möbelgeschäfte. Mittendrin befindet sich das wohl größte Möbelhaus, das nicht aus Schweden kommt: die Louvre Furniture Mall. Sechs Etagen, Ausstellungsstücke von 2000 chinesischen und mehr als 100 internationalen Marken.

Zu den alten gesellen sich neue Industrien. So ist Foshan auch ein regionales Zentrum der Automobilindustrie und will vor allem vom Boom der Elektroautos profitieren. Volkswagen hat dort bereits ein Riesenwerk. Produktionskapazität: 600000 Stück. Zunehmend sollen dort E-Autos von den Bändern rollen.

Jiangmen und Zhaoqing – die Außenseiter

Jiangmen und Zhaoqing liegen noch westlicher als die eben beschriebenen Städte Macau, Zhuhai, Zhongshan und Foshan. Sie sind also noch weiter entfernt vom boomenden Zentrum des

Perlflussdeltas und haben deswegen auch bislang wenig abbekommen von seinem Aufstieg.

Manche fragen sich deshalb, warum diese beiden Städte überhaupt in den erlauchten Kreis der GBA aufgenommen wurden. Zwei Gründe gibt es: Zum einen dienen sie als Brückenköpfe in das Hinterland von Guangdong, zum anderen – und das ist wohl ein wichtigeres Argument – haben beide Städte noch eine Menge an unbebautem Land zu bieten. Flächen zum Bauen von Wohnungen und zum Ansiedeln von Fabriken. Denn es ist absehbar, dass das boomende Zentrum an seine Kapazitätsgrenzen stößt und sich deshalb ausdehnen muss. Weitsichtig wie die chinesischen Planer nun mal sind, haben sie deshalb Jiangmen und Zhaoqing in die GBA miteinbezogen.

Die Fläche Jiangmens (4,5 Millionen Einwohner) ist zum Beispiel doppelt so groß wie Guangzhou und fünfmal so groß wie Shenzhen. Zhaoqing (vier Millionen Einwohner) ist noch größer, besitzt 30 Prozent der gesamten Fläche der GBA. Zhaoqing hat deshalb auch die niedrigsten Immobilienpreise in der GBA. Außerdem sind in beiden Städten die Löhne niedriger als in den anderen GBA-Metropolen.

Jiangmen und Zhaoqing sind also die Alternativen, wenn Land und Leute in der restlichen GBA zu teuer werden.

Der Osten rüstet um

Der Osten der GBA ist etwas überschaubarer als der Westen. Er besteht aus drei Städten: dem hinlänglich beschriebenen Shenzhen, Dongguan und Huizhou. Dongguan wurde im zweiten Kapitel schon etwas ausführlicher dargestellt. Aber das war eher ein Rückblick auf das alte Dongguan, auf den Aufstieg der Stadt zur Fabrik der Welt. Hier geht es um Dongguans Zukunft, um seine Positionierung innerhalb der GBA, um sein Ringen nach einem neuen Profil.

Dongguan – zwischen hightech und lowtech

Fährt man heute von Shenzhen – sei es mit der Bahn oder dem Auto – Richtung Norden nach Dongguan, merkt man gar nicht, wo die eine Stadt aufhört und die andere anfängt. Die beiden Städte sind nicht nur räumlich eng miteinander verbunden. Keine Stadt profitierte so von Shenzhens Boom wie Dongguan, die nördliche Nachbarstadt von Shenzhen.

Dongguan hat das Image der Fabrik der Welt. Hier wurden und werden immer noch viele Konsumgüter aller Art hergestellt. Das soll auch so bleiben, sofern es keine »schmutzigen« Industrien sind. Gleichzeitig ist die Stadt an neuen Industrien und neuen Technologien interessiert.

Eine Stadt zwischen lowtech und hightech, eine Stadt versucht den Spagat. David Mark Arnold, lange Zeit Redakteur der Expat-Zeitschrift *HERE!* in Dongguan, hat es treffend ausgedrückt: »Dongguan scheint einen Fuß in der Vergangenheit zu haben, während der andere schon in Richtung Zukunft marschiert.«

Die Vergangenheit der Stadt habe ich wie gesagt im zweiten Kapitel ausführlich beschrieben. Hier will ich mich auf Gegenwart und Zukunft der Stadt konzentrieren.

Die Gegenwart: Nach einer Studie der Chinesischen Akademie der Sozialwissenschaften ist es Dongguan zum ersten Mal gelungen, unter die Top Ten der wettbewerbsfähigsten Städte Chinas zu klettern, und zwar auf Platz Sechs. Nur Shenzhen, Hongkong, Shanghai, Guangzhou und Beijing liegen vor der Stadt, die vor 30 Jahren ein Fischerdorf war oder – wie Shenzhen – aus mehreren Dörfern bestand. Auch in der Greater Bay Area holt Dongguan mächtig auf. Hinter Shenzhen, Hongkong und Guangzhou ist sie bereits die Nummer Vier, was die Wirtschaftskraft gemessen am Sozialprodukt angeht.

Nun zur Zukunft. Und die konzentriert sich vor allem um den Songshan-See im Süden der Stadt. Hier hat Huawei sein neues Forschungszentrum hingestellt. Es ist sicher ein hilfreicher Magnet für weitere Investments, aber der Songshan Lake Industrial Park – so heißt die Gegend in voller Länge – ist mehr als nur Huawei. Er hat bereits viele Start-ups angezogen und soll weitere anziehen, am besten aus den Bereichen, die im Regierungsprogramm Made in China 2025 aufgeführt sind, also unter anderem Robotics, Neue Materialien, Informationstechnologie und natürlich Künstliche Intelligenz, das Megathema, auf das sich alle Hightechparks stürzen.

Die Stadtväter Dongguans spekulieren darauf, das eine oder andere Unternehmen aus Shenzhen abwerben zu können, da hier die Grundstückpreise und die Mieten noch um einiges günstiger sind als in Shenzhen. Aber auch Talente aus Hongkong und Taiwan werden geködert. Sie bekommen Subventionen, Steuererleichterungen und Mietbeihilfen, wenn sie sich hier niederlassen, sei es als Unternehmensgründer oder auch nur als »einfacher« Mitarbeiter.

Außer mit Geld kann der Industriepark auch noch mit etwas anderem punkten: Er liegt einfach malerisch am See. Manche nennen ihn schon den landschaftlich schönsten in ganz China. Aber noch ist der Park nicht in voller Pracht vollendet. Gerade entsteht ein Bahnhof, sechsstöckig mit Malls, Hotels und Apartments. Daneben zwei Türme, 240 und 130 Meter hoch.

Der eine Park ist noch gar nicht fertig, da entsteht schon ein neuer. Das ist eben China. Der neue Park in der Planung liegt weiter westlich und heißt Binhaiwan New Area. Dort soll auch eine neue Universität, die erste in Dongguan, entstehen, hat Bürgermeister Xiao Yafei verraten. Es werde eine »High-Quality, High-Level-University« sein, sagt der Stadtvater.

Sein übergeordnetes Ziel: Bis 2030 will Dongguan eine Megacity werden. Diesen Titel der Zentralregierung bekommt man, wenn man mehr als 10 Millionen Einwohner hat. Derzeit hat Dongguan 8,37 Millionen.

Dongguan soll und will sich auch qualitativ verändern. Weg vom Schmuddelimage der Sexcity, der Hauptstadt der Prostitution, wo Saunas, Friseursalons, Massagestudios und Karaokebars nur das eine anboten. Heute sind Bordelle – kein Witz! – zu Seniorenheimen mutiert. Viele der älteren Herrschaften, meist Fabrikherren aus Hongkong und Taiwan, sind verschwunden. Ersetzt durch jüngere Manager aus den neuen Industrien, die ein anderes Freizeitverhalten pflegen. Wichtiger als Unterwelt ist ihnen die Umwelt.

Vom United Nations Environment Programme (UNEP) hat Dongguan den Titel »international garden city« verliehen bekommen. Weil die Fabrik der Welt – man mag es kaum glauben – eben auch eine andere Seite zu bieten hat: 10 Waldparks, 5 Naturreservate, 13 Wetland Parks und nicht weniger als 1071 Parks.

Doch so grün wie die Nachbarstadt im Osten – Huizhou – ist Dongguan nicht.

Huizhou – der Hinterhof Shenzhens

Für viele Menschen ist Huizhou der Hinterhof Shenzhens. In den 1980er Jahren kamen viele Bewohner Huizhous nach Shenzhen zum Arbeiten. Das ist zum Teil auch heute noch so. Viele, die in Shenzhen arbeiten, wohnen unter der Woche in irgendeinem Wohnheim des Arbeitgebers. Die Familie dagegen ist in Huizhou geblieben. Dort liegen die Immobilienpreise deutlich niedriger als in Shenzhen. Experten schätzen, dass sie nur ein Zehntel betragen.

Die östlichste Stadt des GBA mit ihren fünf Millionen Einwohnern hat sich nach dem Beginn der Reformpolitik nicht so rasant entwickelt wie Dongguan oder gar Shenzhen. Ein Grund: Die Stadt lag abseits der industriellen Rennstrecke Shenzhen-Dongguan-Guangzhou. Sie ging im Prinzip auch den Weg wie Dongguan, aber eben viel langsamer und zeitverzögert: Erst kam die Produktion von einfachen, arbeitsintensiven Konsumgütern wie Schuhen, später dann Elektronikprodukte wie zum Beispiel Handys.

Allerdings musste Huizhou gerade eine bittere Erfahrung machen, weil ein wichtiger Arbeitgeber – Samsung – sich aus der Stadt verabschiedet hat. Samsung eröffnete 1992 seine erste Handyfabrik in Huizhou. In den Hochzeiten war es Samsungs größte Handyfabrik. Jedes zweite Samsung-Mobiltelefon wurde dort hergestellt. 9000 Beschäftigte arbeiteten dort. Doch im Herbst 2019 wurde die Fabrik geschlossen. Auch viele Zulieferer in Huizhou mussten dicht machen. Grund: Samsung hat die komplette Handyproduktion nach Vietnam in die Nähe von Hanoi verlagert.

Trotz des koreanischen Exodus ist Huizhou freilich immer noch ein wichtiger Standort der Elektronikindustrie. Weltkonzerne wie General Electric, Sony, Hitachi, Panasonic, Lenovo oder LG lassen dort produzieren. Und dann ist da noch TCL. Der größte Elektronikkonzern Chinas, der vom Handy über TV-Geräte bis zu Kühlschränken alles herstellt, hat seinen Sitz in Huizhou.

Experten gehen davon aus, dass sich Huizhou zunehmend mit Dongguan und Shenzhen zu einem neuen Fertigungscluster verbindet, in dem es zu einer Arbeitsteilung kommen wird und jede Stadt das produziert, was sie am besten und günstigsten kann.

Doch anders als die Nachbarstädte hat Huizhou noch etwas zu bieten, was Shenzhen und erst recht Dongguan nicht liefern können: »Mit seinen Wäldern, Stränden und traditionellen Hakka-Dörfern hat Huizhou ein großes Potenzial im Tourismus«, prognostiziert *Greater Bay Insight*. Huizhou sei die grünste Stadt in der gesamten GBA.

Huizhou ist an das Netz der Hochgeschwindigkeitszüge angeschlossen. In 30 Minuten ist man in Shenzhen, in etwas mehr als einer Stunde in Hongkong. Das dauerte vor 30 Jahren alles noch viel, viel länger. Und es war fast abenteuerlich.

Gordon Wu, der Wegbereiter

Eine kilometerlange Baustelle, durch subtropischen Regen verschlammte Wege. Eine Kolonne von Pkws, Minibussen und Lkws pflügte sich durch den Matsch. Und das meist im Schritttempo. Ich saß in einem kleinen Bus einer Hongkonger Firma, der damals Anfang der 1990er Jahre auf dem Weg von Dongguan zurück nach Shenzhen an die Grenze war. Es war ein Wettrennen – oder besser ein Wettschleichen – gegen die Zeit. Denn um 24 Uhr wurde damals die Grenze zwischen Shenzhen und Hongkong dicht gemacht. Wir schafften es und erreichten kurz vor Mitternacht Luowu.

Was damals eine gigantische Baustelle war, ist heute eine sechsspurige Autobahn, die von Shenzhen über Dongguan nach Guangzhou führt. Zu verdanken war dieses Mammutprojekt einem Mann: Gordon Wu. Er war ein Wegbereiter im wahrsten Sinne des Wortes. Der Mann aus Hongkong war eine zentrale Figur im Zusammenwachsen der Städte rund ums Perlflussdelta. Er war ja auch ein Kind, nein, ein Enkelkind der Gegend.

Sein Großvater stammt aus der Provinz Guangdong, emigrierte aber nach Hongkong. Sein Vater, 1904 in Hongkong geboren, gründete dort eine Taxifirma. Er konnte es sich später leisten, seinen Sohn Gordon nach Princeton zu schicken, wo dieser seinen Bauingenieur machte und später nach seiner Rückkehr eine sehr erfolgreiche Baufirma namens Hopewell aufbaute.

1972 war er zum ersten Mal in Guangzhou zur Kanton-Messe und kam tief beeindruckt und auch deprimiert zurück. Alle liefen in den gleichen grauen oder olivgrünen Klamotten herum. Er sah Parolen wie »Nieder mit dem Klassenfeind«. Das war nicht die Welt eines chinesischen Kapitalisten aus Hongkong. Als 1978 die Reformer an die Macht kamen, sah er seine Chance. Mit ein paar anderen Tycoons – unter anderen auch Li Ka-shing – reiste er wieder nach Guangzhou. Sie erhielten die Genehmigung, das erste mit ausländischem Geld finanzierte Hotel in China zu bauen – das China Hotel in Guangzhou. Der Kasten steht heute noch.

Auf seinen zahlreichen Reisen zwischen Hongkong und Guangzhou lernte Wu die maroden Straßen kennen. Ihm kam die Idee einer Autobahn. Sechsspurig, oder noch besser achtspurig! Und das in den 1980er Jahren, wo sich viele Chinesen nicht mal ein Fahrrad leisten konnten. Einige Bürokraten in der Provinzregierung hielten ihn deshalb für durchgeknallt. Als er Landkarten wollte, verweigerten sie ihm die Herausgabe: Staatsgeheimnis.

Doch Gordon Wu war von der Idee besessen. Er konnte Zhao Zhiyang, bis zum Tiananmen-Massaker 1989 Parteichef, überzeugen. Die Bedingungen lauteten: Es soll von Hongkong finanziert werden, China würde dann mit den Mauteinnahmen zurückzahlen. Und bitte keine sechs Spuren, zwei reichen auch. Und erst mal von Shenzhen nach Guangzhou, nicht ganz um das Perlflussdelta herum.

1990 begann der Bau der 123 Kilometer langen Autobahn, 1994 war sie fertig. Gordon Wu war seiner Zeit weit voraus. Die Chinesen sind dem Visionär von einst noch heute dankbar. Als im Oktober 2018 von Xi Jinping persönlich die gigantische Brücke von Macau/Zhuhai nach Hongkong eingeweiht wurde, war der damals 82-jährige Gordon Wu unter den Ehrengästen, die erstmals über die Brücke fahren durften.

Ich war erst ein dreiviertel Jahr später dran.

Brückenbauer und Weichensteller

Bei der Auffahrt mit dem Taxi zum Terminal wähnt man sich auf dem Weg zu einem großen Flughafen dieser Welt. Eine gigantische Abfertigungshalle mit geschwungenem Dach erscheint beim Blick aus dem Taxi. Aber es ist kein Flughafen, es ist »nur« ein Terminal, von dem kleine und große Busse abfahren und bald vielleicht auch Pkws.

Hier in diesem Terminal in Macau ist der Ausgangspunkt für die Fahrt über die längste Brücke der Welt. 55 Kilometer überbrückt sie zwischen Macau und Hongkong. Es ist keine durchgängige Brücke, denn zwischendurch geht es mal für knapp sieben Kilometer runter in einen Tunnel, damit oben drüber Schiffe passieren können.

Rund 20 Milliarden Dollar hat dieses Bauwerk gekostet. Keine Hongkong-Dollars, sondern US-Dollars. Es soll – sagen die Bauherren – starken Taifunen, die ja jeden Sommer über die Region hinwegfegen, Stand halten. Ebenso eventuellen Erdbeben der Stärke 8.

Mit dieser beruhigenden Sicherheit passiere ich zügig Zoll- und Sicherheitskontrollen im Terminal. Als Ausländer wird man noch altmodisch kontrolliert, nämlich per Pass. Die Einheimischen dagegen identifizieren sich mit einem Finger und ihrem Gesicht. Gesichtserkennung ist in China längst Usus und wird immer perfektionierter.

Draußen stehen dann abfahrbereit goldfarbene Busse und schwarze Limousinen. Ich werde zu einer dieser Toyota-Limousinen geleitet. Wir warten, bis sie voll ist. Dann geht es los. Im Sechssitzer über eine sechsspurige Brücke, die gespenstisch leer ist. Es dürfen nur solche Limousinen wie die, in der ich gerade sitze, und Busse fahren. Nur 200 Doppeldeckerbusse und 100 normale Busse haben die Genehmigung, Passagiere hin und her zu transportieren. Man sieht nur wenige Privatfahrzeuge, die dann aber eine besondere Erlaubnis haben.

Dafür ist die Brücke mit allerlei technologischen Finessen ausgerüstet. Kameras allenthalben. Sie schauen den Fahrern in die Augen. Falls die mal zufallen sollten, wird gleich Alarm geschlagen. Oder sie schauen ihm auf den Mund. Auch dreimal Gähnen kann gefährlich werden und die Aufmerksamkeit der patrouillierenden Verkehrspolizei wecken.

Nicht so spektakulär, aber mindestens genau so bedeutend ist eine andere, ein paar Monate später, im April 2019 eingeweihte Brücke. Die Nansha-Brücke. Sie ist knapp 13 Kilometer lang und verbindet Dongguan mit Nansha, dem neuen, expandierenden Stadtteil von Guangzhou. Auf acht Spuren verkehren täglich rund 100 000 Fahrzeuge aller Art. Die Nansha-Brücke ist die zweite große Verbindung über den Perlfluss, die den Osten mit dem Westen verbindet.

Und eine dritte entsteht gerade. Denn ausgerechnet Shenzhen hat bislang keine direkte Verbindung über den Perlfluss nach

Westen. Deshalb entsteht nun diese Brücke zwischen Shenzhen und Zhongshan. Sie ist wieder so ein Jahrhundertwerk mit Superlativen. Erst einmal geht es in Shenzhen los in einen Tunnel. 6,8 Kilometer lang, acht Spuren. Das ist Weltrekord. Einen so breiten Unterwassertunnel gab es noch nie. Am Ende des Tunnels geht es dann auf eine Brücke, die 24 Kilometer lang ist. 2024 soll das Megaprojekt fertig sein. Drei Brücken also, die den Westen mit dem Osten verbinden. Das Straßennetz in der GBA wird immer dichter. Die Städte der Region rücken immer näher zusammen.

Dazu trägt natürlich auch die Bahn bei. Man verliert fast den Überblick, wo gerade neue Strecken geplant, gebaut und geöffnet werden. Gerade noch meldet Foshan eine neue, schnelle Verbindung nach Hongkong (nur noch eine Stunde und 22 Minuten!), kurze Zeit später wird die Guangzhou-Dongguan-Shenzhen Intercity Railway eingeweiht.

Die Greater Bay Area ist eine riesige Baustelle aus Bahnhöfen und Schienenstrecken. Wenn die mal alle gebaut und verlegt sind, hat die Region das dichteste Netz an Hochgeschwindigkeitszügen der Welt. Ebenso ist das U-Bahnnetz in der GBA schon das größte der Welt. Zum Vergleich: Die Länge des Metronetzes allein in Guangzhou ist so groß wie das aller deutschen Großstädte zusammen.

Und es ist noch lange nicht das Ende erreicht. Es wird eine Linie von Shenzhen nach Dongguan geben, ebenso eine von Guangzhou nach Dongguan. Im Endzustand ist jede Stadt mit jeder verknüpft. Wer studieren will, wie man öffentlichen Nahverkehr attraktiv gestalten kann, um die Menschen weg vom Auto zu bringen, findet hier genug Anschauungsunterricht.

Mit jedem neuen Kilometer Straße oder Schiene rückt die GBA dem Ziel näher, das im Outline Development Plan klar definiert ist: Die Reisezeit zwischen den Städten der GBA soll nicht mehr als eine Stunde betragen. Wie dann der Alltag eines Managers in der Region aussehen könnte, hat Neo Wang, Co-CEO der HSBC für die Provinz Guangdong, auf einer Konferenz im Juni 2019 in Hongkong beschrieben: »Morgens um 9 Uhr ein

Meeting in Guangzhou, dann Lunch mit einem Kunden in Shenzhen, um 16 Uhr ein regionales Meeting in Hongkong und dann abends um 20 Uhr wieder zurück nach Hause in Guangzhou. Alles an einem Tag.«

Ferne Zukunft oder nahe Realität?

Der lange Weg zur Greater Bay Area

All die Brücken, Tunnel, Straßen und Schienen sind die Voraussetzung dafür, dass die GBA funktionieren kann, dass Menschen und Waren möglichst schnell von A nach B kommen und die Region wirklich – wie geplant – zu einer gigantischen Einheit, zum fortschrittlichsten Wirtschaftsraum der Welt wird. Weil China ein autoritärer Staat ist, wo top-down geplant wird und individuelle Einsprüche wenig wert sind, werden diese Vorhaben schneller durchgezogen als in jedem anderen Land der Erde. Und weil die chinesischen Herrscher mittel- und langfristig planen, werden Infrastrukturprojekte meist rechtzeitig geplant und realisiert. Nicht wie bei uns, wo man das Gefühl hat, die Infrastruktur hechelt immer den Erfordernissen hinterher.

Aber reicht es, Straßen und Brücken zu bauen? Natürlich nicht.

»Das ist die nötige Hardware«, urteilt die Europäische Handelskammer, »aber genauso wichtig ist die Verbesserung der Software.« Was sie damit meinen: all die regulatorischen Bestimmungen, die zwischen den verschiedenen Städten der GBA alles andere als harmonisieren.

Es gibt innerhalb der GBA drei Rechtssysteme (Hongkong, Macau und China), drei Währungen (Hongkong-Dollar, Macauischer Pataca, chinesischer Yuan), drei verschiedene Steuer- und Zollsysteme, unterschiedliche Visa- und Arbeitserlaubnisbestimmungen und so weiter.

Zu all diesen Detailfragen steht nichts oder nur wenig im Outlook-Plan. Eamon Barrett kommentiert im US-Wirtschaftsmagazin *Fortune* deshalb: »Das ist eine typische chinesische Initiative. Wenig Details, stattdessen eher allgemeine Ziele.« Der Hongkonger Venture Capitalist Tony Verb kontert: »Es ist naiv, konkrete Schritte zu erwarten, bevor die Grundsatzfragen geklärt sind.« Verb sagt aber auch: »Jetzt beginnt ein schwieriger und wahrscheinlich auch ein ziemlich langer Prozess.«

Keine Frage: Jetzt kommt die Kärrnerarbeit. Die bürokratischen Gremien, die den Harmonisierungsprozess einleiten und begleiten sollen, sind geschaffen. Es gibt trilaterale Arbeitsgruppen aus der Provinz Guangdong und den beiden Sonderwirtschaftszonen Hongkong und Macau. Oberstes Gremium ist die Greater Bay Area Leading Small Group (GBALSG). Chef dieser rund 30 Personen umfassenden Lenkungsgruppe ist Han Zheng, Vizepremierminister und Mitglied des Ständigen Ausschusses des Politbüros, dem höchsten Gremium der KP. Der ehemalige Bürgermeister von Shanghai ist die Nummer Sieben in der Parteihierarchie und gilt als Reformer.

Erste Sofortmaßnahmen, acht an der Zahl, sind bereits verabschiedet. Es geht dabei unter anderem um die Angleichung von Zollformalitäten und Steuern. Hongkonger Bürger sollen in Guangdong nicht die dort üblichen 45 Prozent, sondern die in Hongkong geforderten 17 Prozent bezahlen. Bei einer Sitzung im November 2019 wurden weitere Erleichterungen für Hongkonger verabschiedet, zum Beispiel ist jetzt für sie auch der Kauf von Immobilien in der GBA möglich. Auch eine Art »GBA-Führerschein« wird derzeit getestet.

Der Ökonom Michael Enright, ein Verfechter der GBA und Autor einer Studie (*Creating the Greater Bay Area of the Future*), sitzt nicht in diesem Gremium, hat aber einen überraschenden Vorschlag parat. Die Europäische Union, die ja aus 27 Staaten besteht, liefere ein »interessantes Beispiel«, wie man verschiedene Gesetze, Regularien und Standards harmonisieren oder gegenseitig anerkennen könne. Daran könnte sich die GBA ein Beispiel nehmen.

Die EU als Vorbild – warum nicht?

In einem Bereich ist die GBA schon fast auf EU-Niveau. Beim Einkommen.

Sprung über die Einkommensfalle

Rund 23 000 US-Dollar beträgt das durchschnittliche Jahreseinkommen in der GBA. Das ist mehr als das Doppelte des Einkommens in der gesamten Volksrepublik China. Natürlich wird dieser Durchschnittsbetrag durch das reichere Hongkong etwas verzerrt. Aber der Trend ist auch in den anderen Städten der GBA klar erkennbar: Hier entsteht eine neue Mittelschicht. Die Zahl der Angestellten nimmt zu. Unter ihnen sind viele Aufsteiger. Sie kamen als Migranten, als Wanderarbeitnehmer, haben hart gearbeitet, bildeten sich weiter und sind geblieben.

Zu den Gebliebenen gesellen sich die Ankömmlinge. Sie kommen aus dem restlichen China, oder sie kehren aus den USA zurück. Viele sind gut ausgebildet, gründen in der GBA eigene Unternehmen oder arbeiten in den zahlreichen Hightechfirmen der IT-, Internet- oder Biotechindustrie, wo auch gut verdient wird. Gerade in Shenzhen, wo die Zahl der Fabriken weiter zurückgeht, wird der Dienstleistungssektor immer bedeutender.

In diesem Bereich wird mehr verdient, aber auch mehr und anders konsumiert. Rannie Lee, Co-Chef der HSBC in Guangdong, sagt: »Sie führen einen Lebensstil der Mittelklasse. Das bedeutet, dass sie Waren von Luxusmarken kaufen, importierte Biolebensmittel essen oder ihre Kinder zum Studieren ins Ausland schicken.«

In Shenzhen kommt noch eine Besonderheit hinzu. Shenzhen wird als Chinas offizielle Hauptstadt der Metrosexuellen bezeichnet, schreibt der Branchendienst Jing Daily. Das sind modeaffine Männer, die einen besonders extravaganten Lebensstil pflegen. Warum gerade Shenzhen? Hier herrscht eine offene Migrantenkultur. Und all die Techies, die bei Tencent oder Huawei arbeiten, ticken sowieso anders. Sie haben auch häufig progressivere Ansichten über die Geschlechterrollen. Shenzhens Männer shoppen nicht nur für sich selbst, sondern – so Jing Daily – auch generös für ihre Partnerinnen.

Die beiden Metropolen Shenzhen und Guangzhou sind klar die Treiber des Konsums in der Provinz Guangdong. Aber auch in den anderen, »kleineren« Städten wird kräftig konsumiert. Weil dort die Mieten nicht so hoch sind, haben die Bewohner ein höheres verfügbares, konsumfähiges Einkommen. Und über die ganze GBA hinweg gilt, dass die Jungen mehr konsumieren als die Alten.

All diese Faktoren führen zu dem Ergebnis: Die GBA ist der größte Konsummarkt in ganz China, was bei einem Durchschnittseinkommen von 23000 US-Dollar allerdings auch nicht verwundert.

Doch diese Zahl hat noch eine andere, wichtige Bedeutung. Und zwar in einer unter Ökonomen höchst brisanten Diskussion, die sich um die Middle Income Trap rankt. Dieser Begriff – deutsch: Falle der mittleren Einkommen – wurde von Volkswirten der Weltbank 2006 in die Diskussion geworfen. Sie besagt, dass Entwicklungs- oder Schwellenländer zwar von einer niedrigen Basis aus schnell wachsen, aber dann auf einem mittleren Einkommensniveau verharren und nicht mehr weiterwachsen. Wo dieses genau liegt, haben aber die Schöpfer dieses Phänomens nicht definiert.

Es gibt einige Länder, die in diese Falle getappt sind. Zum Beispiel Malaysia und Thailand. Aber es gibt auch Gegenbeispiele: Singapur, Südkorea und Taiwan.

Doch die große Frage lautet: Was passiert mit China? Wird es in die Falle tappen – oder nicht? Diese Frage wird schon seit Jahren unter Ökonomen heftig diskutiert. Die Meinungen gehen weit auseinander, weil doch viel Spekulation und wenig Empirie bei der Beantwortung der Frage dabei ist.

Doch nun beweist die GBA mit ihren 23000 US-Dollar Durchschnittseinkommen, die weit über einem *Middle Income* liegen, dass China den Sprung über die Falle schaffen kann. Voraussetzung hierfür sind allerdings einige richtige Entscheidungen von Politik und Wirtschaft. Ganz wichtig: Investitionen in Bildung und Infrastruktur. Und die Schaffung eines innovativen Klimas.

Das ist der GBA und vor allem Shenzhen gelungen. Auch wenn nicht alles duplizierbar ist, was Shenzhen angepackt hat, die Stadt eignet sich als Modell für China – und sogar für Länder außerhalb des Riesenreiches.

SCHLUSS

Shenzhen – ein Modell. Aber für wen?

Shenzhen ist eine einzigartige Stadt. Sie ist die am schnellsten wachsende Metropole der Welt und hat es trotzdem – anders als afrikanische, indische oder manche südostasiatische Gigastädte – geschafft, diesen permanenten Zuzug von Millionen Menschen ohne eine Verslumung zu meistern. Sie hat den Übergang von einer Lowtech- zu einer Hightechwirtschaft hinbekommen, ohne dass ein Millionenheer an Arbeitslosen entstanden ist. Und sie hat innerhalb kurzer Zeit eine Verkehrswende zuwege gebracht, die beispiellos in der Welt ist.

Das sind nur drei Beispiele, die rechtfertigen, Shenzhen als Modellstadt zu titulieren. Ein Modell ist aber immer auch Vorbild, an dem sich andere orientieren und zu ihm hochschauen, um gegebenenfalls etwas von ihm zu übernehmen.

Kann aber Shenzhen überhaupt als Benchmark dienen, wie es heuzutage heißt? Waren seine Voraussetzungen nicht so einzigartig, dass die Stadt gar nicht als Vorbild taugt? Ist deshalb das Modell Shenzhen eventuell gar nicht replizierbar?

Klar, gewisse Momente waren singulär. Da ist vor allem die geografische Lage zu nennen. Die Nähe zu Hongkong hat den Transformationsprozess Shenzhens enorm beschleunigt. Ohne den Transfer von Kapital und Know-how aus dem kapitalistischen Hongkong wäre Shenzhen nie zu dem geworden, was es heute ist. Doch nicht jeder hat so einen reichen Nachbarn.

Ein weiterer, schwer zu kopierender Vorteil Shenzhens war, dass es als Dorf beziehungsweise als eine Ansammlung von Dörfern anfing und als Megacity endete. Shenzhen ist eine Stadt, die quasi über Nacht auf dem Reißbrett entstanden ist. Unter diesen Bedingungen lässt sich vieles besser planen als in einer über Jahrhunderte gewachsenen Stadt. Bau- und Verkehrsplanung im gerade mal 40 Jahre alten Shenzhen waren und sind eben einfacher als zum Beispiel in Berlin, das über 770 Jahre alt ist.

Das Erfolgsmodell Shenzhen lässt sich deshalb nicht 1:1 kopieren. Nirgends auf der Welt, und auch nicht in China.

Aber trotzdem können andere Regionen, Städte und Länder von Shenzhen etwas lernen, und zwar egal, auf welcher Entwicklungsstufe sie sich befinden. Für jeden hat Shenzhen einiges an Anschauungsunterricht zu bieten. Die Länder der Dritten Welt sehen, wie man durch Sonderwirtschaftszonen einen nachhaltigen Wachstumsprozess in Gang bringen kann. Die Schwellenländer, also auch das restliche China, sehen, wie man Wachstum durch eine geschickte Industriepolitik beschleunigen kann. Und entwickelte und satte Industriestaaten wie Deutschland sehen, wie man Hightechindustrien fördert, wie man in einer Stadt einen *entrepreneurial spirit* kreiert, und wie man konsequente Verkehrspolitik betreibt.

Das Modell Sonderwirtschaftszone (SWZ) hat durch Shenzhen eine Renaissance erfahren. Es wurde dort nicht erfunden, aber es wurde radikaler als anderswo umgesetzt und nahezu perfektioniert. In einem Dokument des Wissenschaftlichen Dienstes des Deutschen Bundestages heißt es: »Entwicklungs- und Schwellenländer wie China haben mit Hilfe von SWZ beeindruckende Entwicklungs- und Wachstumserfolge erzielt.« Birgit Schmitz und Benjamin Schraven vom Deutschen Institut für Entwicklungspolitik titulieren in einer Studie China als »den unbestrittenen Meister der erfolgreichen Nutzung von SWZ«. Diese generellen Lobeshymnen beziehen sich letztendlich vor allem auf die SWZ Shenzhen, die von den diversen Sonderwirtschaftszonen Chinas am erfolgreichsten war.

Vor allem in der Dritten Welt hat das chinesische Modell SWZ viele Nachahmer gefunden. Teils geschah das mit, teils ohne chinesische Hilfe. Besonders in Afrika – einem Kontinent, dem China große strategische Beachtung schenkt – schaute man voller Bewunderung auf das Modell Shenzhen. In Afrika wurden in den vergangenen Jahren viele Sonderwirtschaftszonen etabliert. Die Erfolge waren mäßig. Ein Grund dafür: Viele Sonderwirtschaftszonen wurden lediglich als verlängerte Werkbank installiert. Mit billigen Löhnen und niedrigen Steuern sollten Investoren geködert werden. Aber das ist kein hinreichender Ansatz. Solche Zonen müssen mehr bieten als nur ein kostengünstiges Umfeld. Sie dürfen auch nicht vom Rest des Landes abgekoppelt sein und ein isoliertes Inseldasein fristen. Sie müssen vielmehr in ein wirtschaftspolitisches Gesamtkonzept des Landes integriert sein.

Und genau dies ist Shenzhen geschehen: Die Stadt hatte immer die Rückendeckung der Zentralregierung in Beijing. Shenzhen war und ist Teil einer nationalen Reformstrategie, die Shenzhen (und ein paar anderen Plätzen der Volksrepublik) erlaubt, schneller voranzugehen als andere. Es ist ein permanenter Trial-and-Error-Pfad, auf dem sich Shenzhen bewegt. Weil die Stadt dabei aus Sicht der aktuellen Beijinger Führung auf diesem Weg bislang erfolgreich war, haben Mitte August 2019 der Staatsrat und das Zentralkomitee der KP – die beiden wichtigsten Gremien des Staates und der Partei – in einem bemerkenswerten Strategiepapier Shenzhen dramatisch aufgewertet.

Shenzhen wurde in diesem Papier, das aus 4000 Schriftzeichen bestand, zum Modell für China erklärt. Es wird nicht explizit von Modell gesprochen, sondern in der englischen Übersetzung von einer *Pilot Demonstration Area*. Sehr interessant in dem Papier ist die Tatsache, dass zum ersten Mal Shenzhen vor den drei anderen First-Tier-Cities – also Städten in der ersten Reihe – Beijing, Shanghai und Guangzhou positioniert wird. So hoch im Ansehen der chinesischen Führung stand Shenzhen noch nie.

Man beachte den Zeitpunkt dieser Entscheidung: Mitte August 2019. Die Proteste in Hongkong waren damals noch nicht auf ihrem Höhepunkt, aber sie eskalierten von Tag zu Tag. Beijing sah sich zum Handeln gezwungen, nicht militärisch, sondern – viel subtiler – durch diverse Nadelstiche gegen Hongkong. Die Aufwertung Shenzhens in dem Strategiepapier ist einer der heftigeren Nadelstiche, die Hongkong besonders wehtun.

Shenzhens Rolle hängt also eng mit der Entwicklung Hongkongs zusammen. Je länger Hongkong in seinem dauerprotestierenden Koma verharrt, desto mehr wendet sich Beijing der Nachbarstadt zu. Aber es wäre zu kurz gedacht, wenn man Shenzhens Aufstieg zur chinesischen Modellstadt nur mit dem parallelen Niedergang Hongkongs erklären würde. Es ist auch die Würdigung der Leistung des politischen und wirtschaftlichen Shenzhens.

In den Richtlinien für Shenzhen beschreibt die Beijinger Führung einen ambitiösen, dreistufigen Plan für die Zukunft Shenzhens. Über Zwischenziele 2025 und 2035 soll Shenzhen spätestens bis zur Mitte des Jahrhunderts – passend zum hundertjährigen Bestehen der Volksrepublik – zu einer führenden Stadt in der Welt werden. Sie soll bei mehreren Parametern Vorbild sein: Innovationen, Forschung, Umwelt und soziale Entwicklung. Shenzhen – so ist das Ziel – soll eine moderne Metropole des 21. Jahrhunderts werden, wo Wirtschaft, Umwelt und Soziales eine Symbiose eingehen.

Flankiert werden sollen diese geplanten wirtschaftlichen und sozialen Fortschritte auch – und das ist ein sehr interessantes Novum – von politischen Reformen. Vage wird von Demokratie – das in China immer anders definiert wird als im Westen – und von einem Rechtsstaat gesprochen. Die *South China Morning Post* kommentiert: »Es ist dies zum ersten Mal, dass einer Stadt – keinem Dorf, sondern einer großen First-Tier-City – erlaubt wird, mit politischen Reformen zu experimentieren, die demokratische Komponenten enthalten.«

Shenzhen, das bislang mit wirtschaftlichen Reformen vorpreschen durfte, entwickelt sich damit auch zunehmend zu einer politischen Reformwerkstatt. Wer deshalb wissen will, wie sich China in den nächsten Jahren und Jahrzehnten politisch wie wirtschaftlich entwickeln könnte, muss auf Shenzhen (und die Greater Bay Area) schauen. Hier werden Entwicklungen vorweggenommen, die mit einer zeitlichen Verzögerung später im restlichen China angewandt werden.

Aber was bedeutet nun dieser Aufstieg Shenzhens für uns? Zweierlei. Erstens: Wir müssen uns viel intensiver mit dieser Stadt und seiner Umgebung auseinandersetzen, ihr Potenzial erkennen und auch nutzen. Shenzhen und mit ihr die gesamte Greater Bay Area ist mit ihren rund 70 Millionen Einwohnern ein großer konsumfähiger Absatzmarkt, den viele noch nicht entdeckt haben. Zudem ist Shenzhen – wie in diesem Buch ausführlich beschrieben – Vorreiter bei vielen Innovationen. Da bieten sich viele Möglichkeiten der Kooperation an, wenn wir denn zu einer solchen überhaupt bereit sind.

Zweitens: Wir müssen vorurteilsfrei schauen, ob wir von Shenzhen etwas lernen können. Von China lernen? Nach wie vor ist das für viele eine seltsame Vorstellung. Viele im Westen fühlen sich ja immer noch überlegen und glauben heute noch, China kupfere nur ab. Dazu kommen die scheinbar ewigen, immer wiederkehrenden Fragen: Kann man, soll man von einem solch autoritären System überhaupt etwas lernen? Sind die politischen Strukturen nicht so unterschiedlich, dass es schlicht unmöglich ist, in China funktionierende Prozesse auf unser System zu übertragen?

Wer so denkt, macht es sich zu einfach. Es gibt in Shenzhen Praktiken, die unabhängig vom politischen System funktionieren. Beispiel Elektromobilität: Shenzhen hat die radikale Umstellung zumindest im öffentlichen Verkehr geschafft, weil sich alle Beteiligten zusammengesetzt haben, weil es Incentives gab, und vor allem weil es den politischen Willen gab – all das sind Dinge, die auch in demokratischen Systemen machbar und nicht verboten sind. Beispiel Entrepreneurship: Ein innovationsfreundliches Klima für Jungunternehmer durch diverse finanzielle und regulatorische Maßnahmen zu schaffen, so wie Shenzhen es tut, ist auch in einem marktwirtschaftlichen System erlaubt.

Überhaupt das Setzen von Zielen, das Erarbeiten von Strategien zu Erreichung dieser Ziele ist in dieser Stadt viel ausgeprägter als hierzulande, wo man sich im alltäglichen Kleinklein verliert. Nirgends wird diese Diskrepanz deutlicher als bei der Digitalisierung. Während man hier diskutiert, ob man ein Digitalministerium braucht, werden in Shenzhen längst Fakten geschaffen. Keine Stadt, keine Region der Welt ist bei der Digitalisierung weiter als Shenzhen – auch dank seiner Konzerne wie Huawei, Ping An oder Tencent.

Ja, Shenzhen ist eine Modellstadt, von der wir lernen können. Nicht alles, aber vieles.

DANKSAGUNG

Shenzhen ist eine offene Stadt. Man bekommt leicht Kontakte (außer zu den wenigen Staatsunternehmen), und man wird gerne weitergereicht. Trotzdem gab es für mich schon in Berlin ein paar hilfreiche Wegbereiter, die gute Beziehungen zu Shenzhen haben. Allen voran die Filmemacherin Lei Qinyuan, eine echte Shenzhenerin, die dort sogar geboren ist. Sie zeigte mir schon in Berlin, was *Shenzhen Speed* ist. Während unseres Treffens tippte sie eifrig in ihr Smartphone, um sofort per WeChat die Kontakte nach Shenzhen herzustellen. Ihr habe ich interessante Gesprächspartner in der Architektur- und Kulturszene zu verdanken. Außerdem bekam ich durch sie Zugang zu ganz »normalen« Bürgern der Stadt, die – wie sie – in Shenzhen geboren wurden und dort aufgewachsen sind. Nicht minder schnell war Hans Stam in Berlin. Er ist ein exzellenter Kenner der Start-up-Szene, über die er mir viele entscheidende Hinweise gab. Und durch Ina Fröhner von FinLeap in Berlin bekam ich Zugang zu Ping An.

In Shenzhen traf ich ebenfalls auf viele hilfsbereite und kontaktfreudige Menschen. In alphabetischer Reihenfolge waren das neben denen, die in einer solchen Liste aus den verschiedensten Gründen nicht genannt werden wollen, Antonio Berges-Dreyfous, Ole Bouman, John Gao, David Ge, Ling Gu, Francine Hadjisotiriou, Michél Haese, Denise Ho, Joan Ho, Huang Weiwen, Joe Kelly, Lily Li, Li Xu, Joe Lin, Lu Xianping, Ralf Mazet, Meng Yan, Michael Patte, Burkhard Pick, Stefan Sack, Isabel Sum, M.C. Tang, Marko Unger, Arne Weber, Henk Werner, Francis

Wong, Chad Xu, Eugene You, Grace Zhang und Michael Zheng. Und natürlich – sie muss ich besonders erwähnen – Mary Ann O'Donnell, seit 1995 in Shenzhen und sicher eine der bekanntesten Ausländerinnen der Stadt. Tim Leitschuh gab mir interessante Insights zu Dongguan, wo er seit 2007 lebt und ein Unternehmen leitet.

In Hongkong habe ich meinen bewährten, fast jahrzehntealten Freunden zu danken. Vorab meinem Kollegen Ernst Herb. Der letzte deutschsprachige Korrespondent der Stadt war wie immer ein anregender Gesprächspartner, ob an der Bar im altehrwürdigen Foreign Correspondents Club oder in konspirativen Kneipen unterhalb der Hollywood Road. Wolfgang Niedermark, Chef der AHK in Hongkong, gab wie immer sehr offen seine Einschätzungen zur inzwischen schwierigen Lage Hongkongs. Immer wieder erfrischend sind die Treffen mit Enzio von Pfeil, die stets in der Clipper Lounge im Mandarin Hotel stattfinden. Weiter habe ich in Hongkong Michael Enright, Florian Simmerdinger, Tony Verb, Miles Wen und Billie Wong zu danken. Das Hong Kong Economic and Trade Office in Berlin vermittelte mir wertvolle Kontakte in der Regierung der Sonderverwaltungszone.

Mein Dank gilt auch meinem ehemaligen Arbeitgeber, dem *manager magazin*, dem ich fast 35 Jahre erst als Redakteur und dann als Reporter bis zu meiner Pensionierung Ende August 2019 angehörte. Die Chefredaktion – egal in welcher Zusammensetzung – genehmigte mir seit Beginn der 1990er Jahre viele Recherchereisen nach China, die mich auch immer wieder nach Shenzhen führten.

Im Campus Verlag war meine Lektorin Waltraud Berz auch dieses Mal eine konstruktiv-kritische Begleiterin auf dem relativ kurzen Weg von der Idee dieses Buches über Shenzhen bis zu dessen Realisierung.

LITERATUR

Bücher

Chang, Leslie T.: Factory Girls – Voices from the Heart of Modern China, London 2010

Di, Xian: Snapshots of Time – Forty Years in Shekou, Beijing 2018

Enright, Michael; Scott, Edith E, und Chang, Ka-mun: Regional Powerhouse: The Greater Pearl River Delta and the Rise of China, Singapur 2005

Greeven, Mark J.; Wei Wei: Business Ecosystems in China, London/New York 2018

Hu, Leng: Ma Huateng & Tencent – The Story of an Online Chinese Empire, London 2017

van Kemenade, Willem: China, Hong Kong, Taiwan, Inc., New York 1998

Lee, Kai-fu: AI Superpowers – China, Silicon Valley and the New World Order, Boston 2018

Lin, George C.: Red Capitalism in South China: Growth and Development of the Pearl River Delta, Vancouver 2004

Merchant, Brian: The One Device: The Secret History of the iPhone, Boston 2017

Nylander, Johan: Shenzhen Superstars – How China's smartest city is challenging Silicon Valley, Hongkong 2017

O'Donnell, Mary Ann; Wong, Winnie und Bach, Jonathan: Learning From Shenzhen – China's Post-Mao Experiment from Special Zone to Model City, Chicago 2018

Scheuer, Stephan: Der Masterplan – Chinas Weg zur Hightech-Weltherrschaft, Freiburg 2018
Sheehan, Matt: The Transpacific Experiment – How China and California Collaborate and Compete for Our Future, Berkeley 2019
Summers, Timm: China's Regions in an Era of Globalization, London 2018
Tian, Tao; Yin Zhifeng: Explorers – Huawei Stories, London 2018
Tian, Tao: Huawei – Leadership, Culture and Connectivity, Singapur 2016
UN-Habitat (Hrsg.): The Story of Shenzhen – Its Economic, Social and Environmental Transformation, Nairobi 2019
Vlassenrood, Linda (Hrsg.): Shenzhen – From Factory of the World to World City, Rotterdam 2016
Vogel, Ezra F.: One Step Ahead in China – Guangdong under Reform, Cambridge 1989
Vogel, Ezra F.: Deng Xiaoping and the Transformation of China, Cambridge 2011

Dokumente, Studien und Zeitschriftenaufsätze

Babones, Salvatore: Who Will Win the Self-Driving Future?, in: Foreign Policy, Juli 2019
Bontje, Marco: Creative Shenzhen? A Critical View on Shenzhen's Transformation from a Low-Cost Manufacturing Hub to a Creative Megacity, in: International Journal of Cultural and Creative Industries, S. 52 ff., Volume 1, Issue 2, März 2014
Brown, Michael; Singh, Pavneet: China's Technology Transfer Strategy: How Chinese Investments in Emerging Technology Enable A Strategic Competitor to Access the Crown Jewels of U.S. Innovation, Defense Innovation Unit Experimental, Januar 2018
Cambridge Centre for Alternative Finance: 2018 Global FinTech Hub Report
China Development Institute und Z/Yen Partners: Global Financial Centres Index 25, März 2019

Cohen, Jon: The untold story of the ›circle of trust‹ behind the world's first gene-edited babies, in: Science, Vol. 365, Issue 6452, August 2019, S. 430 ff.

Cushman & Wakefield: Promise and Potential: Real Estate Investment Trends in the Greater Bay Area, Juni 2019

European Chamber of Commerce in China: South China Position Paper 2019/2020, 2019

HSBC: Business talks: Greater Bay Area Bridging the future, 2019

Lauer, Johannes; Dickhaut, Wolfgang: Elektromobilität im Rahmen der Stadtentwicklung in Hamburg und Shenzhen, HafenCity Universität Hamburg, 2018

Lin, Michael C. Y.; Wong, Perry: Best-Performing Cities China 2018 – The Nations's Most Successful Economies, Milken Institute, 2018

Lin, Michael C. Y.; Wong, Perry: Tale of Two Cites: From Farmland to Tech Mecca, Milken Institute, März 2018

Lindtner, Silvia: Laboratory of the Precarious: Prototyping Entrepreneurial Living in Shenzhen, in: Women's Studies Quarterly, Volume 45, Number 3&4. 2017, Seiten 287 ff.

Lindtner, Silvia; Greenspan, Anna; Li, David: Designed in Shenzhen: Shanzhai Manufacturing and Maker Entrepreneurs, Papier zur 5th Decennial Conference on Critical Alternatives, 17.–21. August 2015, Aarhus

Lu, Ariel; Chen, Jessie; Fu, Frank: China's Venture Capital (VC): Bigger than Silicon Valley's?, INSEAD, April 2018

McKinsey Global Institute: Smart Cities: Digital solution for a more livable future, 2018

Mina, An Xiao; Chipchase, Jan: Inside Shenzhen's race to outdo Silicon Valley, in: MIT Technology Review, Dezember 2018

National Development and Reform Commission (u. a.): Framework Agreement on Deepening Guangdong-Hong Kong-Macao Cooperation in the Development of the Greater Bay Area, Juli 2017, abrufbar unter: www.bayarea.gov.hk/filemanager/en/share/pdf/Framework_Agreement.pdf

National Development and Reform Commission (u. a.): Outline Development Plan for the Greater Bay Area, Februar 2019, abrufbar unter www.bayarea.gov.hk/filemanager/en/share/pdf/Outline_Development_Plan.pdf

Reisach, Ulrike; Stirzel, Martin: Intelligente Mobilität in China – ein Beispiel für Deutschland? In: von Schwerin, Marianne (Hrsg.): Tagungsband zur InnoSüd-Innovationskonferenz »Die intelligente Mobilität von morgen« am 9. Mai 2019, THU Ulm

Unesco: 10 Things to Know About Shenzhen, Unesco City of Design, Juni 2009

Van Ling, Gina Ida: Nationalism with Shenzhen Characteristics – A Case Study of Shenzhen Museum, Research Master Asian Studies, Universität Leiden, August 2015

Wired: The Silicon Valley of Hardware, Dokumentation auf YouTube, https://www.wired.co.uk/video/shenzhen-full-documentary

Xue, Lulu; Fang, Wanli: Rail Plus Property Development in China: The Pilot Case of Shenzhen, Working Paper, World Resources Institute, März 2017

2020 Foundation: The Future of the Guangdong-Hong Kong-Macao Greater Bay Area, Background Document, Januar 2019

2020 Foundation: Creating the Greater Bay Area of the Future – Opportunities for Hong Kong, März 2019

Regelmäßige Publikationen

Bloomberg Businessweek
Caixin
China Daily
Der Spiegel
Financial Times
Forbes
Fortune
Global Times
Greater Bay Today
Jing Daily
Sinocism
Shenzhen Daily
South China Morning Post
Süddeutsche Zeitung
SupChina
The Economist
The New York Times
Week in China

REGISTER PERSONEN* UND UNTERNEHMEN

* Anmerkung zur Namensschreibung: Oft gibt es bei chinesischen Namen zwei Variationen, eine chinesische und eine westliche. In der chinesischen Form steht erst der Nachname, dann der Vorname. Viele Manager und Unternehmer haben sich jedoch einen westlichen Vornamen zugelegt. Wenn sie unter dieser Variante bekannter sind (wie zum Beispiel Jack Ma), habe ich diese verwendet. In beiden Fällen folgt die Registersortierung dem Nachnamen, in der chinesischen Variante ohne Komma.